中国矿业大学教材建设工程资助教材
江苏高校品牌建设工程二期项目(国家级一流专业中国矿业大学测绘工程建设项目)资助

土地整治工程实验实训教程

赵　华　马昌忠　丁忠义　侯湖平　编著

中国矿业大学出版社
·徐州·

内容提要

本书系统地介绍了土地整治工程的课程实验、课程设计和课程实习等内容。课程实验部分主要包括土地整治项目基础调查、土地整治适宜性评价、矿区土地损毁分析、水资源平衡分析、条田设计、梯田设计、土地平整工程设计、农用井设计、蓄水工程设计、泵站工程设计、排水沟设计、灌溉渠道设计、道路工程设计、农田防护林设计、投资预算编制等15个实验，课程设计部分包括土地整治项目可行性研究报告、土地整治项目初步设计报告编制及案例示范等内容，课程实习部分包括矿区土地复垦方案的编制案例示范等内容。

本书可供土地资源管理、土地整治工程、水土保持等专业的师生和工程技术人员使用，也可供国土资源管理工作人员参考。

图书在版编目(CIP)数据

土地整治工程实验实训教程 / 赵华等编著. —徐州：中国矿业大学出版社，2020.8

ISBN 978-7-5646-4800-8

Ⅰ. ①土… Ⅱ. ①赵… Ⅲ. ①土地整理—实验—教材 Ⅳ. ①F301.2-33

中国版本图书馆CIP数据核字(2020)第154906号

书　　名　土地整治工程实验实训教程
编　　著　赵　华　马昌忠　丁忠义　侯湖平
责任编辑　李　敬
出版发行　中国矿业大学出版社有限责任公司
　　　　　　(江苏省徐州市解放南路　邮编 221008)
营销热线　(0516)83885370　83884103
出版服务　(0516)83995789　83884920
网　　址　http://www.cumtp.com　**E-mail**:cumtpvip@cumtp.com
印　　刷　江苏淮阴新华印务有限公司
开　　本　787 mm×1092 mm　1/16　**印张** 12　**字数** 307 千字
版次印次　2020年8月第1版　2020年8月第1次印刷
定　　价　44.00元

前　言

土地整治是守住18亿亩耕地红线的重要手段和保障耕地总量动态平衡的重要途径。随着2015年版《中华人民共和国职业分类大典》将土地整治工程技术人员列入国家职业分类大典，高等教育也在拓展专业方向，教育部已批复中国地质大学(北京)、长安大学等新设土地整治工程专业(本科)，标志着土地整治工程被正式纳入国民教育本科序列。为加强土地整治职业人员培养和配合土地整治工程类课程教学，结合土地复垦、土地利用工程等课程实验实习讲义，经论证研究后修改形成本书。

本书定位于土地资源管理、土地整治工程及相关专业的土地整治(土地整理)、土地利用工程的实验、课程设计及课程实习的指导用书，侧重于具体操作，力求锻炼学生的操作能力和提高学生解决实际问题的能力。本书体现土地整治的最新案例、应对社会服务的新要求、提升工科特色的新培养，是土地资源管理专业的重要教材，也是土地整治工作的主要参考书和工具书。

本书由三部分组成：第一部分课程实验，包括土地整治项目基础调查、土地整治适宜性评价、矿区土地损毁分析、水资源平衡分析、条田设计、梯田设计、土地平整工程设计、农用井设计、蓄水工程设计、泵站工程设计、排水沟设计、灌溉渠道设计、道路工程设计、农田防护林设计、投资预算编制等15个实验；第二部分课程设计，包含土地整治项目可行性研究报告、土地整治项目初步设计报告编制及案例示范；第三部分课程实习，主要内容为土地复垦方案编制案例示范。

本书由赵华具体负责设计和统稿，内容分工为：第一部分实验一和实验二由马昌忠、赵华编写，实验三由丁忠义、赵华编写，实验四至实验十由丁忠义、侯湖平编写，实验十一和实验十二由丁忠义编写，实验十三和实验十四由马昌忠编写，实验十五由赵华编写；第二部分由赵华、马昌忠编写；第三部分由赵华、丁忠义编写。

书中引用和参考了部分学者的成果，我们在此向各位学者表示感谢。由于作者水平有限，书中疏漏之处在所难免，我们竭诚希望广大读者给予批评指正。

作　者

2020年5月

目　　录

第一部分　课程实验

实验一　土地整治项目基础调查

一、实验目的

土地整治项目基础调查是以土地整治项目区及其所在区域为对象，查明自然资源、社会经济状况、土地利用状况与权属、基础设施等，为项目的可行性研究和规划设计提供科学依据和资料支撑。

二、实验要求

通过实地踏勘和资料收集，基本掌握土地整治项目所在地的自然条件、社会经济条件、土地利用现状以及基础设施等，编制土地整治项目基础调查报告。

三、实验内容

（一）自然条件调查

调查项目区及其所在区域的自然背景、水资源、土壤、植被、工程地质、自然灾害等，为项目建设选址、分析建设条件、设定规划目标、确定技术参数、预测环境影响等提供基础数据。

（二）社会经济条件调查

调查项目所在区域的社会经济情况，掌握农业、经济和城镇化发展及人口情况，为分析和预测项目对区域社会经济影响、社会经济效益评价等提供依据。

（三）土地利用现状调查

调查项目区土地利用现状、土地利用效率、耕地质量、后备耕地资源、土地权属等，查清土地利用障碍因素和土地整治潜力，为科学合理地确定建设任务、明确整治重点、制订整治方案、开展权属调整等提供依据。

（四）基础设施调查

调查项目区及周边地区的水利、交通、电力等基础设施情况，为分析基础设施条件、优化基础设施布局、配套基础设施布置等提供依据。

四、实验成果

（1）填写基础信息调查表格及影像资料，形成调查基础资料汇编。

（2）编写调研报告，需针对性提出区域土地资源利用存在的主要问题、未来土地整治的方式和方向。

实例样表(例表 1-1～例表 1-7)

例表 1-1　自然资源调查表

项目名称					
建设地点					
建设规模					
设计阶段	□可行性研究　□规划设计　□其他				
类型	指标	单位	片区 1	片区 2	…
地形地貌	平均高程	m			
	平均坡度	(°)			
	地貌类型				
	微地貌形态				
	……				
气象	年均气温	℃			
	极端气温　极高气温	℃			
	极端气温　极低气温	℃			
	年均降水量	mm			
	年均日照时数	h			
	无霜期	d			
	活动积温　≥0 ℃积温	℃			
	活动积温　≥10 ℃积温	℃			
	年均蒸发量	mm			
	主导风向				
	最大冻土层深度	cm			
	……				
土壤	土壤类型				
	土壤质地				
	有效土层厚度	cm			
	pH 值				
	有机质含量	g/kg			
	重金属含量	mg/kg			
	……				
水文与水文地质	水资源总量	万 m^3			
	地表水资源量	万 m^3			
	地下水资源量	万 m^3			
	水资源可开采量	万 m^3			
	水资源可利用量	万 m^3			
	地下水埋深	m			
	……				

例表 1-1(续)

<table>
<tr><th>类型</th><th colspan="2">指标</th><th>单位</th><th>片区 1</th><th>片区 2</th><th>…</th></tr>
<tr><td rowspan="2">工程地质</td><td colspan="2">地质构造</td><td></td><td></td><td></td><td></td></tr>
<tr><td colspan="2">……</td><td></td><td></td><td></td><td></td></tr>
<tr><td rowspan="3">生态</td><td colspan="2">自然植被覆盖率</td><td>%</td><td></td><td></td><td></td></tr>
<tr><td colspan="2">人工植被覆盖率</td><td>%</td><td></td><td></td><td></td></tr>
<tr><td colspan="2">……</td><td></td><td></td><td></td><td></td></tr>
<tr><td rowspan="5">自然灾害</td><td colspan="2">旱灾成灾面积</td><td>hm^2</td><td></td><td></td><td></td></tr>
<tr><td colspan="2">洪涝成灾面积</td><td>hm^2</td><td></td><td></td><td></td></tr>
<tr><td rowspan="2">水土流失</td><td>侵蚀方式
□风蚀
□水蚀</td><td></td><td></td><td></td><td></td></tr>
<tr><td>侵蚀模数</td><td>[$t/(km^2 \cdot a)$]</td><td></td><td></td><td></td></tr>
<tr><td colspan="2">……</td><td></td><td></td><td></td><td></td></tr>
<tr><td rowspan="3">其他</td><td rowspan="2">天然建筑材料</td><td>储量</td><td>m^3</td><td></td><td></td><td></td></tr>
<tr><td>可采量</td><td>m^3</td><td></td><td></td><td></td></tr>
<tr><td colspan="2">……</td><td></td><td></td><td></td><td></td></tr>
</table>

调查人：　　　　　　　　　调查时间：　　　　　　　　　检查人：　　　　　　　　检查时间：

注：建设地点填写项目所在地名称，应包括省(自治区、直辖市)、市、县(区)。

例表 1-2　社会经济调查表

调查期：××××—××××年

<table>
<tr><th rowspan="2">所在地</th><th colspan="3">人口</th><th colspan="5">经济发展状况</th><th colspan="4">农业生产状况</th></tr>
<tr><th>总人口/人</th><th>农业人口/人</th><th>农业劳动力/人</th><th>区域生产总值/万元</th><th>近三年GDP平均增长率/%</th><th>一产比重/%</th><th>人均GDP/元</th><th>农民人均纯收入/(元/年)</th><th>粮食播种面积/hm^2</th><th>粮食作物总产量/t</th><th>单位面积产量/(t/hm^2)</th><th>农民人均耕地/hm^2</th></tr>
<tr><td>×乡(镇)×村</td><td></td><td></td><td></td><td></td><td></td><td></td><td></td><td></td><td></td><td></td><td></td><td></td></tr>
<tr><td>……</td><td></td><td></td><td></td><td></td><td></td><td></td><td></td><td></td><td></td><td></td><td></td><td></td></tr>
<tr><td>……</td><td></td><td></td><td></td><td></td><td></td><td></td><td></td><td></td><td></td><td></td><td></td><td></td></tr>
<tr><td>……</td><td></td><td></td><td></td><td></td><td></td><td></td><td></td><td></td><td></td><td></td><td></td><td></td></tr>
<tr><td>……</td><td></td><td></td><td></td><td></td><td></td><td></td><td></td><td></td><td></td><td></td><td></td><td></td></tr>
<tr><td>……</td><td></td><td></td><td></td><td></td><td></td><td></td><td></td><td></td><td></td><td></td><td></td><td></td></tr>
<tr><td>合计</td><td></td><td></td><td></td><td></td><td></td><td></td><td></td><td></td><td></td><td></td><td></td><td></td></tr>
</table>

调查人：　　　　　　　　　调查时间：　　　　　　　　　检查人：　　　　　　　　检查时间：

注：1. 粮食作物总产量与单位面积产量应区分水稻、小麦、玉米等粮食作物；

2. 应获取不少于最近连续 5 年的统计资料。

例表 1-3 土地利用现状调查表

单位:hm^2

一级地类	二级地类		××村		××村	
	名称	编号	面积		面积	
耕地	水田	0101	总面积		总面积	
			其中:永久基本农田		其中:永久基本农田	
	水浇地	0102	总面积		总面积	
			其中:永久基本农田		其中:永久基本农田	
	旱地	0103	总面积		总面积	
			其中:永久基本农田		其中:永久基本农田	
	小计		总面积		总面积	
			其中: 永久基本农田		其中:永久基本农田	
园地	果园	0201	总面积		总面积	
			其中:永久基本农田		其中:永久基本农田	
	茶园	0202	总面积		总面积	
			其中:永久基本农田		其中:永久基本农田	
	橡胶园	0203	总面积		总面积	
			其中:永久基本农田		其中:永久基本农田	
	其他园地	0204	总面积		总面积	
			其中:永久基本农田		其中:永久基本农田	
	小计		总面积		总面积	
			其中:永久基本农田		其中:永久基本农田	
林地	乔木林地	0301	总面积		总面积	
			其中:永久基本农田		其中:永久基本农田	
	竹林地	0302	总面积		总面积	
			其中:永久基本农田		其中:永久基本农田	
	红树林地	0303	总面积		总面积	
			其中:永久基本农田		其中:永久基本农田	
	森林沼泽	0304	总面积		总面积	
			其中:永久基本农田		其中:永久基本农田	
	灌木林地	0305	总面积		总面积	
			其中:永久基本农田		其中:永久基本农田	
	灌丛沼泽	0306	总面积		总面积	
			其中:永久基本农田		其中:永久基本农田	
	其他林地	0307	总面积		总面积	
			其中:永久基本农田		其中:永久基本农田	
	小计		总面积		总面积	
			其中:永久基本农田		其中:永久基本农田	

例表 1-3(续)

一级地类	二级地类 名称	编号	××村 面积		××村 面积	
草地	天然牧草地	0401	总面积		总面积	
			其中:永久基本农田		其中:永久基本农田	
	沼泽草地	0402	总面积		总面积	
			其中:永久基本农田		其中:永久基本农田	
	人工牧草地	0403	总面积		总面积	
			其中:永久基本农田		其中:永久基本农田	
	其他草地	0404	总面积		总面积	
			其中:永久基本农田		其中:永久基本农田	
	小计		总面积		总面积	
			其中:永久基本农田		其中:永久基本农田	
商服用地	零售商业用地	0501				
	批发市场用地	0502				
	餐饮用地	0503				
	旅馆用地	0504				
	商务金融用地	0505				
	娱乐用地	0506				
	其他商服用地	0507				
	小计					
工矿仓储用地	工业用地	0601				
	盐田	0602				
	采矿用地	0603				
	仓储用地	0604				
	小计					
住宅用地	城镇住宅用地	0701				
	农村宅基地	0702				
	小计					
公共管理与服务用地	机关团体用地	0801				
	新闻出版用地	0802				
	教育用地	0803				
	科研用地	0804				
	医疗卫生用地	0805				
	社会福利用地	0806				
	文化设施用地	0807				
	体育用地	0808				
	公共设施用地	0809				
	公园与绿地	0810				
	小计					

例表 1-3(续)

一级地类	二级地类		××村	××村
	名称	编号	面积	面积
特殊用地	军事设施用地	0901		
	使领馆用地	0902		
	监教场所用地	0903		
	宗教用地	0904		
	殡葬用地	0905		
	风景名胜设施用地	0906		
	小计			
交通运输用地	铁路用地	1001		
	轨道交通用地	1002		
	公路用地	1003		
	城镇村道路用地	1004		
	交通服务场站用地	1005		
	农村道路	1006		
	机场用地	1007		
	港口码头用地	1008		
	管道运输用地	1009		
	小计			
水域及水利设施用地	河流水面	1101		
	湖泊水面	1102		
	水库水面	1103		
	坑塘水面	1104		
	沿海滩涂	1105		
	内陆滩涂	1106		
	沟渠	1107		
	沼泽地	1108		
	水工建筑用地	1109		
	冰川及永久积雪	1110		
	小计			
其他土地	空闲地	1201		
	设施农用地	1202		
	田坎	1203		
	盐碱地	1204		
	沙地	1205		
	裸土地	1206		
	裸岩石砾地	1207		
	小计			
合计				
其中:永久基本农田				

调查人:　　　　调查时间:　　　　检查人:　　　　检查时间:

例表 1-4 项目区内灌区建设情况调查表

灌区类型	灌区类型						灌溉水利用系数	渠系水利用系数	灌溉渠系					输水管道		高效节水灌溉工程				备注
	自流灌区			扬水灌区								渠系建筑物								
	数量（名称）	设计灌溉面积/hm^2	有效灌溉面积/hm^2	数量（名称）	设计灌溉面积/hm^2	有效灌溉面积/hm^2			渠道长度/km	已衬砌长度/km	工程完好率/%	座数	工程完好率/%	长度/km	工程完好率/%	合计	管道输水灌溉面积/hm^2	喷灌面积/hm^2	微灌面积/hm^2	
大中型灌区																				
小型灌区																				
井灌区																				

调查人： 调查时间： 检查人： 检查时间：

注：1. 大中型灌区：设计灌溉面积大于 1 万亩的灌区。

2. 小型灌区：设计灌溉面积 1 万亩以下的灌区。

3. 自流灌区：借助重力作用，通过引水、输水、配水等设施进行灌溉的灌区。

4. 扬水灌区：以抽水设施进行灌溉的地域。

5. 井灌区：以机井为灌溉水源的灌区，其中井灌区建设情况按例表 1-5 的内容填写。

例表 1-5 项目区井灌区建设情况调查表

类型	片区	建成年份	面积/hm^2	设施配套情况		机井眼数及使用情况	单井控制面积/hm^2	机井静水位/m	机井动水位/m	井泵装机容量/kW	变压器容量/kW	提水量/(万 m^3/a)	排水设施	
				配套设施	配套率/%								承泄区域	排水去向
井灌区	××区													
	……													
	小计													
混合灌区	××区													
	……													
	小计													
合计														

调查人： 调查时间： 检查人： 检查时间：

例表 1-6　主要灌排设施现状调查表

项目片区	设施名称		设施现状						
××片区	水源工程	名称	建成年份	流量/(m^3/s)	扬程/m	设计灌溉面积/hm^2	实际灌溉面积/hm^2	装机容量/kW	使用情况
		××泵站							
		……							
		小计	/	/	/			/	/
		名称	建成年份	配套功率/kW	扬程/m	设计灌溉面积/hm^2	实际灌溉面积/hm^2	井渠	使用情况
		××机井							
		……							
		小计	/	/	/			/	/
		名称	建成年份	设计库容/万 m^3	实际供水能力/万 m^3	设计灌溉面积/hm^2	实际灌溉面积/hm^2	使用情况	
		××引水堰(闸)							
		……							
		小计	/	/	/			/	
		名称	个数	建成年份	实际供水能力/万 m^3	设计灌溉面积/hm^2	实际灌溉面积/hm^2	使用情况	
		××窖池(塘坝)							
		……							
		小计		/				/	
		……							
	骨干输水工程	名称	建成年份	长度/m	流量/(m^3/s)	设计灌溉面积/hm^2	实际灌溉面积/hm^2	衬砌情况	使用情况
		××干渠							
		……							
		小计	/		/			/	/
	骨干排水工程	名称	建成年份	长度/m	流量/(m^3/s)	设计排水面积/hm^2	实际排水面积/hm^2	衬砌情况	使用情况
		××干沟							
		……							
		小计	/		/			/	/
	渠系建筑物	名称	建成年份	长度/m	宽度/m	设计载荷/t		数量	使用情况
		××机耕桥							
		小计	/						/
		××倒虹吸							
		小计	/						/

例表 1-6(续)

项目片区	设施名称		设施现状					
		名称	建成年份	长度/m	宽度/m	设计载荷/t	数量	使用情况
××片区	渠系建筑物	××跌水						
		小计	/					/
		××渡槽						
		小计	/					/
		××涵						
		小计	/					/
		……						
	……							
……	……							

调查人：　　　　　　　调查时间：　　　　　　　检查人：　　　　　　　检查时间：

注：1. 建成年份指设施维持现状最近的一次建设或改造年份。

2. 使用情况包括废弃、局部缺陷或正常使用，正常使用还应标出是否可为项目使用。

例表 1-7　现状交通设施调查表

范围	道路等级	名称	与项目区关系	车道数	距项目区距离	
项目区周边	国道	××				
		……				
	省道	××				
		……				
	县道	××				
		……				
范围	道路等级	名称	长度/km	路面宽度/m	路面结构	使用情况
项目区范围内	乡道	××				
		……				
		小计				
	通村路	××				
		……				
		小计				
	田间路	××				
		……				
		小计				
	生产路	××				
		……				
		小计				
	合计					
总计						

调查人：　　　　　　　调查时间：　　　　　　　检查人：　　　　　　　检查时间：

注：1. 路面结构包括路面材质、厚度、垫层的型式。

2. 使用情况包括废弃、局部缺陷或正常使用。

实验二　土地整治适宜性评价

一、实验目的

土地适宜性评价在土地整治项目规划中起着重要作用，是土地资源优化配置的前提和基础，应采用合适的评价单元、合理的评价指标、科学的评价方法获取正确的评价结果，科学合理地配置土地资源，避免盲目利用土地资源，提升土地整治工程质量。

二、实验要求

对特定对象开展土地适宜性评价，以土地整治适宜性评价为内容，了解土地适宜性的作用和意义，掌握土地适宜性评价的流程和方法，重点理解评价单元划分、评价指标选择、单元各指标值确定等，确定农用地适宜性等级，独立完成土地适宜性评价。

三、实验内容

（一）制定评价原则和依据

（1）土地适宜性评价要符合国土空间规划，并与其他规划相协调，遵循因地制宜、农地优先、效益最佳、综合平衡、持续利用、经济可行、技术合理等原则。

（2）土地适宜性评价主要依据国家及地方规划和标准规范进行。

（二）确定评价对象和范围

针对土地整治的目的，确定适宜性评价对象及其范围。

（三）划分评价单元

综合考虑土地整治项目区的土地利用总体规划、公众参与意见以及其他社会经济因素，初步确定土地整治的方向，划定评价单元。评价单元内部性质相对均一或相近；单元之间具有差异，能客观反映土地在一定时期和空间上的差异。

（四）确定评价体系和评价方法

1. 评价体系

评价体系分为二级体系和三级体系两种类型。

二级体系分成两个序列：土地适宜类和土地质量等。土地适宜类分为适宜类、暂不适宜类和不适宜类，适宜类下再续分若干土地质量等，土地质量等分为一等地、二等地和三等地，暂不适宜类和不适宜类一般不续分。

三级体系分成三个序列：土地适宜类、土地质量等和土地限制型。土地适宜类和土地质量等续分与二级体系一致。依据不同限制因素，土地质量等以下又分成若干土地限制型。

在选择评价体系类型和序列时，要充分说明划分的理由。

2. 评价方法

评价方法分为定性法和定量法。定性法是对评价单元的原土地利用状况、公众参与、社会经济等情况进行综合定性分析，确定土地利用方向和适宜性等级。定量法包括极限条件法、综合指数法等，具体评价时可采用任意一种方法，也可将多种方法结合。

极限条件法计算公式：

$$Y_i = \min(Y_{ij})$$

式中 Y_i——第 i 个评价单元的最终分值；

Y_{ij}——第 i 个评价单元中第 j 参评因子的分值。

综合指数法计算公式：

$$R(j) = \sum_{i=1}^{n} F_i \times W_i$$

式中 $R(j)$——第 j 个单元的综合得分；

F_i——第 i 个参评因子的等级指数；

W_i——第 i 个参评因子的权重值；

n——参评因子的总数。

若选择定量评价，需说明选择理由。若采用定性分析方法，直接转到“适宜性等级评定”步骤。

（五）评价指标体系建立

根据初步确定的整治利用方向，选取土地整治后影响土地利用的主导因素，构建评价指标体系，同时简单说明指标选取的理由。可参考《耕地地力调查与质量评价技术规程》(NY/T 1634)、《耕地后备资源调查与评价技术规程》(TD/T 1007)、《耕地质量等级》(GB/T 33469)等，合理确定不同指标分级或评分标准，构建完整的指标分级标准。

评价指标体系建立应充分考虑土地整治工程规划设计标准及后期工程验收。

（六）适宜性等级评定

调查或分析评价单元不同指标的实际情况，根据选用的评价方法，结合评价标准，评定各单元不同利用方向的适宜性等级。采用列表汇总的方式，说明各评价单元不同利用方向的等级及其限制性因素。

（七）确定土地整治方向

依据适宜性等级评定结果，对于多宜性的评价单元，综合分析当地自然条件、社会条件、土地整治类比分析和工程施工难易程度等，确定最终方向，并简单阐述方案比选过程。

根据评价单元的最终利用方向，从工程施工角度将采取的整治标准和措施一致的评价单元合并作为一类整治单元。土地整治适宜性评价结果汇总列表如表 1-1 所列。

表 1-1 土地整治适宜性评价结果表

评价单元	利用方向	面积/hm^2	整治单元

四、实验成果

根据适宜性评价流程，对评价对象开展适宜性评价，编制适宜性评价报告和适宜性评价结果表。

案例示范

案例参照本书第三部分课程实习中土地适宜性评价示例部分。

实验三　矿区土地损毁分析

一、实验目的

我国主要有露天煤矿开采、井工煤矿开采、金属矿开采、石油天然气开采、铀矿等放射性矿山开采等，因开采方式不同土地损毁范围和程度也不同。

矿区土地损毁分析是开展矿区土地复垦的重要基础，预测分析结果的可靠性和准确性直接关系到土地复垦规划成果的合理性和操作性。为保证土地复垦规划成果的适用和设计工程的实施，需要运用科学的土地损毁分析方法。

二、实验要求

了解不同类型矿山土地损毁的原因、环节、时序、特征及影响，掌握不同矿山土地损毁分析的方法与流程，并能根据已有条件分析土地损毁的范围和程度。

三、实验内容

（一）了解土地损毁环节与影响

露天煤矿土地损毁环节有工业广场建设占用、采矿场挖损和排土场压占，土地损毁的主要形式是挖损和压占两部分。井工煤矿土地损毁环节有工业广场建设占用、地表形变（地表下沉、水平移动、倾斜、水平变形和弯曲）和矸石压占，土地损毁的主要形式是塌陷和压占两部分。

金属矿的土地损毁环节也是建设、生产过程的损毁。金属矿山种类较多，土地损毁也比较复杂，但主要形式还是土地挖损、土地塌陷、土地压占和土地污染。

油气项目土地损毁一般包括前期勘探时井场、道路建设，油气开发时井场、场站、道路建设及管线铺设等，土地损毁形式一般为挖损、压占和污染。

铀矿土地损毁的形式主要为压占和塌陷，更为重要的是环境污染，其为辐射污染，看不见、摸不着，需要采取特殊的检测方式。

（二）土地损毁类型和范围分析

1．露天煤矿

（1）土地挖损分析。

采用实地调绘、航片判读、历史类比和趋势外推相结合的方法，从时间和空间上分析和预测土地破坏类型、时序、数量及程度。其步骤为：一是获取地表境界线、采区划分、工作线长度、工作线推进方向和速度；二是确定土地挖损的数量、类型和程度；三是明确闭矿遗留矿坑面积、位置、深度、最终平盘宽度、台阶坡面角度、台阶高度。

（2）土地压占分析。

土地压占包括工业广场建设压占和排土场压占。

工业广场压占根据规划方案或实际建设确定。排土场压占根据排土场、表土堆放场设计参数和排放工艺确定时序和空间范围。

2．井工煤矿

井工煤矿土地损毁包括压占和塌陷两部分，但损毁主体是土地塌陷。

土地压占为工业广场建设和矸石压占，其根据规划设计或实际建设确定。土地塌陷主要表现为地表错动，土地裂缝；地表下沉，土地淹没。

（1）地表裂缝分析。

地表裂缝是地下采动引起地表不均匀沉降和水平变形所致。裂缝有两种:一种为永久性裂缝,位于采区边界周围的拉伸区;另一种为动态裂缝,出现在工作面前方的动态拉伸区,随着工作面推进,动态拉伸区变为动态压缩区,动态裂缝可重新闭合,虽不能完全闭合,但对地表的影响相对较小。

地表是否出现裂缝及裂缝发育程度,取决于地表土层性质和地表移动变形值。当水平拉伸变形为 3～4 mm/m 时,地表可能产生裂缝;当水平拉伸变形为 10 mm/m 时,地表可能产生台阶裂缝。地表裂缝形状为楔形,地面开口大,随深度增大而减小,如图 1-1 所示。

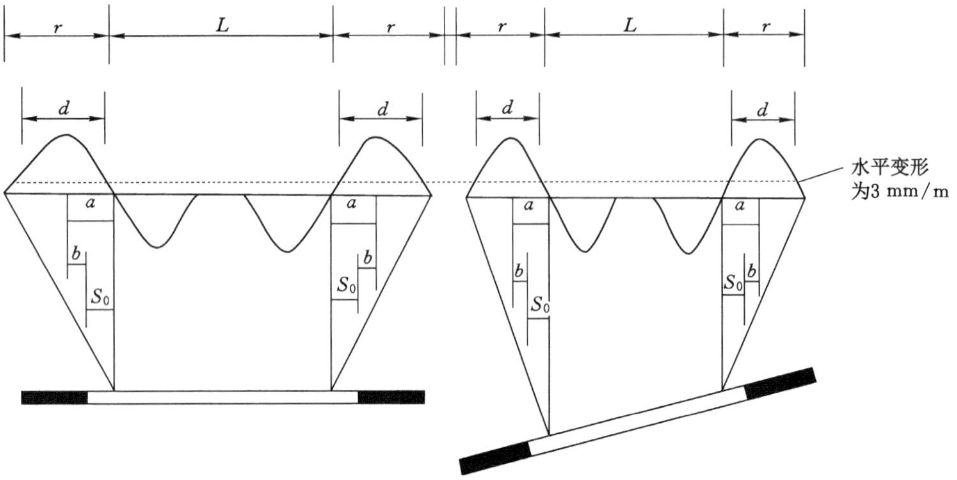

r—永久性裂缝区;b—水平变形最大值点至开采边界距离;d—水平变形大于 3 mm/m 的永久性裂缝发育区;
L—动态裂缝区;a—水平变形最大值点至零点距离;S_0—拐点偏移距离。

图 1-1　塌陷地表裂缝区划分示意图

(2) 土地塌陷分析。

土地塌陷范围可根据地表移动角量(几何方法)参数确定地表移动最外影响边界,也可应用开采塌陷数学模型计算确定。

几何方法就是利用所选定的边界角或移动角等角量参数,根据采掘工程平面图确定开采影响边界。边界角是地表移动盆地主断面上盆地边界点(下沉为 10 mm)至采空区边界的连线与水平线在煤柱一侧的夹角。移动角是确定移动盆地内,其移动与变形对地表建筑物有无危害的分界线。边界角和移动角示意图如图 1-2 所示。

比较常用的地表移动变形计算方法有概率积分法、负指数函数法、威布尔函数法和典型曲线法等,其中概率积分法具有参数容易确定、实用性强等优点,是最常用的方法。

土地下沉深度也可以应用理论方法计算,目前可以应用预计软件分析。

3. 金属矿

依据工业广场建设确定占用土地;根据露天采场总平面图及采矿工艺等,确定采场开采形成的边坡、台阶和底部平台的面积与时序;依据排土场(废石场)、尾矿库(含赤泥堆场)、表土堆放场等排放工艺及设计参数,确定堆场边坡、台阶、顶面的表面积和时序;依据溶浸场的溶浸工艺及设计参数,确定溶浸区土地损毁的面积和时序。

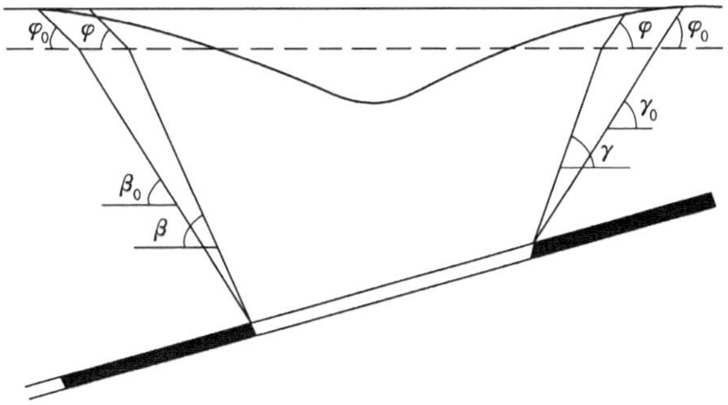

β_0、γ_0—边界角；β、γ—移动角；φ_0—松散层边界角；φ—松散层移动角。

图 1-2　边界角和移动角示意图

金属矿地下开采采用塌落角法或类比分析法，查阅类似矿山实测资料和矿山开采设计资料，包括矿区上下盘的围岩名、普氏系数、构造特征（或稳定程度），以及矿体倾角、矿体水平厚度、矿体走向长度、开采深度、采矿方法、移动角等，结合地质情况、围岩强度、矿体埋藏深度和开采工艺，确定金属矿地表塌陷移动角，从而确定其地表移动范围。

4. 油气项目

结合生产建设、生产工艺流程，按照生产建设用地类型（井场、场站、道路和管线等），综合考虑用地类型（井场、场站、道路和管线等）、用地标准、预防控制措施和地形地貌（分区）等，测算损毁土地总面积为：

$$Z_i = A_i N_i$$

式中　Z_i——服务期内 i 基本单元损毁土地的总面积，hm^2；

N_i——基本单元的数量；

A_i——单位 i 基本单元的面积，hm^2。

生产过程中含油废水、泥浆等废弃物的排放以及油气运输管道破裂会污染周边的土地，要说明有毒和有害元素的种类、污染形式、影响面积、迁移和淋溶分析等。

5. 铀矿山

铀矿山土地损毁与金属矿山基本一致，但其放射性污染具有特殊性，需要根据实际情况确定。

（三）土地损毁程度分析

土地损毁程度划分标准可以参照《土地复垦方案编制规程》。

四、实验成果

（1）土地损毁类型与范围分析报告，编绘土地损毁类型与范围的图件。

（2）土地损毁程度分析报告。

案例示范

煤矿区是我国矿区的主体，故以煤矿区为示例分析，井工煤矿土地损毁分析可参考课程实习部分，本案例示范为露天煤矿土地损毁分析。

根据某露天矿区的井田开采境界线，三大露天矿区分别确定各自的采区顺序和开采时限。

甲露天矿区采掘区内挖损方向由南向北推进，然后向东方向呈扇形转向逐渐过渡，至最终境界，连接后备区继续开采。首采区在1991—2001年已经开采完成，二采区的开采年限为2001—2012年，地面表层剥采工作已经达到东边最终境界，2007年开始向后备区剥采。2000—2010年，少部分剥离的岩土排在西排扩大区一期工程范围内，大部分剥离物沿途排在西排扩大区二期工程范围内和内排土区（包括西排与内排接壤区、西扩与内排接壤区）。甲露天矿区土地挖损的时空顺序如例表1-8所列。

例表1-8　甲露天矿区土地挖损的时空顺序

年度	挖损方向	地表挖损宽度/m	挖损推进距离或速度
1986—2004	S→N	1 500～3 000	3 900 m(累计)
2004—2010	扇形转向	1 500	2 000 m(累计)
2010—2012	W→E	1 500	1 200 m(累计)
2007—2020	S→N	1 300～2 000	380 m/a

乙露天矿区土地挖损方向是先由西向东推进，然后扇形转向逐渐过渡，再由南向北推进，1998—2002年累计推进距离690 m，2002—2006年累计推进1 360 m，2006—2010年累计推进1 100 m，2010—2020年累计推进4 230 m，挖损地表开口宽1 500～1 800 m。土地压占发生在1998—2005年间，2006—2019年间剥离物全部回填采坑形成内排土场。乙露天矿区土地挖损的时空顺序如例表1-9所列。

例表1-9　乙露天矿区土地挖损的时空顺序

年度	挖损方向	地表挖损宽度/m	挖损推进距离/m
1998—2002	W→E	1 500～1 800	690
2002—2006	扇形转向	1 500～1 800	1 360
2006—2010	S→N	1 500～1 800	1 100
2010—2020	S→N	1 500～1 800	4 230

丙露天矿区划分为5个采区，首采区以北西侧为二采区、东侧为三采区，首采区以南东侧为四采区、西侧为五采区。依据采区划分结果确定的开采顺序是首采区—二采区—三采区—四采区—五采区。首采区东西向横跨矿田的中部，其拉沟位置位于井田东边界的中部。2009年后采区全部剥离物开始向内排土场排土。丙露天矿区土地挖损的时空顺序如例表1-10所列。

例表1-10　丙露天矿区土地挖损的时空顺序

年度	挖损方向	地表挖损宽度/m	挖损推进距离/m
2006—2010	NE→SW	1 200～2 000	2 000
2010—2020	NE→SW	2 000	4 100

矿区2010年和2020年的剥采空间位置以及挖损、压占、占用的土地面积和土地利用类型如例表1-11所列。2006—2020年矿区土地挖损顺序如例图1-1所示。

例表1-11 2010年和2020年三大露天矿区挖损、压占、占用的土地面积和土地利用类型

单位：hm^2

名称	旱地	林地	荒草地	农村居民点	总面积
2010年	1 129.97	659.26	474.48	68.48	2 332.19
2020年	1 114.52	388.84	552.09	38.16	2 093.61
总面积	2 244.49	1 048.10	1 026.57	106.64	4 425.80

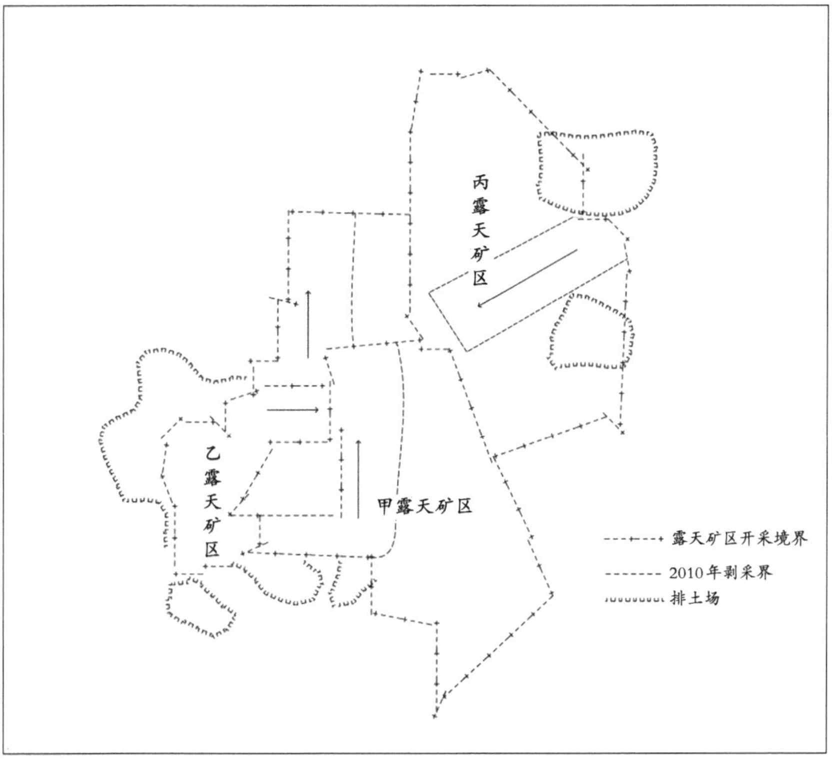

例图1-1 2006—2020年矿区土地挖损顺序

甲露天矿区排土场中，二铺排土场、南排土场、西排土场不再排放剥离岩土，2000—2020年期间土地占用面积不再扩大，其占地面积分别为：二铺排土场27.5 hm^2，南排土场175.4 hm^2，西排土场280.16 hm^2，西排扩大区333.8 hm^2，内排土场1 580 hm^2。甲露天矿区排土场服务期限如例表1-12所列。

乙露天矿区外排土场岩土排放服务年限为8年，即2006年后采矿区全部剥离物开始向内排土场排土。乙露天矿区排土场服务期限如例表1-13所列。

例表 1-12　甲露天矿区排土场服务期限

	1986 年	……	2000 年	……	2010 年	……	2020 年
南排土场							
二铺排土场							
西排土场							
西排扩大区							
内排土场							

例表 1-13　乙露天矿区排土场服务期限

	1998 年	……	2005 年	2006 年	……	2020 年
西排土场						
东排土场						
内排土场						

其中：东排土场面积为 250 hm^2，西排土场面积为 202 hm^2。

丙露天矿区外排土场岩土排放服务年限为 5 年，2010 年后剥离物开始向内排土场排土。丙露天矿区排土场服务期限如例表 1-14 所列。

例表 1-14　丙露天矿区排土场服务期限

	2006 年	……	2010 年	2011 年	……	……	2020 年
北排土场							
南排土场							
内排土场							

实验四 水资源平衡分析

一、实验目的

水是农业生产的命脉，农用地整治对水资源的依赖不言而喻。农用地整治的核心任务之一是配套农田水利工程，首先要考虑水资源状况。若水资源不能满足农用地整治后的生产需求，配套先进的农田水利工程也没有效果。

二、实验要求

针对某个土地整治项目，能够根据一定的雨情、水情状况，运用系列法或典型年法对水资源平衡问题进行分析，为土地整治项目规划设计提供指导。通过该实验了解水资源平衡分析应用范围，明确水资源平衡分析的目的和目标，掌握水资源平衡分析的基本原理、基本方法和基本流程。

三、实验内容

水资源平衡分析主要有系列法和典型年法两种方法。系列法按雨情、水情的历史资料逐年计算分析供需平衡；典型年法仅根据雨情、水情具有代表性的几个不同年份计算分析供需平衡。

由于系列法涉及历年气象、水文资料较多，且我国大部分地区缺乏系列连续的气象、水文资料，因而常用典型年法进行水资源平衡分析，计算时一般选择平水年份(50%)、一般干旱年份(85%)和干旱年份(95%)作为典型年份，分别计算三种年份的水资源盈余状况，并对评价区域的水资源平衡状况进行综合评判。

(一) 数据准备

1. 可利用数量数据

设计典型年份可利用地表供水量数据，包括河流(水库)供水量数据、区域堰塘供水量数据、项目区内沟渠需水量数据等；设计典型年份地下水可开采量数据，包括入渗补给量数据、侧向补给量数据等。

2. 需水量数据

农业需水量数据包括土地整治项目区农业生产结构数据、农作物种植制度、农作物灌溉制度、灌溉水利用系数、设计灌溉保证率水平、主要作物灌溉定额等；非农业需水量数据包括工业企业用水量、常住人口数据、人均用水定额、主要牲畜数量、牲畜用水定额等。

(二) 水资源可利用量(S_p)计算

水资源总量和水资源可利用量有着本质的区别。水资源总量是区域内降水形成的径流总量和地下产水量。水资源可利用量是在经济合理、技术可行和容量许可的条件下，通过各种措施可以利用的水资源量。一般而言，灌溉可利用水量包括降水产生的地表径流、过境水(工程引水)供应量、灌溉回水量及地下水开采量等四部分。

1. 降水径流可利用量(S_{wp})

降水径流可利用量是指降水产生的地表径流量。如果没有实测径流资料，可以根据年降雨量资料用年降雨径流关系计算径流量。

2. 过境水(工程引水)可利用量(S_{qp})

过境水(工程引水)可利用量受季节和年份影响较大,不同典型年份可利用量一方面受到河流(水库)水量和引水建筑工程影响,另一方面受到取水许可制度和区域水资源分配的限制。

当河流(水库)水量和引水建筑工程允许的引水能力大于取水许可及水资源分配量时,过境水(工程引水)可利用量为取水许可量与水资源分配量中的较小量;当河流(水库)水量和引水建筑工程允许的引水能力小于取水许可及水资源分配量时,过境水(工程引水)可利用量为实际引水量。

3. 灌溉回水可利用量(S_h)

在灌溉过程中,存在渠道、农田渗透、输水损失等损失水量一般占到灌溉引水量的 70%。

4. 地下水可利用量(S_{xp})

地下水可利用量不同于地下水资源量,可利用量是在经济合理、技术可行和容量许可的条件下的可开采量。地下水可利用量一般通过地下水允许开采模数计算,还受到地下水开采许可限制。

综上所述,土地整治项目区水资源可利用量为降水径流可利用量、过境水(工程引水)可利用量、灌溉回水可利用量和地下水可利用量之和,即:

$$S_p = S_{wp} + S_{qp} + S_h + S_{xp}$$

(三) 水资源需求量(D_p)计算

不同保证率需水量是指在一定生产条件下,不同频率的雨情、水情情况的需水量,包括农业灌溉需水量和非农业灌溉需水量。

1. 农业灌溉需水量(D_{ap})

农业灌溉需水量由灌溉面积和灌溉定额计算。农业灌溉定额可选择具有代表性农作物的灌溉定额,结合农作物播种面积和复种指数综合确定。

2. 非农业灌溉需水量(D_i)

非农业灌溉需水量包括区域工业用水、生态用水、居民生活用水和牲畜用水。工业用水、生态用水可通过调查统计获取。居民生活用水和牲畜用水可由居民数量与人居用水定额、牲畜数量与牲畜用水定额计算确定。

综上所述,土地整治项目区水资源需求量为农业灌溉用水和非农业灌溉用水之和,即:

$$D_p = D_{ap} + D_i$$

(四) 水资源供需平衡分析

计算供需余量 Δp:

$$\Delta p = S_p - D_p$$

如果 $\Delta p>0$,表示供大于求;如果 $\Delta p=0$,表示供需平衡;如果 $\Delta p<0$,表示供不应求。

四、实验成果

土地整治项目水资源平衡分析报告,要求基础数据选取准确,即典型年份与设计保证率对应,参数和指标估计符合土地整治工程的相关标准,选用的数据应和当地实际情况对应,计算过程条理清晰,呈现表格、图形便于理解;分析计算结果明确,建议符合实际,即分析结果客观明确,能够指导土地整治项目规划设计。

案例示范

以某土地整治项目为例进行水资源平衡分析。该项目位于镇区西部，距离县城52 km，属于河流阶地地貌，整体地势为北高南低，沿河区域地势低，远离河岸两侧地势相对较高，高程 967.12～999.87 m。气候属大陆性季风气候，光照充足，温差较大，四季分明。多年平均降水量为 560.6 mm，大多集中在6—9月，占全年降水量的 79.3%，且呈现高强度的阵性降水，其他月份少雨，全年分布不均，形成旱涝相间的降水特征。

项目建设规模为 347.50 hm^2，其中耕地 267.77 hm^2（含水田 66.94 hm^2、水浇地 200.83 hm^2）、交通运输用地 15.83 hm^2、林地 2.52 hm^2、居民点及工矿用地 43.95 hm^2、水域及水利设施用地 15.40 hm^2、其他农用地 2.03 hm^2，分别占建设规模的 77.06%、4.56%、0.73%、12.65%、4.43%、0.58%。

1. 参数选取

（1）典型年的选取与灌溉保证率确定

水资源平衡分析包括供水量分析和需水量分析，不同灌溉保证率下供水量和需水量差异均较大，一般分别选取平水年份（p=50%）、一般干旱年份（p=85%）和干旱年份（p=95%）的水资源供需状况进行分析，对应的灌溉保证率分别为 50%、85%和 95%。综合天然降雨、塘堰蓄水、渠系引水等状况，根据土地整治项目规划设计规程，灌溉保证率设计标准在75%～95%，结合当地实际，确定灌溉保证率 p 为 85%。

（2）典型作物选取与灌溉定额确定

项目区耕地主要为水田和水浇地，农作物有水稻、小麦、玉米等，水田以水稻与小麦轮作为主、水浇地以玉米与小麦轮作为主。结合项目区现有耕作构成、当地耕作习惯及农业结构调整方向，规划以水稻和玉米为典型作物。考虑玉米在其生长期几乎不需要灌溉，只分析水稻的需水量。各保证率下水稻和玉米的毛灌溉定额如例表 1-15 所列。

例表 1-15　各保证率下水稻和玉米的毛灌溉定额

作物名称	毛灌溉定额/(m^3/亩)		
	平水年（p=50%）	一般干旱年（p=85%）	干旱年（p=95%）
水稻	450	575	630
玉米	58	80	96

注：1 亩=0.066 7 hm^2，全书同。

（3）水资源可利用量来源

水资源可利用量主要由降雨产生的地表径流、工程引水（过境水）、农业灌溉回水及地下水四部分组成。本项目区地表水丰富，地下水埋藏过深，不易开采，且坡度较大，循环利用成本较高，不考虑地下水和农业灌溉回水，故可利用水量主要由降雨产生的地表径流和工程引水（过境水）两部分组成。

（4）水资源需水量范围

需水量包括农业灌溉需水量和非农业灌溉需水量。项目区主要以农业生产为主，工业基础较薄弱，地表潜水完全可以满足非农业灌溉需水要求，故需水量只考虑农业灌溉需水。

2. 水资源平衡计算

(1) 供水量分析

① 可利用降雨量(地表径流计算)

依据该地区的皮尔逊Ⅲ型频率曲线,变差系数 C_v 为0.52,年径流量偏态系数 C_s 为 1.56 ($C_s=3C_v$)。当 $p=85\%$、$C_v=0.52$ 时,年径流模比系数 $K_p=0.62$。当地多年平均径流深 $\overline{Y}$ 取 24 mm。

设计年径流深:

$$Y_p=\overline{Y}\times K_p=24\times 0.62=14.88\ (\text{mm})$$

设计年径流量:

$$S_{径}=Y_p\times F/1\ 000=14.88\times 347.50\times 10^4/1\ 000=5.17\times 10^4(\text{m}^3)$$

式中 Y_p——设计年径流深,mm;

K_p——年径流模比系数;

$\overline{Y}$——多年平均径流深,mm;

$S_{径}$——设计年径流量,m^3;

F——承雨面积,即项目区总面积,m^2。

② 可利用过境水量

甲村面积为 617.37 hm^2,项目区涉及面积 31.39 hm^2;乙村面积为 561.42 hm^2,项目区涉及面积 27.43 hm^2;丙村面积为 683.16 hm^2,项目区涉及面积 31.57 hm^2;丁村面积为 439.76 hm^2,项目区涉及面积 23.55 hm^2。根据取水许可证可知,可取水量为 $6.75\times10^6\ \text{m}^3$,则项目区可利用过境水量为:

甲村:

$$S_{境1}=(6.75\times 10^6)\times(31.39\times 10^4)/(617.37\times 10^4)=34.32\times 10^4(\text{m}^3)$$

乙村:

$$S_{境2}=(6.75\times 10^6)\times(27.43\times 10^4)/(561.42\times 10^4)=32.98\times 10^4(\text{m}^3)$$

丙村:

$$S_{境3}=(6.75\times 10^6)\times(31.57\times 10^4)/(683.16\times 10^4)=31.19\times 10^4(\text{m}^3)$$

丁村:

$$S_{境4}=(6.75\times 10^6)\times(23.55\times 10^4)/(439.76\times 10^4)=36.15\times 10^4(\text{m}^3)$$

计算可得项目区可利用过境水总量为:

$$\begin{aligned}S_{境}&=S_{境1}+S_{境2}+S_{境3}+S_{境4}\\&=34.32\times 10^4+32.98\times 10^4+31.19\times 10^4+36.15\times 10^4\\&=134.64\times 10^4(\text{m}^3)\end{aligned}$$

项目区可利用过境水量为 $134.64\times10^4\ \text{m}^3$,其中:甲村 $34.32\times10^4\ \text{m}^3$、乙村 $32.98\times10^4\ \text{m}^3$、丙村 $31.19\times10^4\ \text{m}^3$、丁村 $36.15\times10^4\ \text{m}^3$。

综上所述,项目区总供水量为:

$$S_{供}=S_{径}+S_{境}=5.17\times 10^4+134.64\times 10^4=139.81\times 10^4(\text{m}^3)$$

(2) 需水量分析

项目区灌溉净用水量计算公式为:

$$M_{净}=MA$$

式中 $M_{净}$——净灌水量，m^3；

M——灌水定额，m^3/亩；

A——灌溉面积，亩。

项目区灌溉毛用水量计算公式为：

$$M_{毛}=M_{净}/\eta$$

式中 $M_{毛}$——灌溉毛用水量，m^3；

η——渠系水利用系数，取0.75。

项目区耕地面积为267.77 hm^2，其中水田66.94 hm^2、水浇地200.83 hm^2。根据土地整治工程建设标准，渠系水利用系数取0.75，则在灌溉保证率为85%时，农业灌溉需水量为：

$D_{需}=MA/\eta=(575\times 66.94\times 15+80\times 200.83\times 15)/0.75=109.11\times 10^4(m^3)$

(3) 水资源供需平衡分析

在灌溉保证率为85%时，项目区可利用降雨量为$5.17\times 10^4\ m^3$，可利用过境水量为$134.64\times 10^4\ m^3$，则可利用总水量为$139.81\times 10^4\ m^3$。农作物灌溉需水总量为$109.11\times 10^4\ m^3$。由此可见，项目区水资源基本平衡，且略有剩余，其剩余水量为$30.70\times 10^4\ m^3$。

实验五 条田设计

一、实验目的

条田规划布置是土地平整、农田水利工程规划、农田林网建设的基础，直接与农田土壤改良和土地利用成效相关。条田规划不但要考虑灌溉、排水效果，而且要考虑机耕、防风对条田的要求，兼顾当地地形、土壤、水文、地质和气象条件。

二、实验要求

了解条田设计的基本内容，理解条田设计与土地平整、农田水利布局、农田林网建设之间的关系，掌握条田设计的方法和流程。

三、实验内容

（一）条田规划内容

条田是由斗沟（渠）、农沟（渠）、防风林带围成的田块，是耕作、灌水的土地利用基本单元。

条田规划的内容包括条田大小、形状和方向的确定，要求能使灌溉、排水、防风效果好，机耕效率高，同时要求田间工程量小，土地利用率高。

（二）条田设计基本要求

1. 灌溉对条田的要求

灌溉对条田大小和方向有要求。地面纵坡大于 0.01 时，如果采用一般沟、畦灌水方法沿地面主坡向灌水，会产生田面冲刷和水土流失，宜调整条田方向，即与等高线成一定角度布置。地面纵坡小于 0.01 时，条田方向一般宜与地面主坡向一致。

为配合灌水后及时耕作，宜在两昼夜以内灌完，条田最大面积一般不宜超过 300 亩。

2. 排水对条田的要求

排水对条田的要求主要是条田宽度，即农沟间距。控制地下水水位的农沟间距一般以 150～200 m 为宜。

坡度较大时，农沟与等高线小角度相交，沿条田长边布置，以发挥排水沟的截流作用。坡度较小时，农沟及条田长边宜沿地面主坡向布置。

3. 林带对条田的要求

林带防风效果决定于主林带与风向的交角、林带的间距、密度、高度等因素。主林带宜与主害风向垂直相交或大角度相交，主林带的间距为 150～200 m，即条田的宽度。

4. 机耕对条田的要求

机耕要求条田有一定长度，减少转弯时间和无效耗油，以提高机耕效率，条田宽度不小于 200 m。机耕要求条田形状最好为长方形或内角不小于 60°的平行四边形。

（三）条田工程设计

1. 条田规格

条田长度一般取 600～800 m，宽度取 200～250 m，面积为 6～10 hm^2。长度必须在 200 m 以上，最长可达 1 000 m 左右；宽度最小 150 m，最大 400 m。条田方向根据灌溉、排水、防风的不同要求综合确定。

2. 条田内灌溉设施设计

条田内灌溉设施有毛渠、输水沟、垄沟、灌水沟(畦)或淹灌格田。

田间灌水设施采用两种布置形式。一种是纵向布置。毛渠与灌水沟(畦)水流方向平行，与作物种植方向一致，沿地面主坡向布置。灌溉水从毛渠进输水沟，经输水沟进灌水沟(畦)田。输水沟一般垂直毛渠布置。另一种是横向布置。毛渠与灌水沟(畦)水流方向垂直，灌溉水直接从毛渠进灌水沟(畦)。毛渠沿较小坡度方向，灌水沟(畦)可沿最大坡度方向。

四、实验成果

(1) 条田标准田块规划布置报告，针对土地整治项目选择典型区进行条田标准田块的规划，编制规划设计报告。

(2) 条田标准田块设计图编绘，结合条田标准田块规划编绘设计图，并编绘田块内部的灌溉设施。

案例示范

典型田块设计的目的在于了解项目区田块的工程规划内容。典型田块的选择需具有代表性，一般选择田、沟、路、渠、林等设计要素比较齐全的地块，如例图 1-2、例图 1-3 所示。田块的长度需满足以下要求：良好的光照条件，利于耕种、排灌、水保等，并结合路网布置；宽度选择与之类似；田块的高程在经过多次选择后尽量在田块内挖填平衡。

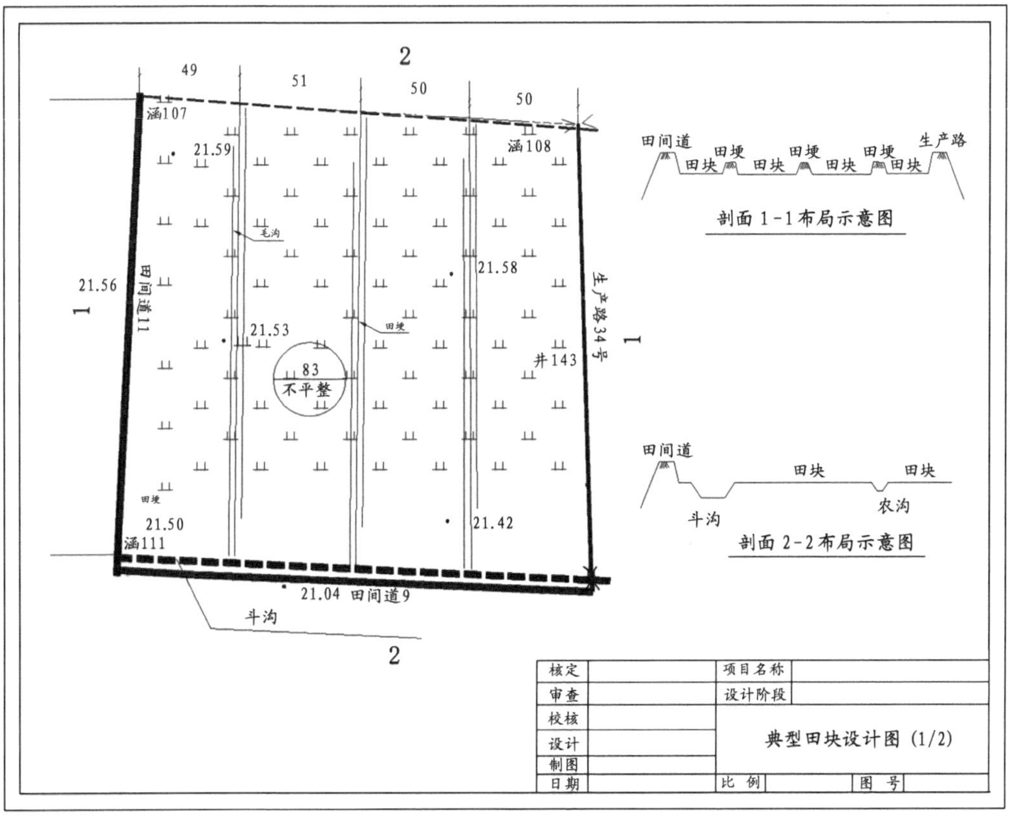

例图 1-2　典型田块布置(一)

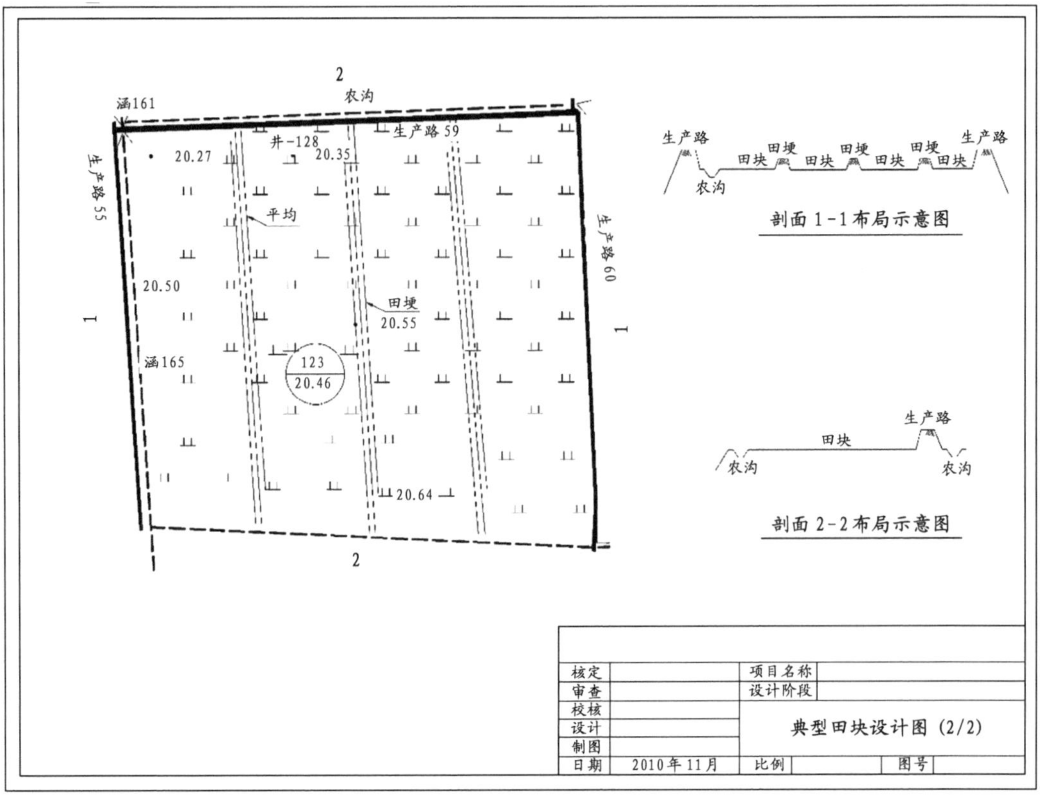

例图 1-3　典型田块布置(二)

根据某省土地整治工程建设的相关标准，条田长度为 300～600 m，宽度为 80～300 m。结合项目区地块形状、排水与机耕要求，规划田块长约 500 m，宽约 100 m。

依据田间道路和排水沟布局将项目区分为 164 个田块，要求条田标准一般为 500 m×100 m、格田标准为 100 m×50 m。田块长度设计应有助于提高机械作业效率，有利于合理组织农业生产。田块宽度应满足机械作业、灌溉排水要求。由于地块形状不规则，局部田块长度随地形变化。结合土地整治项目的实践，田块主要按南北方向布置，以利于农作物采光。

实验六　梯田设计

一、实验目的

梯田是低丘岗地或采煤塌陷区域土地整治坡地田块的主要形式，其主要目的是减低田坎系数、减少水土流失、合理利用坡耕地。

二、实验要求

了解梯田的应用范围和条件，掌握梯田设计的具体流程，理解梯田要素的具体含义及设计方法。

三、实验内容

（一）收集设计基础资料

项目区地形图、高程数据、等高线数据、地形特征线数据，当地梯田建设标准、梯田形式、坎高、田坎断面形式、田坎材质、田面宽度及坡面土质情况。

（二）确定梯田类型

根据梯田的断面形式分为水平梯田、坡式梯田、隔坡梯田和波浪式梯田。坡式梯田和水平梯田是常用的两种形式，坡度在10°以下可设计为坡式梯田和水平梯田，坡度在10°以上宜设计为水平梯田。

根据梯田田坎建筑材料，可分为土坎梯田与石坎梯田。

根据梯田用途，可分为旱作物梯田、水稻梯田、果园梯田、茶园梯田等。

（三）确定梯田要素

梯田长度一般为100～200 m，面积为4～6 hm^2，宽度依坡度选取。水平梯田断面如图1-3所示，各要素计算如下：

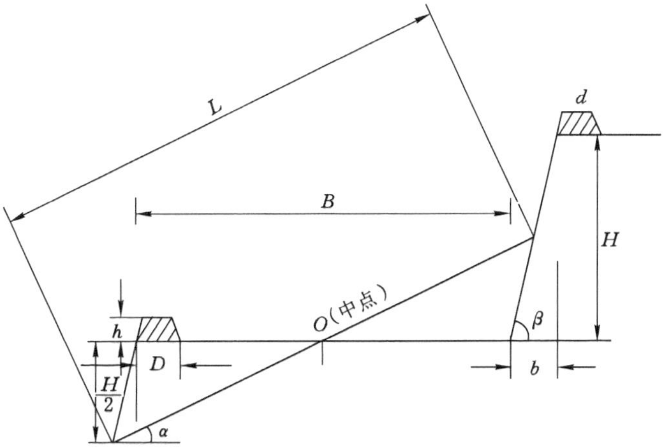

L—斜坡距离；B—田面宽；b—田坎占地宽；d—田埂顶宽；D—田埂底宽；

H—田坎高；h—田埂高；α—地面坡度；β—田坎侧度。

图1-3　水平梯田断面图

田面宽度：

$$B = H(\cot\alpha - \cot\beta)$$

田坎高度：

$$H = L\sin\alpha$$

田坎占地宽：

$$b = H\cot\beta$$

水平梯田断面尺寸参考值如表 1-2 所列。

表 1-2 水平梯田断面尺寸参考值表

地面坡度/(°)	田面净宽/m	田坎高度/m	田坎坡度/(°)
1～5(含)	10～15	0.5～1.2	90～85
5～10(含)	8～10	0.7～1.8	90～80
10～15(含)	7～8	1.2～2.2	85～75
15～20(含)	6～7	1.6～2.6	75～70
20～25(含)	5～6	1.8～2.8	70～65

土质黏着力愈小或田坎愈高，田坎外侧应愈缓，田坎稳定性要求按力学方法计算。

田边蓄水埂可设计为高 0.3～0.5 m，顶宽 0.3～0.5 m，内外坡比约 1∶1。在多雨地区，梯田内侧应有排水沟，其具体尺寸根据各地降雨、土质、地表径流情况而定。

（四）土方量计算

以单个梯田田面为单位进行内部平整，由于项目区梯田内地形比较复杂，高差较大，选用截面法(横断面法)计算土方量。

(1) 划分横断面。根据地形图将梯田划分成若干横断面，划分原则为垂直等高线，各断面间的距离可以不等，一般可用 10 m 或 20 m。等高线走向较直的田块可更长，但控制在 100 m 以内。

(2) 计算出梯田的设计高程。

(3) 绘制横断面图形。按比例绘制每个横断面的自然地面和设计地面的轮廓线。自然地面轮廓线与设计地面轮廓线之间的面积，即为挖方或填方的断面。

(4) 计算土方断面。当挖填方相等时，梯田挖(填)方的断面面积为：

$$S = \frac{1}{2}\cdot\frac{H}{2}\cdot\frac{B}{2} = \frac{1}{8}HB$$

式中，H 为田坎高度，m；B 为田面宽度，m。

(5) 计算每亩田坎长度：

$$L = \frac{666.7}{B}$$

(6) 计算每亩田坎土方量：

$$V = \frac{1}{8}HBL$$

即：

$$V = 83.3H$$

若设田坎单位高为 1 m，则每亩土方为 83.3 m^3。

(7) 计算总土方量。田块的土方平整工程量为：

$$V = 83.3Ha$$

式中，H 为田坎高，m；a 为田块面积，亩。

四、实验成果

根据项目区等高线数据，按照梯田设计的一般要求，合理布置梯田，计算并设计梯田要素，编绘梯田典型横断面。

案例示范

(1) 确定梯田类型。

因土壤为粉质壤土，地面坡度为 4°，地形为缓坡，则设计梯田为水平梯田。

(2) 确定田面宽度、田坎高度、田坎坡角。

根据机耕耕作及灌溉要求，取田面宽度为 30 m，田坎坡角为 70°，因此，田坎高度为 2.15 m。

(3) 计算土方量。

单位面积(每亩)土方量为：

$$V = 83.3H = 83.3 \times 2.15 = 179.10\ (\mathrm{m}^3)$$

实验七　土地平整工程设计

一、实验目的

土地平整是建设高产稳产农田的关键环节，也是防治土壤盐碱化的重要措施，对提高土地利用率、耕作质量、灌水质量以及水资源利用效率具有明显效果。科学合理的土地平整工程设计既要满足农业生产需求，又要达到工程量最优，节约工程投资。

二、实验要求

依据地形图获取高程数据、生成等高线，结合设计高程计算平整土方量，并绘制土方调配图。

三、实验内容

（一）了解土地平整类型

就土地整治项目而言，根据土地平整阶段和任务可分为工程施工阶段的平整、工程施工后弥补性复平和使用管理阶段的平整。一般而言，土地平整是指工程施工阶段的平整，也称工程性平地。

（二）设计土地平整标准

1. 条田坡降

条田单元内田面坡降：水旱轮作地纵坡 1/1 000～1/2 000，横坡等于或小于纵坡，视单元宽度而定；旱地纵坡 1/300～1/1 000，横坡等于或略大于纵坡；一个单元尽量采用一个纵坡，相邻单元田面设计高程均差不超过 10～15 cm。

2. 格田大小和高差

水稻田或洗盐地平整单元是格田（或畦块）。格田面积一般为 0.2～0.3 hm^2，平整度较好的田块可扩大到 0.6 hm^2；水稻田格田允许高差为 3～5 cm，洗盐地格田允许高差为 5～7 cm。

3. 计算土地平整工程量

（1）资料准备。准备地形图，具有正确表示的高程数据，能够获取等高线和表征地形特征；明确条田或梯田田块边界、田块设计高程等设计参数。

（2）工程量计算。土地平整工程量计算方法主要有两种：一是传统以方格网为基础的计算方法；二是以构建不规则三角网为基础的计算方法（一般采用辅助软件计算）。以方格网法描述土地工程量计算过程如下：

① 方格网测量。根据条田规划确定末级渠道（农渠、农沟）位置，划定平整地段，再在平整地段上进行方格网测量。方格大小根据地形情况而定，地形比较复杂时可用边长 20 m 的小方格，地形比较平坦时可用边长 40 m 的大方格，绘制比例 1/500～1/2 000 的方格网图，标明方格编号、实际高程及地物等。

② 计算平均高程。土地平整设计时，尽量使田块内挖方量与填方量平衡，一般将田面平均高程作为设计高程。

计算平均高程时，每个桩高程数用的次数不同，角点只用 1 次、边点用 2 次、内点用 4 次。

$$H_{平均}=\frac{1}{4n}\left(\sum h_{角}+2\sum h_{边}+4\sum h_{内}\right)$$

式中 $H_{平均}$——条田平均高程，m；

n——方格数；

$\sum h_{角}$、$\sum h_{边}$、$\sum h_{内}$——分别为条田角点、边点和内点地面高程之和。

③ 确定田面纵坡。根据实际地形和田面设计标准确定田面坡降，尽量接近自然纵坡，避免大挖大填。

④ 田面高程设计。在条田重心点(即对称图形中心)上用条田田面的加权平均值作为设计高程，按设计坡降向四面依次推算出方格网各点的设计高程。根据各点设计高程与现有地面高程之差，得出各点挖、填值，挖深为正，填高为负。

⑤ 挖填边界线描绘。在挖方与填方间必有不挖不填的点，称为零点或挖填边界点。把零点连接起来就是挖填边界线，称为零位线。

$$X=\frac{ah_1}{h_1+h_2}$$

式中 X——零点距某方格点的距离，m；

a——方格边长，m；

h_1、h_2——分别为相邻两个方格点的挖填绝对值，m。

⑥ 土方计算。土方计算基本公式是底面积乘以平均高度(方格内挖填数的平均值)。由于实际地面起伏，加之零位线跨过或分割方格，出现多种几何形体。

底面为正方形、矩形、梯形和两个角点为零的五边形，挖填土方量为$\frac{\text{图形面积}}{4}\times$方格各角点挖填数代数和。

底面为直角三角形、任意三角形和近似三角形的五边形，挖填土方量为$\frac{\text{图形面积}}{3}\times$方格各角点挖填数代数和。

4. 绘制土方调配图

在土方量挖填平衡基础上，绘制土方调配图。标注各方格网点的高程和挖填值，勾出挖填界线，标出土方调运方向、位置及数量，作为现场施工依据。调配方向以经济合理为原则，土方调运路线要求“尾对尾，头对头，不准交叉和对流”。

四、实验成果

编写土地平整设计报告，重点叙述土方量计算过程步骤，编绘土方调配图，在方格左上方标出挖、填高度，计算挖、填土方量。

案例示范

(1) 利用 ArcGIS 软件提取项目区 DEM 数据的点高程值，并在属性表中添加点的 XY 坐标，将属性表导出，修改数据格式为.dat 格式，使得南方 CASS 能正确读取数据。

(2) 打开南方 CASS，点击工具栏的“绘图处理”，选择“展野外测点点位”，将保存的.dat 文件输入，读取从 ArcGIS 提取的点高程坐标信息，如例图 1-4 所示。

(3) 使用“pl”命令，为点添加闭合复合线。选择“工程应用”菜单下的“方格网土方计算”，如例图 1-5 所示。土方计算边界线选择所画的闭合复合线，在弹出的高程坐标文件的对话框，选择.dat 坐标文件。

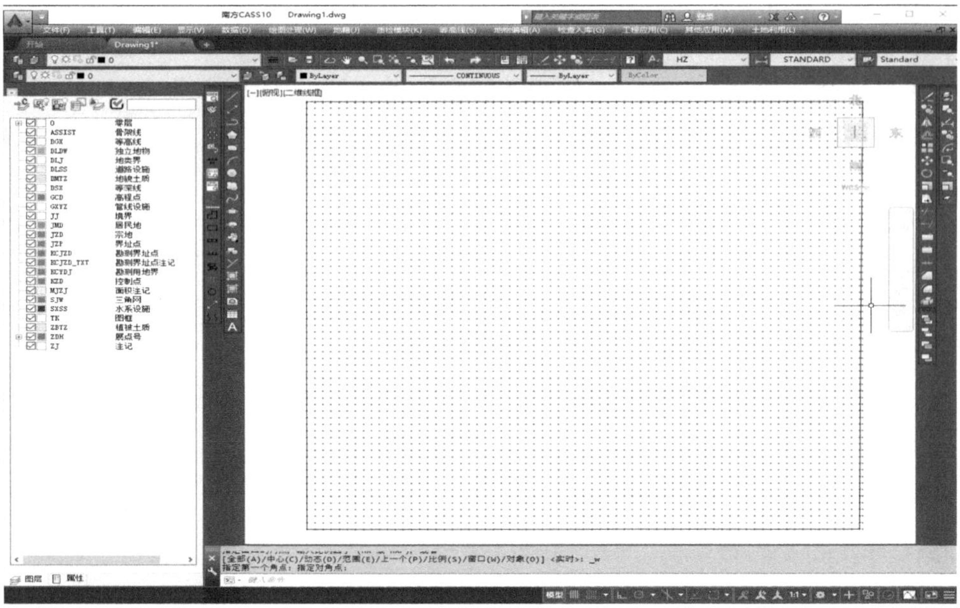

例图 1-4

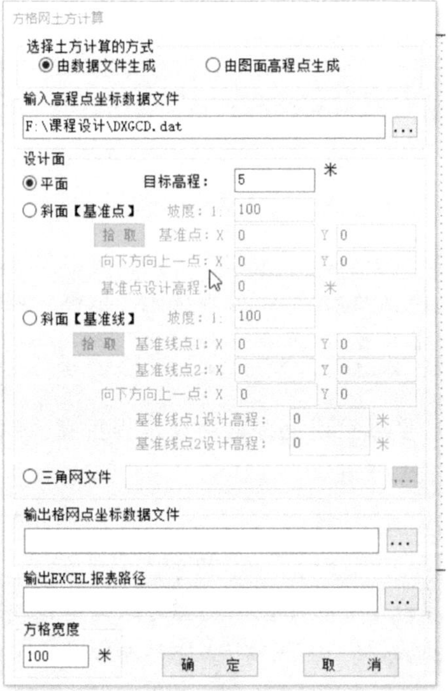

例图 1-5

（4）根据设计面，选择“平面”或“斜面”，确定输出计算土方量结果的路径，完成土方量计算，如例图 1-6 所示。

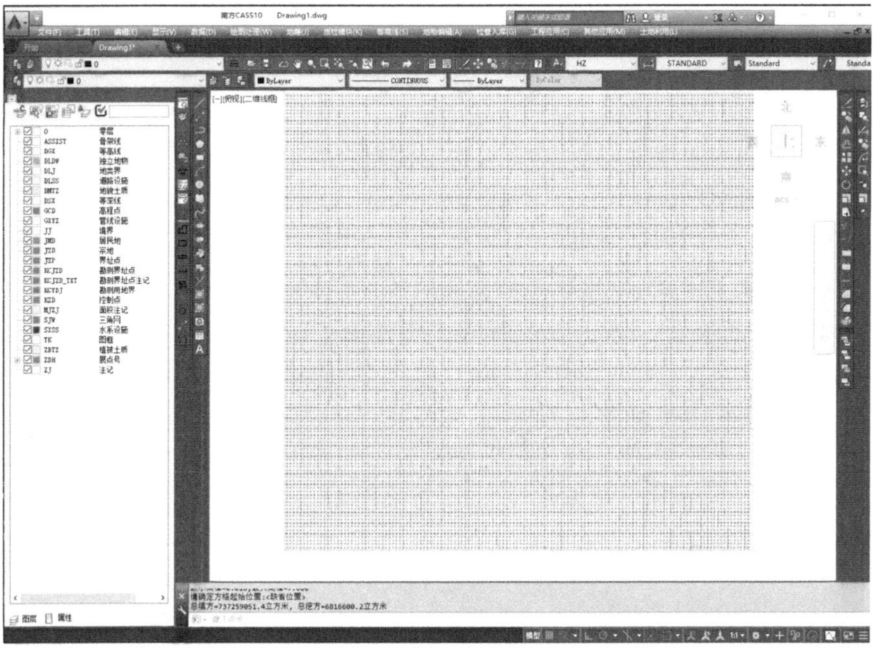

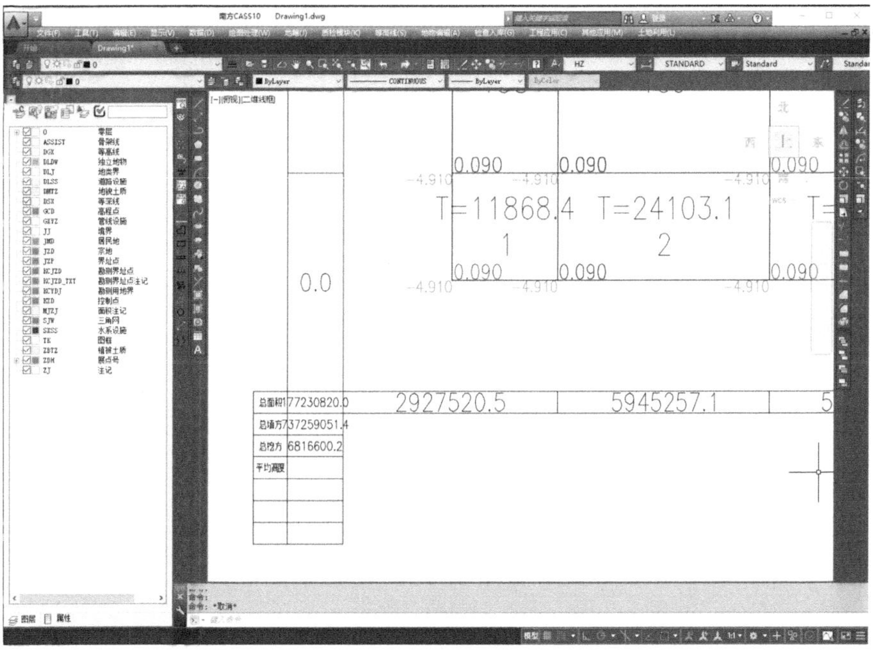

例图 1-6

实验八　农用井设计

一、实验目的

农用井灌溉是地下水灌溉的重要方式，是农田灌溉的主要形式。机井规划设计的合理性直接关系到灌溉效果的好坏。

二、实验要求

结合当地的水文条件，根据井灌区水文地质条件、气象条件和灌区方位及作物用水条件，设计井灌区工程布局，计算单井控制面积、机井水量、井距。

三、实验内容

(1) 井型选择。农用井有管井(机井)和大口井(筒井)两种形式。取水含水层埋深不大于 100 m 时，宜选用浅管井；取水含水层埋深大于 100 m 时，宜选用深管井；取水含水层埋深小于 40 m，且富水性强，机井出水量较大时，可采用大口井。

(2) 计算单井控制面积：

$$A_0 = QtT\eta/m$$

式中　A_0——单井控制灌溉面积，亩；

Q——出水量，m^3/h；

T——设计灌溉周期，d；

t——每天供水时数，h/d；

η——灌溉水利用系数；

m——综合净灌水定额，m^3/亩。

(3) 确定农用井数量。根据单井控制面积和项目区面积确定农用井数量。

(4) 井距计算(方形排列)：

$$L = \sqrt{666.7A_0}$$

式中　L——方形排列井距，m；

A_0——单井控制灌溉面积，亩。

(5) 农用井剖面图绘制。农用井结构包括井口、井深、进水部分和沉淀管。

四、实验成果

编制土地整治项目的机井工程规划设计报告书，包括机井类型选择、设计计算过程、布设分布图等。

案例示范

1. 管井出水量

项目区属于新滩河流域，新滩河自西北向东南流经项目区北边界。地表水主要靠自然降水和客水补给。地下水受地质结构控制，根据地质构造，富水区浅层地下水含水层岩性以细砂为主，含水层顶板埋深为 4～9 m，底板埋深为 11～42 m，静水位在地面以下 1～4 m，一般为 2～3 m，动水位为 22 m；矿化度为 0.18～0.46 g/L，盐度为 0.06～1.00 mg/L，碱度为 0.60～3.22 mg/L，可直接用于人畜饮用，也是农田灌溉开采的主要来源。

2. 单井控制灌溉面积

根据《机井技术规范》(SL 256—2000),单井控制灌溉面积为:

$$A_0 = QtT\eta / m$$

式中 A_0——单井控制灌溉面积,亩;

Q——单井出水量,取 30 m^3/h;

t——水资源每日供水时数,取 16 h/d;

T——轮灌周期,取 8 d;

η——灌溉水利用系数,取 0.75;

m——综合平均灌水定额,取 35 m^3/亩。

经计算,单井控制灌溉面积为 82.3 亩。

3. 灌溉机组和移动软管选择

每眼井配备移动式柴油机一套、水泵和输水软管等移动式设备一套。机组选择参照已实施完成其他土地整理项目经验,柴油机采用 S1100 型,自动抽水泵采用离心泵 80-31DS 型,移动软管采用 ϕ80 mm 软塑料增压管。

4. 井深与井径设计

规划项目区灌溉水源采用浅层地下水,按管井进行设计。根据《管井技术规范》(GB 50296—2014),管井深度设计根据拟开采含水层(组、段)的埋深、厚度、水质、富水性及其出水能力等因素综合确定。根据《×县×镇土地整治工程项目水文物探工作报告》及当地打井经验,单井涌水量取 30 m^3/h,设计井深 40 m,井壁内径 0.40 m,采用混凝土封闭管和无砂混凝土薄壁透水管,无砂混凝土透水管滤水层厚度为 15 cm,滤料为砂砾,粒径为5~8 mm,空隙率为 15%~25%。

5. 井距与井数的确定

机井布设距离初选按下式计算:

$$L_0 = \sqrt{666.7A_0}$$

式中 L_0——井距,m;

A_0——单井控制灌溉面积,亩。

计算得到农用井井距为 234 m。

井数按下式计算:

$$N = F/A_0$$

式中 N——规划区需打机井数,眼;

F——规划区内灌溉面积,亩。

项目区内井灌规划面积约为 217.861 3 hm^2,A_0 为 82.3 亩,则项目区内需打机井 40 眼。结合项目区具体条件,规划井距在 234 m 左右,共布置 40 眼井,满足井距要求。

实验九　蓄水工程设计

一、实验目的

塘坝、蓄水池、水窖等工程可汇聚天然降水或其他水资源，是重要的蓄水工程。学习不同蓄水工程布局方法，规划截水沟、排水沟和蓄水工程等，可以优化水资源配置和提高水资源利用效率。

二、实验要求

能熟练掌握和运用蓄水工程设计基本过程和方法，设计计算条理清晰，计算的方法和结果具有合理性。可设计蓄水池及其相关的各种工程。

三、实验内容

（一）选址

蓄水池应布局在有一定集雨面的位置；尽量利用荒坡、隙地修建；考虑到人群安全，应具有坚实的基础，避开污染和防止水污染等。

（二）容量设计

1. 塘坝

常用的塘坝供水量估损方法有复蓄次数法、抗旱天数法、塘坝径流法三种。

（1）复蓄次数法：

$$W=NV$$

式中　W——塘坝供水量，m^3；

N——塘坝一年内复蓄次数；

V——单位面积塘坝有效容积，m^3。

（2）抗旱天数法：

$$W=teS$$

式中　W——塘坝供水量，m^3；

t——干旱年份塘坝抗旱天数，d；

S——塘坝有效面积，m^2；

e——作物田间耗水强度，m/d。

（3）塘坝径流法：

$$W=a_iP_i\eta_iS$$

式中　W——塘坝供水量，m^3；

P_i——单位面积时段降雨量，m^3/m^2；

a_i——各时段径流系数，试验测量得到或借用近似地区资料；

S——塘坝有效面积，m^2；

η_i——塘坝蓄水利用系数，一般取0.5～0.7。

2. 蓄水池

（1）蓄水池（水柜）、水窖、旱井等蓄水工程蓄水量为：

$$V=\frac{KW}{1-a}$$

式中 V——蓄水容积，m^3；

W——可供水量，m^3；

a——蓄水工程蒸发、渗漏损失系数，取 0.05～0.1；

K——容积系数，半干旱地区，人畜饮用工程可取 0.8～1.0，灌溉供水工程可取 0.6～0.9；湿润、半湿润地区可取 0.25～0.4。

（2）涝池和塘坝等蓄水工程蓄水量为：

$$V=K(V_w+V_n)$$

式中 V——蓄水容积，m^3；

V_w——设计频率暴雨径流量，m^3；

V_n——设计清淤年累计泥沙淤积量，m^3；

K——安全系数，取 1.2～1.3。

蓄水池与坡面排水沟相连时，V_w 和 V_n 根据排水沟的设计排水量和淤积量计算；蓄水池不在坡面蓄排工程系统时，V_w 和 V_n 按下式计算：

$$V_w=M_wF$$

$$V_n=3M_sF$$

式中 M_w——设计频率一次暴雨径流模数，m^3/hm^2；

M_s——一年的侵蚀模数，m^3/hm^2；

F——蓄水池的集水面积，hm^2。

3. 水窖

水窖数量为：

$$N=Q_p/(VK)$$

式中 N——水窖数量；

V——单个水窖容积，m^3；

Q_p——总需水量，m^3；

K——水窖利用率，黄土高原地区一般取 1.5。

（三）结构形式设计

灌溉水池以敞开式为主，一般由引水堰、引水管、池体和出水管网等四部分组成。

（四）池体设计

池体由四部分构成：池身，一般用砖、条石、混凝土预制块浆砌，水泥砂浆抹面而成；泄水口，设置于池壁的正常蓄水位处；池沿，全埋式蓄水池池沿应高于地面 0.25 m，以防池周泥土及污物流入池内，一般用砖、条石、混凝土预制块浆砌而成；池底一般采用混凝土，做到密实平整，厚度 0.1～0.2 m，表面用砂浆抹面。

四、实验成果

在项目区范围内合理布置排水沟或截流沟、蓄水池，绘制平面布置图，编写设计报告。

案例示范(蓄水池)

1. 布设原则

蓄水池容积主要依据来水量与灌溉需水量而定，取二者较小值作为蓄水池容积。水池容量以 50～100 m^3 为宜。蓄水池结构形式一般为开敞全埋式，圆形或矩形，由池体、梯步、护栏三部分组成，考虑安全和蒸发因素，池深一般取 2～3 m。本设计按容积 50 m^3、84 m^3、100 m^3 进行典型设计，如例图 1-7 所示。

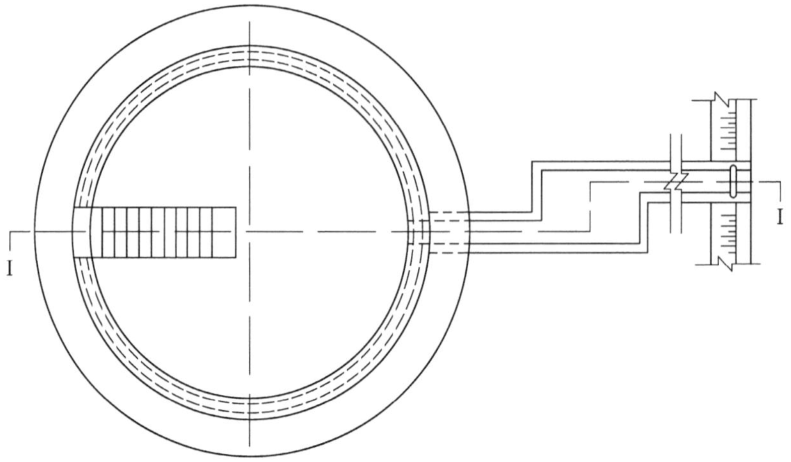

(a) 平面图

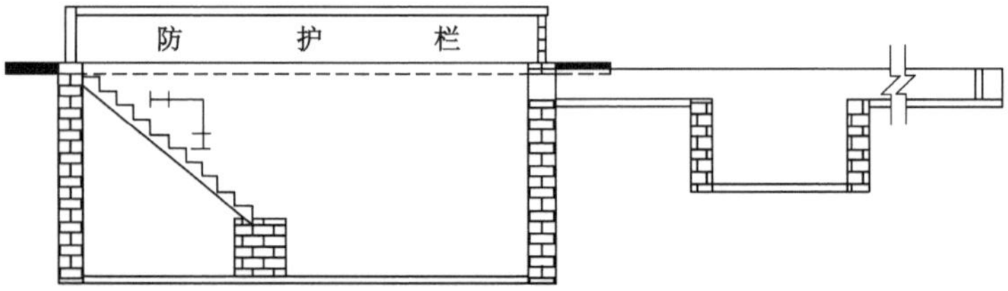

(b) I－I 剖面图

例图 1-7　蓄水池设计图

2. 设计标准

参照《水土保持综合治理 技术规范 小型蓄排引水工程》(GB/T 16453.4—2008)，按 10 年一遇 24 h 最大暴雨时的地表径流和泥沙流失总量为标准。

3. 工程设计

(1) 容积确定：

$$W = h\psi F$$

式中　W——拦蓄容积，m^3；

h——10 年一遇 24 h 暴雨量，m；

F——集水面积，m^2；

ψ——径流系数，采用当地经验值。

圆形蓄水池容积计算：

$$V=\pi R^2 H$$

矩形蓄水池容积计算：

$$V=ABH$$

式中　V——容积，m^3；

H——池深，m；

R——池半径，m；

A——池长，m；

B——池宽，m。

蓄水池容积根据来水量和需水量平衡计算，以需水量为主，一般来水比较丰富的情况下，即当 $V<W$ 时，可考虑通过排洪沟把富余水排入山塘或溪河；当 $V\geqslant W$ 时，可结合布设沿山沟和排水沟引其他水源补充。

(2) 断面设计。

蓄水池可选用圆形或者矩形。本典型设计采用圆形，均采用浆砌红砖防渗，其厚度通过内力计算确定，经计算最大厚度为 24 cm。池底用 10 cm 的 C15 混凝土现浇做防渗处理，并设计进池梯步。蓄水池设计指标及工程量如例表 1-16 所列。

例表 1-16　蓄水池设计指标及工程量

容积/m^3	池深/m	断面尺寸/m		工程量/(m^3/口)					
		池半径	墙厚	土石方开挖	土石方夯填	M2.5 砖砌体	M10 抹面	C15 混凝土防渗	C25 钢筋混凝土梯步
100	3.0	3.3	0.24	125.08	7.03	15.90	1.29	3.42	1.14
84	3.0	3.0	0.18	99.50	4.24	10.99	1.18	2.83	1.14
50	2.6	2.5	0.18	61.74	3.10	8.11	0.87	1.96	1.14

(3) 放水孔设计。

基于项目区地形地势，蓄水池多建于缓坡上，一般是在临坡一侧埋设管道取水。管道进口离池底的距离，视泥沙在池内淤积的高度而定。如果来沙量较小，管道进口也可与池底齐平，这样可以充分利用池内蓄水。出口端设闸阀控制。放水时，水流经消力池进入灌溉渠道。

建在平地上的蓄水池，不便埋设管道取水，常为人工挑水方便而修建进池取水梯步。进池梯步有两种做法：其一，梯步为实体墩。这种形式费工费料，占用水池容积大。其二，梯步为空支墩。这种形式省工省料，占用水池容积小。本次设计采用空支墩形式。

(4) 溢水口设计。

为防止池中水漫顶，冲毁水池，须设溢水口，其断面尺寸一般与进水渠断面尺寸相等。

(5) 围栏设计。

在蓄水池四周设计高为 1.0～1.1 m 的方砖围栏，起安全防护作用。

实验十　泵站工程设计

一、实验目的

泵站已经运用在农田排灌、防洪抗洪、工农业供水、跨流域调水等国民经济建设的各个行业，为我国经济社会的协调发展发挥了十分重要的作用。

二、实验要求

本实验主要以使学生掌握泵站的设计方法为目标，加深学生对课程基本概念、理论、方法及课程结构体系的理解和融会贯通，培养其综合运用所学课程知识解决实际工程技术问题的能力。

三、实验内容

（一）熟悉基础资料

熟悉区域地形、地质及水文地质条件、水源水位及变化、建筑材料、交通条件、社会经济状况等基础资料。

（二）流量确定

（1）总体布置。选择泵站站址，确定进出水方式、机房形式，绘制泵站总体布置地形纵剖面图。

（2）流量确定。为减小取水构筑物、输水管道及净水构筑物尺寸，节约基建投资，按照昼夜均匀工作设计流量：

$$Q_r = \alpha \frac{Q_d}{T}$$

式中　Q_r——泵站的供给流量，m^3/h；

Q_d——供水对象最高日用水量，m^3/d；

α——计及输水管漏损和净水构筑物自身用水而加的系数，一般取1.05～1.1；

T——泵站昼夜工作小时数，h/d。

（3）方案选择。用设计扬程初选水泵型号，用设计流量初选水泵台数，根据水泵型号确定电动机型号。

（4）管路配套。计算进出水管路水头损失，精算扬程，绘制特性曲线，选配管材、管径及附件等。

（5）机组布置。确定基础尺寸，编制机组布置。

（6）安装高程的确定。根据水泵拟定进出水管路及附件，校核水泵工作点，求水泵吸水高度，依据进水池最低水位确定水泵安装高程。

四、实验成果

编制泵站设计说明书，要求计算科学合理，结果准确。

案例示范

1. 设计标准

根据某省小型灌溉泵站建设标准，小型提水泵站的设计灌水率一般为2.0～4.0 $m^3/(s\cdot万亩)$，取设计灌溉模数$q_{灌}=2.9\ m^3/(s\cdot万亩)$。

2. 建筑物级别

根据《水利水电工程等级划分及洪水标准》(SL 252—2017),设计泵站级别为 5 级,使用年限为 30 年。

3. 地震设防烈度

基本地震设防烈度为 8 度,地震峰值加速度为 $0.2g$。

4. 设计水位

根据低压灌溉管道工程设计水位推算成果,选取最不利管线推出的水位 29.18 m 作为泵站出水设计水位,以排涝沟在灌溉期的低水位作为泵站进水池设计水位,故管道出水水位为 29.18 m,进水池最高水位为 19.50 m,设计水位为 19.00 m,最低水位为 18.80 m。

5. 设计流量

泵站设计流量取 0.216 m^3/s。

泵站工程设计参数如例表 1-17 所列。

例表 1-17　泵站工程设计参数情况表

名称	性质	灌溉面积/万亩	灌溉模数/[m^3/(s·万亩)]	设计流量/(m^3/s)	设计净扬程/m	设计水位/m	
						进水水位	出水水位
甲泵站	新建	0.117 6	2.9	0.216	10.18	19.00	29.18

6. 机泵选型

(1) 扬程计算。

设计净扬程:

$$H_{设} = 出水池设计水位 - 进水池设计水位 = 10.18\ (m)$$

最高净扬程:

$$H_{最高} = 出水池最高水位 - 进水池最低水位 = 10.38\ (m)$$

最低净扬程:

$$H_{最低} = 出水池最低水位 - 进水池最高水位 = 9.68\ (m)$$

(2) 水泵选型。

设计净扬程 $H_{设}=10.18$ m,估计水力损失为净扬程的 10%,则设计总扬程 $H_{总}=1.1\times 10.18=11.20$ (m)。拟选用 1 台 350HQ-40 潜水混流泵,转速为 1 450 r/min,叶片安装角度为 0°,电机功率为 37 kW,单台泵流量为 0.216 m^3/s。

(3) 水泵校核。

① 管路损失扬程。

按照管路损失扬程计算规程,得到:

$$h_{损} = 0.39\ (m)$$

② 扬程校核。

设计工况点水泵扬程:

$$H = H_{设} + h_{损} = 10.57\ (m)$$

经计算此时 $Q=0.216$ m^3/s,$\eta=79.9\%$,选用该泵型满足设计要求。

实验十一 排水沟设计

一、实验目的

排水沟断面设计的合理与否，将直接影响到项目区排水系统的畅通。

二、实验要求

了解排水沟等级干、支、斗、农、毛的划分，理解排水沟布置的基本原则，掌握排水沟横、纵断面设计的方法，熟悉排水沟的工程量计算。

三、实验内容

（一）设计水位

排水沟设计既要满足涝水外排的要求，又要满足控制地下水位等要求。设计水位分为排渍水位和排涝水位。

1. 排渍水位（又称日常水位）

排渍水位是排水沟经常需要维持的水位，平原地区主要由控制地下水位的要求（防渍或防止土壤盐碱化）决定。为控制农田地下水位，末级固定排水沟的排渍水位应低于农田要求的地下水埋藏深度，离地表一般不小于 1.0 m；有盐碱化威胁的地区，一般不小于 1.2 m。排渍水位与地下水位控制的关系如图 1-4 所示。

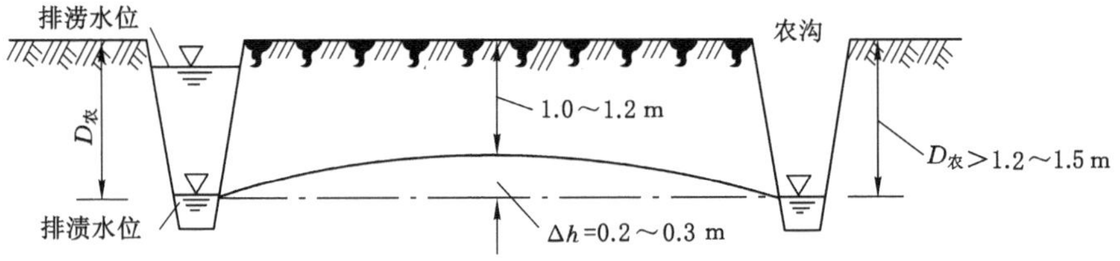

图 1-4 排渍水位与地下水位控制的关系

斗、支、干沟的排渍水位要求比农沟排渍水位更低，需考虑各级沟道的水面比降和局部水头损失（图 1-5），如排水干沟为满足最远处低洼农田降低地下水位的要求，其沟口排渍水位由最远处农田平均田面高程（A_0），考虑降低地下水位的深度和斗、支、干各级沟道的比降及其局部水头损失等确定。

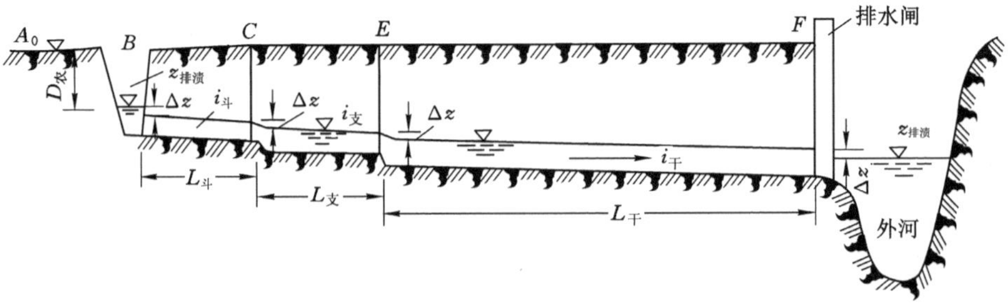

图 1-5 干、支、斗、农排水沟排渍水位关系图

$$z_{排渍}=A_0-D_{农}-\sum Li-\sum \Delta z$$

式中　$z_{排渍}$——排水干沟沟口的排渍水位，m；

A_0——最远处低洼地面高程，m；

$D_{农}$——农沟排渍水位离地面距离，m；

L——斗、支、干各级沟道长度，m；

i——斗、支、干各级沟道的水面比降，如为均匀流，则为沟底比降；

Δz——各级沟道沿程局部水头损失，如过闸水头损失取 0.05～0.1 m，上下级沟道在排地下水时的水位衔接落差一般取 0.1～0.2 m。

2. 排涝水位（又称最高水位）

排涝水位是排水沟达到排涝设计流量时的水位。

承泄区水位一般较低，汛期干沟出口处排涝设计水位始终高于承泄区水位，可按排涝设计流量确定，其余支、斗、农沟的排涝水位也可由干沟排涝水位推算；但干沟出口处排涝水位比承泄区水位稍低，如仍须争取自排，势必出现壅水现象，于是干沟（甚至包括支沟）最高水位应按壅水水位线设计，两岸常需筑堤束水，形成半填半挖断面，如图 1-6 所示。

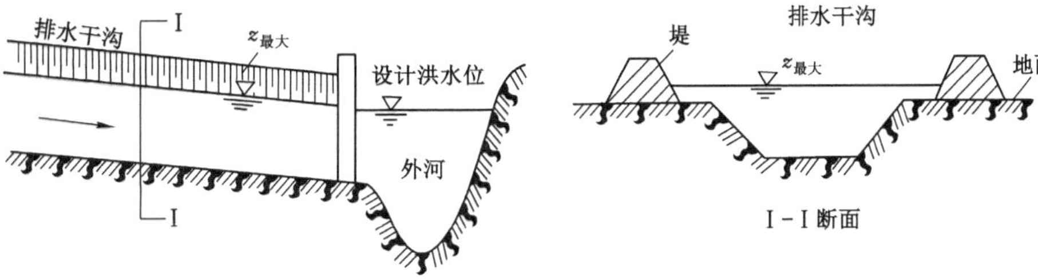

图 1-6　排水出口壅水时干沟半填半挖断面示意图

当承泄区水位很高、长期无法自流外排时，沟道最高水位分两种情况考虑：一种情况是没有内排站，最高水位一般不超出地面，以离地面 0.2～0.3 m 为宜，最高可与地面齐平，最高水位以下沟道断面能承泄除涝设计流量和满足蓄涝要求；一种情况是有内排站，沟道最高水位可以超出地面一定高度，相应沟道两岸亦需筑堤。

（二）排水沟断面设计

排水沟设计流量和设计水位确定后，便可确定沟道断面尺寸，包括水深、底宽等，一般根据排涝设计流量计算沟道的断面尺寸。

1. 横断面设计

排水沟一般按恒定均匀流设计断面，在承泄区水位顶托发生壅水现象下，按恒定非均匀流公式推算沟道水面线，从而确定沟道断面及两岸堤顶高程等。

（1）排水沟比降（i）。

排水沟比降决定于排水沟沿线的实际地形和土质情况，一般要求与沟道沿线地面坡降相近。沟道比降不能选得过大或过小，以满足沟道不冲不淤的要求。允许不冲流速如表 1-3 所列。

表 1-3　允许不冲流速

土壤类别	允许不冲流速/(m/s)
淤土	0.2
重黏壤土	0.75～1.25
中黏壤土	0.65～1.00
轻黏壤土	0.6～0.9
粗砂土(d=1～2 mm)	0.6～0.75
中砂土(d=0.5 mm)	0.4～0.6
细砂土(d=0.05～0.1 mm)	0.25

对于连通内湖与排水闸的沟道，比降还决定于内湖和外河水位；对于连通抽水站的沟道比降，应注意抽水机安装高程的限制。

(2) 沟道边坡系数(m)。

沟道边坡系数与沟道土质和沟深有关，土质愈松沟道愈深，边坡系数愈大，如表 1-4 所列。

表 1-4　土质排水沟边坡系数

土质	边坡系数			
	挖深<1.5 m	挖深 1.5～3 m	挖深 3～4 m	挖深 4～5 m
砂土	2.5	3～3.5	4～5	≥5
砂壤土	2	2.5～3	3～4	≥4
壤土	1.5	2～2.5	2.5～3	≥3
黏土	1	1.5	2	≥2

(3) 排水沟糙率(n)。

新挖沟道糙率为 0.02～0.025，而对容易长草的沟道一般采用较大的数值，取0.025～0.03。

(4) 宽深比(β)。

宽深比是指底宽 b 与设计水深 h 之比。

水力最优断面宽深比 $\beta_{最优}=2\sqrt{1+m^2}-m$，其断面窄深，适用于小型沟道。

相对稳定(不冲不淤或冲淤平稳)断面的宽深比 $\beta=3Q^{1/4}-m$(Q 为流量)。

经济性断面宽深比 $\beta_{经济}=\dfrac{\alpha}{\gamma^2}(2\sqrt{1+m^2}-m)-m$，若拟定偏离系数 $\alpha=A_{经}/A_{优}$($A_{经}$为排水沟经济断面，$A_{优}$ 为排水沟最优过水断面，一般 $\alpha=1.01\sim1.04$)，计算 γ 为 $h_{经}$ 与 $h_{优}$之比($h_{经}$ 为经济深度，$h_{优}$ 为最优深度)，则 $\gamma=\alpha^{5/2}-\sqrt{\alpha(\alpha^4-1)}$。

(5) 设计水深(h)和底宽(b)。

对梯形断面渠道(图 1-7)，过水断面面积 $A=h(b+mh)$，湿周 $x=b+2h\sqrt{1+m^2}$，水力半径 $R=\dfrac{A}{x}$，谢才系数 $C=\dfrac{1}{n}R^{1/6}$，则 $Q=AC\sqrt{Ri}$。

计算参数一般已知 Q、m、n、i，求 b、h。

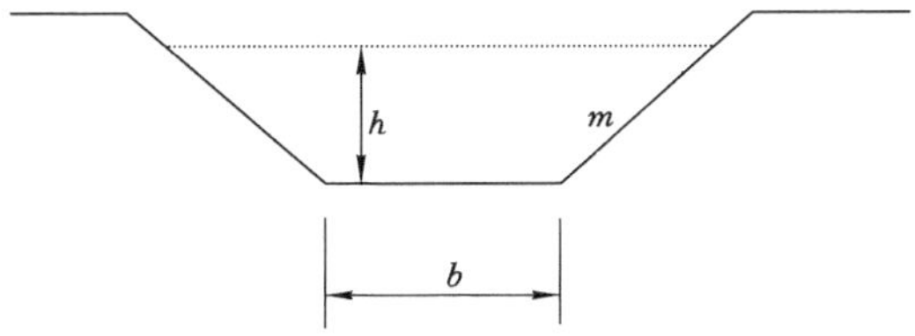

图 1-7　排水沟断面设计参数

(6) 计算加大水深。

根据 $Q_{加大}$、b 和其他已知数据，试算确定 $h_{加大}$。

(7) 确定安全超高、堤顶宽。

安全超高：

$$\Delta h = \frac{1}{4}h_{加大} + 0.2$$

堤顶宽：

$$D = h_{加大} + 0.3$$

多数情况下，排水沟是全部挖方断面，在通过洼地或受承泄区水位顶托发生壅水时，为防止漫溢在两岸筑堤，形成又挖又填的沟道。

2. 纵断面设计

设计排水沟纵断面时，一般要求各级沟道间不发生壅水现象，即上、下级沟道在排除排渍流量（日常流量）时，水位衔接有一定水面落差（Δz），一般取 0.1～0.2 m。通过排涝设计流量时，沟道间产生短期壅水现象是可以允许的，但一般沟道的最高水位尽可能低于沟道两侧的地面高程 0.2～0.3 m。此外，下级沟道的沟底不高于上级沟道的沟底。如图 1-8 所示。

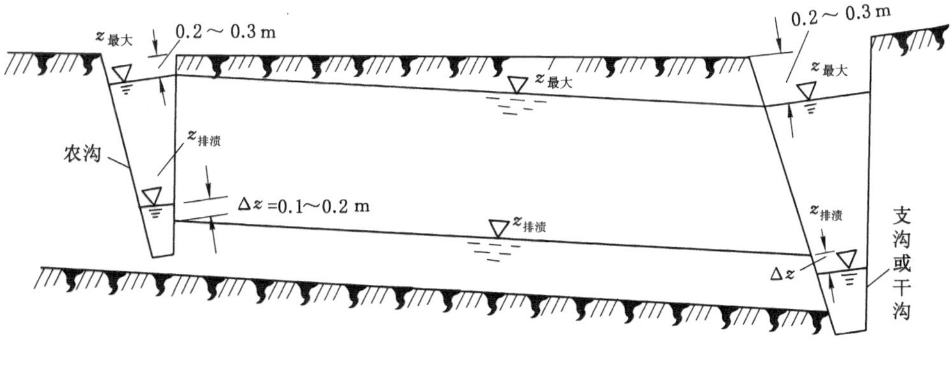

图 1-8　排水沟之间沟底水位衔接示意图

排水沟纵断面图（图 1-9）绘制步骤：首先，根据沟道平面布置图，按干沟沿线各桩号的地面高程依次绘出地面高程线；其次，根据干沟对控制地下水位的要求及选定的干沟比降等，逐段绘出排渍水位线；然后，在排渍水位线以下，确定干沟各段水深，定出沟底高程线；最后，再由沟底向上，根据排涝设计流量或蓄涝要求的水深，绘制干沟的最高水位线。

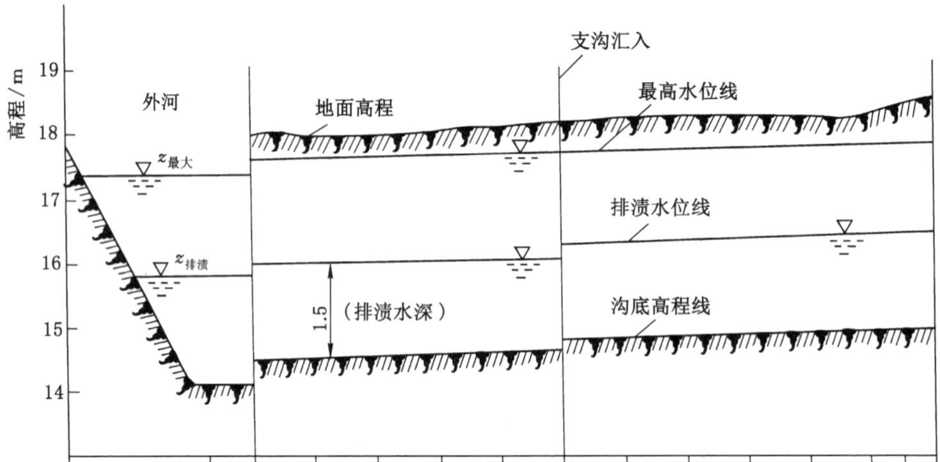

桩号	0+000	0+200	0+400	0+600	0+800	1+000		1+200	1+400	1+600	1+800	2+000	2+080	2+200
地面高程/m	17.80	17.82	17.91	17.96	18.00	18.00		18.15	18.15	18.25	18.25	18.06	18.28	18.35
最高水位/m	17.60	17.62	17.64	17.66	17.68	17.70		17.72	17.74	17.76	17.78	17.80	17.81	17.82
排渍水位/m	16.00	16.02	16.04	16.06	16.08	16.10	16.30	16.32	16.34	16.36	16.38	16.40	16.41	16.42
沟底高程/m	14.50	14.52	14.54	14.56	14.58	14.60	14.80	14.82	14.84	14.86	14.88	14.90	14.91	14.92
挖方深度/m	3.30	3.30	3.37	3.40	3.42	3.40	3.20	3.33	3.31	3.39	3.37	3.16	3.37	3.43
沟底比降	$\frac{1}{10\,000}$													

图 1-9　排水干沟纵断面图

四、实验成果

(1) 独立完成梯形干沟横、纵断面设计，列出详细的计算过程和结果。

(2) 绘制干沟横断面图，要求断面图比例适合，图面美观。

(3) 选择典型纵断面和比例尺，绘制相应纵断面图，标注尺寸及说明。

案例示范(横断面设计)

已知项目区雨水设计流量为 0.64 m^3/s，设计排水沟断面为梯形，上宽 0.6 m，底宽 0.4 m，设计水深 0.4 m，沟底纵坡 $i=5\%$，浆砌片石沟。

根据横断面参数计算公式可知过水断面 $A=0.2\ m^2$，边坡系数 $m=0.25$，则：

$$x=b+2h\sqrt{1+m^2}=1.262\,5\ (\text{m})$$

$$R=0.2/1.262\,5=0.16\ (\text{m})$$

粗糙系数 n 取 0.03，则谢才系数 $C=\frac{1}{n}R^{1/6}=24.6$，$Q=AC\sqrt{Ri}=0.2\times24.6\times$

$\sqrt{0.16\times0.05}=0.44\ (m^3/s)$，泄水能力偏小。

结合排水沟设计的实际情况，假设 $Q_{加大}=0.2\ m^3/s$，推出 $h_{加大}=0.15$ m，则：

$$\Delta h=\frac{1}{4}h_{加大}+0.2=0.24\ (m)$$

$$D=0.15+0.3=0.45\ (m)$$

结合施工工艺和流程，确定横断面上宽 0.6 m，底宽 0.4 m，设计水深 0.55 m，安全超高 0.24 m，堤顶宽0.45 m。根据结果得到渠道横断面如例图 1-8 所示。

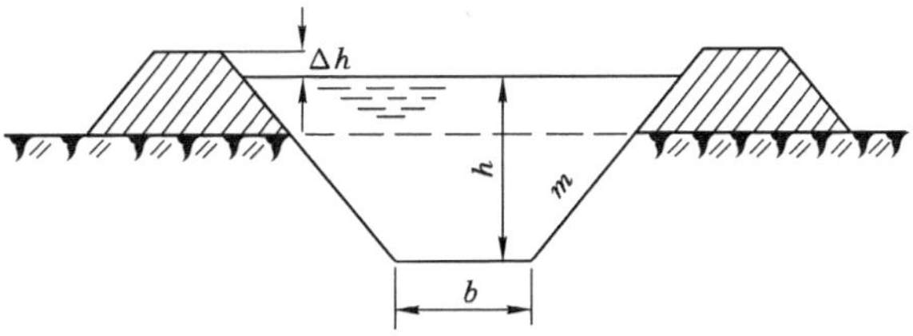

例图 1-8　排水沟横断面设计图

实验十二　灌溉渠道设计

一、实验目的

灌溉渠道是连接灌溉水源和灌溉土地的水道，把从水源引取的水量输送和分配到灌区。按控制面积大小把灌溉渠道分为干渠、支渠、斗渠、农渠、毛渠等5级，面积较小的灌区可减少渠道级数。渠道的纵、横断面要根据灌溉流量和灌溉水位设计。

二、实验要求

掌握灌溉渠道设计的基本流程，熟练根据灌溉面积求设计流量；熟悉拟定或估算各设计参数（i、n、m、b等），计算设计水深和底宽；绘制渠道横断面图。

三、实验内容

（一）设计流量

根据灌溉面积求净流量：

$$Q_{净}=(mS)/(3\ 600\ Tt)$$

式中　$Q_{净}$——净流量，m^3/s；

m——灌溉定额，m^3/亩；

S——灌溉面积，亩；

T——灌溉天数，d；

t——每天灌溉的小时数，h。

根据灌溉面积的净流量，考虑渠系有效利用系数η，求设计流量：

$$Q_{设计}=Q_{净}/\eta$$

（二）设计渠道

明渠均匀流流量为：

$$Q=AC\sqrt{Ri}$$

式中　Q——渠道流量，m^3；

A——过水断面面积，m^2；

C——谢才系数；

R——水力半径，m；

i——水力比降（明渠均匀流，与渠底比降相同）。

梯形断面渠道如图1-7所示。

过水断面面积：

$$A=h(b+mh)$$

湿周：

$$x=b+2h\sqrt{1+m^2}$$

水力半径：

$$R=\frac{A}{x}$$

谢才系数：

$$C=\frac{1}{n}R^{1/6}$$

综上所述，得到：

$$Q=\frac{[h(b+mh)]^{5/3}}{n(b+2h\sqrt{1+m^2})^{2/3}}$$

（三）确定设计参数

1. 渠底比降(i)

Q 一定时，渠底比降 i 大而过水断面 A 小，则控制的灌溉面积小；渠底比降 i 小而过水断面 A 大，则控制的灌溉面积大。

2. 渠床糙率(n)

反映渠床粗糙程度，糙率大则阻水能力大。

3. 边坡系数(m)

边坡系数 m 大，工程占地多，输水损失大；边坡系数 m 小，边坡不稳定。

4. 宽深比(β)

(1) 水力最优断面宽深比：

$$\beta_{优}=2\sqrt{1+m^2}-m$$

(2) 满足相对稳定（不冲不淤或冲淤平稳）断面宽深比：

一般渠道：

$$\beta=3Q^{1/4}-m$$

多沙河流引水渠道：

当 $Q<1.5\ \mathrm{m^3}$ 时：

$$\beta=2.8Q^{1/10}-m$$

当 $Q=1.5\sim50\ \mathrm{m^3}$ 时：

$$\beta=2.6Q^{1/4}-m$$

(3) 实用经济断面宽深比：

拟定偏离系数：

$$\alpha=A_{经}/A_{优}$$

一般 $\alpha=1.01\sim1.04$。

计算 γ 为 $h_{经}$ 与 $h_{优}$ 之比，则有：

$$\gamma=\alpha^{5/2}-\sqrt{\alpha(\alpha^4-1)}$$

计算宽深比：

$$\beta_{经济}=\frac{\alpha}{\gamma^2}(2\sqrt{1+m^2}-m)-m$$

（四）渠道不冲不淤校核

渠道设计必须使设计流速在不冲流速与不淤流速之间：

$$v_{不冲}>v_{设计}>v_{不淤}$$

为防止渠道滋生杂草减小过水能力，渠道设计最小流速一般不得小于 0.4～0.6 m/s。清水渠道最小流速可以允许降低到 0.2 m/s。

（五）断面图回执

绘制渠道典型横断面，标注相应尺寸及说明。

四、实验成果

（1）完成梯形明渠横断面设计，列出计算过程和计算结果。

（2）选择典型纵断面和比例尺（1：50～1：100），绘制断面布置形式，标注相应尺寸及说明。

案例示范

（1）渠道设计流量模数：

$$q=\frac{M}{86\ 400t}$$

式中 q——渠道设计流量模数，$m^3/(hm^2 \cdot s)$；

M——典型年内时段最大毛灌溉用水量，m^3/hm^2；

t——计算时段内的天数，d。

灌溉区主要种植小麦，假设小麦典型年最大毛灌溉用水量为 200 m^3/hm^2，时段内 1.5 d，灌溉面积 933 hm^2，则设计流量模数为 0.001 54 $m^3/(hm^2 \cdot s)$。

（2）渠道设计流量：

$$Q_{净}=qF$$

式中 $Q_{净}$——净渠道设计流量，m^3/s；

F——渠道灌溉面积，hm^2；

q——渠道设计流量模数，$m^3/(hm^2 \cdot s)$。

$$Q_{设计}=\frac{Q_{净}}{\eta}$$

$$\eta=\eta_{渠}\ \eta_{田}$$

式中 $Q_{设计}$——渠道设计流量，m^3/s；

$\eta_{渠}$——渠道水利用系数；

$\eta_{田}$——田间水利用系数。

根据某省土地整治工程建设标准，设计灌溉保证率为 75%。支渠渠道水利用系数 $\eta_{渠}$ 取 0.7、田间水利用系数 $\eta_{田}$ 不低于 0.95，设计支渠灌溉面积为 250 hm^2，得出支渠设计流量为 0.578 9 m^3/s。

（3）渠道设计断面：

渠道为土质结构的渠道，确定边坡系数 $m=1$。根据其为土质渠床，n 取 0.025，i 取 1/3 000。计算得出支渠最优断面设计值：宽深比为 0.8，设计水深为 0.9 m，底宽为 0.7 m。

综上所述，典型支渠设计为梯形渠道，边坡系数为 1，底宽为 0.7 m，水深为 0.9 m，为保证灌溉效率和安全，设计渠深为 1.5 m，如例图 1-9 所示。

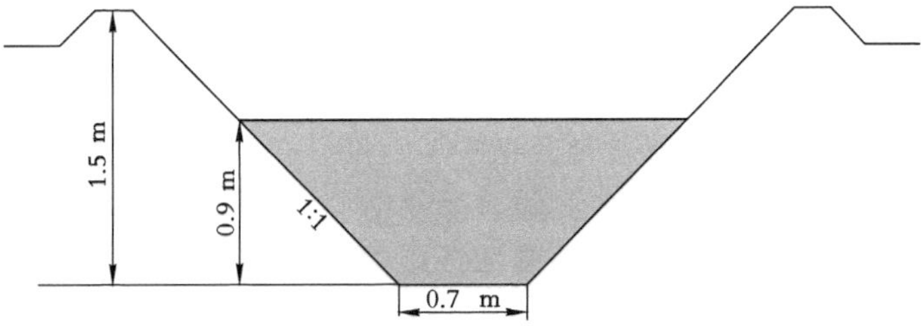

例图 1-9 支渠横截面示意图

实验十三　道路工程设计

一、实验目的

了解道路工程规划设计的纵坡度及纵断面上设计高程的位置规定，理解最大纵坡和最小纵坡规定的目的；掌握道路工程规划设计的横断面形式、路基宽度和高度、路基边坡和排水、路面等级、路面结构等内容和要求；掌握道路横、纵断面图绘制的内容和步骤。

二、实验要求

(1) 道路规划要结合区域主干道规划，保证使用的方便性和道路的通达性，要求运输距离短，且能达到每个耕作田块和满足农机耕作需求，一般结合田块、渠道、排水沟、林网等进行规划。

(2) 道路规划尽量避免跨越沟渠，尽可能减少桥、涵等工程建筑物，以节约项目总投资。同时，也要避免为少建桥涵而增加道路长度，进而增加耕地占用量。

(3) 道路纵坡设计要充分考虑农田水利工程的需求，设计的最小纵坡满足排水要求，道路转弯角度符合技术设计指标要求，且与田、林、村、渠、沟等布局相协调，保护生态环境，防止水土流失。

三、实验内容和步骤

(一) 确定设计原则和依据

1. 设计原则

规划设计从实际出发，以人为本，合理运用技术指标，充分利用有利地形，减少工程数量；少占耕地，确保路基稳定和生态平衡；尽量避开不良地质，减少路基病害，保证道路畅通。

2. 设计依据

《公路工程技术标准》(JTG B01)。

《公路路线设计规范》(JTG D20)。

《公路路基设计规范》(JTG D30)。

《公路桥涵设计通用规范》(JTG D60)。

《土地整治项目规划设计规范》(TD/T 1012)。

(二) 确定道路等级

田间道路按照服务功能不同，一般分为干道、支道、田间道和生产路四等级。干道是乡镇与村庄联系的道路，以通行汽车为主，是项目区道路网的骨干，联系着农村居民点和镇区，承担着主要客货运输。支道一般为村村联系的道路。田间道是联系村庄与田块，为作业机械向田间转移等生产过程服务的道路。生产路是联系和通往田间的道路，主要起田间货物运输的作用。

农村干、支道相当于国家四级公路，可参照国家四级公路的要求设计。

土地整治工程一般设计田间道和生产路，建设标准可参照《土地整治项目规划设计规范》，设计速度不高于 20 km/h，净宽不超过 4.50 m，设计荷载按公路-Ⅱ级荷载的 0.7 计算。

(三) 线路规划

路线设计应正确运用技术指标，考虑农田水利建设，保持线形连续、均衡，确保行驶安全、舒适。田间道路面宽 4～6 m、生产路路面宽 2～4 m，路肩不小于 0.25 m，最小纵坡以满足雨雪排除要求为准，一般宜取 0.3%～0.4%，多雨地区宜取 0.4%～0.5%。

（四）路基、路面设计

路面设计应保证具有足够的强度、稳定性和耐久性，路面面层满足平整和抗滑要求。路基设计重视排水设施与防护设施，防止水土流失、堵塞河道和诱发路基病害。路基断面形式应与沿线自然环境相协调，避免因深挖、高填而造成不良影响。

1. 路基设计

路基分填方路基、挖方路基和填石路基。

（1）填方路基。填方路基优先选用级配较好的砾类土、砂类土等粗粒土，最大粒径应小于 150 mm。泥炭、淤泥、冻土、强膨胀土、有机质土等不得直接用于填筑路基。浸水路基应选用渗水性良好的材料填筑。

（2）挖方路基。路堑边坡形式及坡率应综合考虑工程地质与水文地质条件、边坡高度、排水措施、施工方法，结合自然稳定山坡和人工边坡的调查及力学分析综合确定。

（3）填石路基。膨胀性岩石、易溶性岩石、崩解性岩石和盐化岩石等不应用于路基填筑。填石料修筑公路路基，应做好断面设计、结构设计和排水设计，保证填石路基有足够的强度和稳定性。

2. 路面设计

田间道和生产路可采用砂石、泥结碎石、素土、混凝土等路面。

混凝土路面一般选择水泥稳定粒料、石灰粉煤灰稳定粒料或级配粒料基层。采用小型机具施工时，基层宽度比混凝土面层每侧至少宽出 300 mm；轨模式摊铺机施工时，基层宽度比混凝土面层每侧至少宽出 500 mm；滑模式摊铺机施工时，基层宽度比混凝土面层每侧至少宽出 650 mm。路肩采用混凝土面层，其厚度与行车道面层相同时，基层宽度宜与路基宽度相同。级配粒料基层的宽度也宜与路基宽度相同。

（五）编绘规划设计图

道路规划设计图包括平面规划布置图（布设在项目规划图中）、道路纵断面设计图和道路横断面设计图，其编绘参照相关规程执行。

四、实验成果

（1）依据土地整治项目土地利用现状和地形，确定田间道路平面位置，绘制土地整治项目道路规划图，结合课程设计完成。

（2）选择典型道路绘制横断面、纵断面，并标注相应尺寸及说明。纵断面图绘制结合课程设计完成。

案例示范

一、设计标准

1. 田间道设计标准

（1）道路等级。田间道为项目区内的主要道路，根据道路工程等级划分及土地整治项目规定，道路工程参照四级公路设计。

（2）设计使用年限。土地整治带动区域经济发展，交通运输也日趋频繁，设计使用年限为 5 年。

（3）设计行车速度。设计行车速度为 20 km/h。

(4) 设计荷载。设计荷载:汽-10、履-50。

(5) 路基及路面。采用煤矸石充填压实作为路基,路面为宽 3 m、厚 10 cm 的泥结碎石。根据道路沿线地形,在道路两侧规划排水沟。

2. 生产路设计标准

结合项目区实际生产生活需要,生产路路面宽度设计标准为 1.5～2 m,采取素土压实,道路两侧设计排水沟。

二、道路设计

田间道路面宽 3.0 m,路基宽 4.2 m。道路断面结构为:首先用素土压实路基,密实度达到 90%。限制坡度 11%,弯道半径不小于 10 m,利用原有合格的道路系统,在原有道路系统的基础上改建。田间道路断面典型设计如例图 1-10 所示。

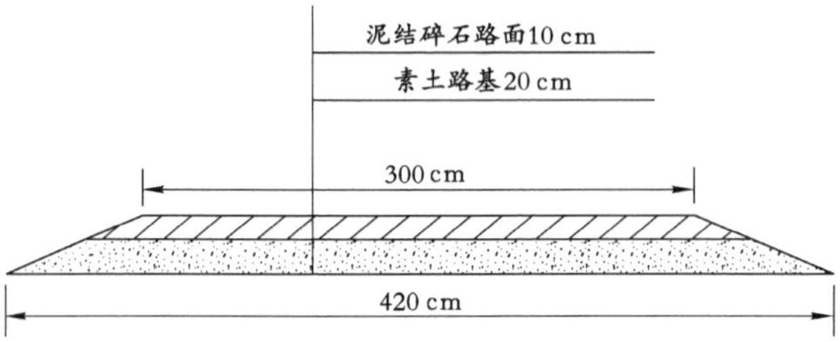

例图 1-10　田间道断面典型设计图

生产路为田间耕作通行道路,设计路面宽 1.5～2.0 m,就地压实路面,用素土夯实,田间道路布置于地块之间并与生产路相连。生产路典型设计如例图 1-11 所示。

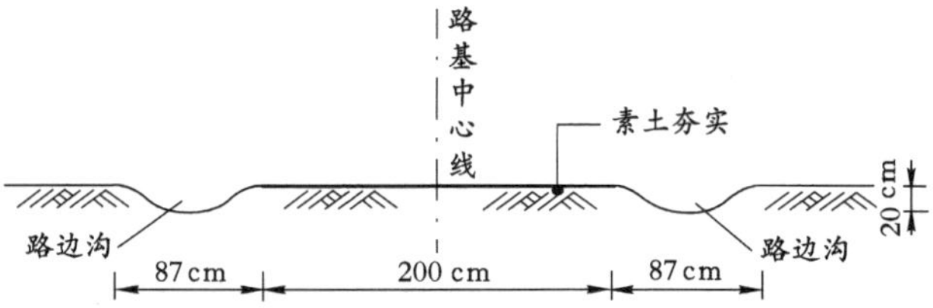

例图 1-11　生产路典型设计图

实验十四 农田防护林设计

一、实验目的

农田防护林可调节生态系统结构和生态系统功能，有效降低风速，减少水土流失，提升土壤肥力，调节周围环境的温度和湿度，增加农田生物物种的多样性，使农田生态系统可持续发展。

二、实验要求

坚持“因地制宜、全面规划、统筹安排”的原则，对沟、路、渠、田、林等统一规划，保证林带具有最大的防护效果，尽量做到林带少占地。了解农田防护林设置的目的和作用，掌握农田防护林的疏透结构、郁闭度、林带透风系数，掌握农田防护林林带走向、林带宽度、林带防护间距等设计原理，掌握农田防护林工程图的绘制。

三、实验内容

（一）林带方向

林带分成主林带和副林带。主林带与主害风向垂直，起主要防护作用；副林带垂直于主林带，在风向改变时辅助主林带起作用。在风害较小、地下水位较高的地区，林带生物排水作用更重要，垂直地下水位方向设置林带，排水效果更好。

（二）林带结构

林带结构是林带外形及林带内部结构的总称，与林带密度、断面形式、树种组成和栽植密度有关。

1. 紧密结构林带

紧密结构林带由乔灌木组成多层林冠的宽林带，构成枝叶茂密无透光孔隙林墙，中等速度(3～4 m/s)弱风几乎不能透过，透风系数在0.1以下，气流被抬高从树冠顶上翻越而过，但防风距离短，一般只有15倍树高左右，大风时林带背后可出现强烈旋涡，晴朗无风时林缘还出现增温，一般不宜作护田林带。

2. 稀疏结构林带

稀疏结构林带是一种2～3层树冠组成的林带，从上到下孔隙分布比较均匀，中等风速弱风可部分通过林带而不改变方向，透风系数为0.3左右，有效防风距离为23～31倍树高。

3. 通风结构林带

通风结构林带是一种上层树冠紧密，下部(距地面2 m左右)有很大通风孔隙且宽度不大的林带。高度透风林带是两行乔木构成的窄林带，透风系数在0.75以上，有效防风距离为17倍树高，平均降低风速约20%，不宜作护田林带。低度透风林带是4～6行树木构成两层树冠的林带，透风系数在0.5左右，有效防风距离为24～38倍树高，平均降低风速34%～41%。

（三）林带宽度

防护林带既要起到稳定的防风、排水作用，又要有一定数量的用材，一般护田林带宽度以4～8行(8～16 m)较为适宜。

（四）林带间距

主林带间距一般为200～300 m，风沙危害较重或以生物排水为主的地区为150～250 m，风沙危害特别严重的前沿地带还可以缩小到 100～150 m。副林带结合条田长度确定，一般为 500～800 m。

（五）林带配置

沿道路和干、支、斗渠的林带一般布置在道路和渠道两侧，也可以在一侧（尤其是防渗渠道）。布置于一侧时，最好在路北渠南或路东渠西。为减少林带和大田争光争肥，林带和大田之间有沟、渠、路相隔为好。渠旁有路并行时，林带宜布置于渠道两侧，在道路另一侧可添植行道树。两级渠道并行时，林带配置应以高一级渠道两侧为主，次级渠道两侧为副。灌排相邻时，为减少渠道向排水沟渗水和防止塌坡，林带应布置在灌排渠沟之间。当排、灌、路并列，而道路在排、灌之间时，林带配置以道路的两侧为主；若道路在一侧时，林带配置以排、灌渠之间为主。为保证农机顺利通行，主、副林带的交接处要留适当宽度的缺口，一般可为 20～25 m。

（六）树种选择

为形成低度透风和稀疏结构的林带，一般选择 2～3 个树种混交，以形成复层林冠。以树体高大、树冠冠幅适宜的乔木作主要树种，以伴生树种辅助主要树种形成第二层林冠，以灌木作为林带的下木。速生树种与长寿树种结合，以长寿树种为主，一般情况下速生树种比例占 30%～40%。乡土树种和引进树种相结合，以乡土树种为主。

四、实验成果

对土地整治项目农田防护林网进行设计，编写设计报告和绘制林网工程图。

实验十五 投资预算编制

一、实验目的

土地整治项目预算是按照客观规律要求，根据规划设计和预算标准，定额反映实现项目任务所需的人、材、物的技术方案。项目预算是编制项目计划和确定项目资金的依据，做好项目投资预算，用好专项资金，是土地整治项目管理的重要内容。准确编制项目预算是项目管理的重要环节。投资预算是一项系统工程，有一套科学合理的预算标准和定额，也是预算审查和审计制度的主要组成。应强化土地整治项目预算编制，建立健全预算审批和审计制度。

二、实验要求

符合法律法规、政策文件，预算全面、科学、合理和准确，秉承实事求是、依据充分、公平合理原则，体现土地整治项目特征，预算标准选择合理，预算项目不重不漏，预算文件齐全。

三、实验内容和步骤

（一）了解预算费用构成

土地整治项目费用由工程施工费、设备购置费、其他费用和不可预见费组成，如图 1-10 所示。

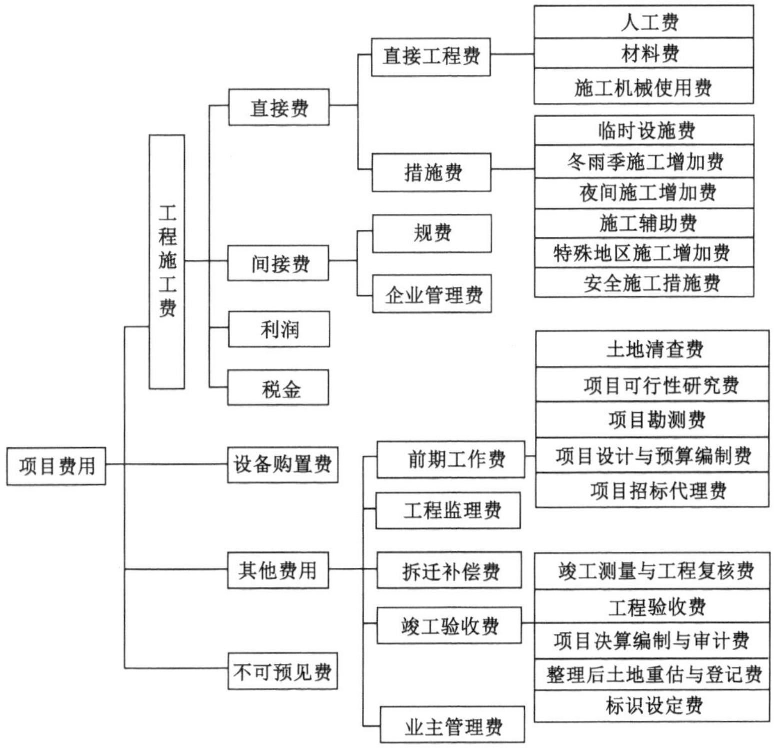

图 1-10 土地整治项目费用构成

(二) 工程量计算

工程量是编制项目预算的原始依据,是编制项目预算的核心组成部分,工程量计算是否准确直接关系到预算的正确性。

工程量计算根据设计图纸、设计说明及施工方案,按照预算定额的项目划分、工程量计算规则等,确定分项工程,计算其工程量。在工程量计算过程中,严格执行预算定额的标准,完全根据设计图纸尺寸计算。

(三) 定额选取

同样的分项工程可能有若干个定额,但不同定额的施工方法和措施不同、同样的施工方式使用的机械和工具也可能不同,故定额选取一定要结合工程施工工艺确定。

(四) 预算费用编制

1. 工程施工费

工程施工费为土地平整、农田水利、田间道路及其他工程的直接施工和管理施工发生的各项费用,包括直接费、间接费、利润和税金。

(1) 直接费

直接费包括直接工程费和措施费。

直接工程费为人工费、材料费和机械使用费之和。

人工费=定额劳动量(工·日)×人工预算单价[元/(工·日)]

材料费=定额材料用量×材料预算单价

机械使用费=定额机械使用量(台·班)×施工机械使用台班费[元/(台·班)]

措施费主要包括临时设施费、冬雨季施工增加费、夜间施工增加费、施工辅助费、特殊地区施工增加费和安全施工措施费。

措施费=直接工程费×措施费费率

对于安装工程而言:

措施费=人工费×措施费费率

(2) 间接费

间接费由规费和企业管理费构成。

间接费=直接费(或人工费)×间接费费率

(3) 利润

利润以直接费和间接费之和作为计算基数。

利润=(直接费+间接费)×利润率

(4) 税金

税金以直接费、间接费和利润之和作为计算基数。

税金=(直接费+间接费+利润)×综合税率

2. 设备购置费

设备购置费是购置设备产生的费用,主要参考市场价格或询价。

3. 其他费用

(1) 前期工作费

前期工作费包括土地清查费、项目可行性研究费、项目勘测费、项目设计与预算编制费、项目招标代理费等。

土地清查费按不超过工程施工费的0.5％计算，计算公式为：

土地清查费＝工程施工费×费率

项目可行性研究费以工程施工费与设备购置费之和作为计费基数，采用分档定额计费方式计算，各区间按内插法确定，如表1-5所列。

表1-5　项目可行性研究费计费标准　　单位：万元

序号	计费基数	项目可行性研究费
1	≤500	5
2	1 000	6.5
3	3 000	13
4	5 000	18
5	8 000	26
6	10 000	31
7	20 000	44
8	40 000	69
9	60 000	90
10	80 000	106
11	100 000	121

注：计费基数大于10亿元时，按计费基数的0.121％计取。

项目勘测费按不超过工程施工费的1.5％计算（项目地貌类型为丘陵/山区的可乘以1.1的调整系数），计算公式为：

项目勘测费＝工程施工费×费率

项目设计与预算编制费以工程施工费与设备购置费之和作为计费基数，采用分档定额计费方式计算（项目地貌类型为丘陵/山区的可乘以1.1的调整系数），各区间按内插法确定，如表1-6所列。

表1-6　项目设计与预算编制费计费标准　　单位：万元

序号	计费基数	项目设计与预算编制费
1	≤500	14
2	1 000	27
3	3 000	51
4	5 000	76
5	8 000	115
6	10 000	141

表 1-6(续)

序号	计费基数	项目设计与预算编制费
7	20 000	262
8	40 000	487
9	60 000	701
10	80 000	906
11	100 000	1 107

注：计费基数大于 10 亿元时，按计费基数的 1.107%计取。

项目招标代理费以工程施工费与设备购置费之和作为计费基数，采用差额定率累进法计算，如表 1-7 所示。

表 1-7　项目招标代理费计费标准

序号	计费基数/万元	费率/%	算例(单位：万元)	
			计费基数	项目招标代理费
1	≤1 000	0.5	1 000	1 000×0.5%=5
2	1 000～3 000	0.3	3 000	5+(3 000－1 000)×0.3%=11
3	3 000～5 000	0.2	5 000	11+(5 000－3 000)×0.2%=15
4	5 000～10 000	0.1	10 000	15+(10 000－5 000)×0.1%=20
5	10 000～100 000	0.05	100 000	20+(100 000－10 000)×0.05%=65
6	100 000 以上	0.01	150 000	65+(150 000－100 000)×0.01%=70

(2) 工程监理费

工程监理费以工程施工费与设备购置费之和作为计费基数，采用分档定额计费方式计算，各区间按内插法确定，如表 1-8 所列。

表 1-8　工程监理费计费标准　　单位：万元

序号	计费基数	工程监理费
1	≤500	12
2	1 000	22
3	3 000	56
4	5 000	87
5	8 000	130
6	10 000	157
7	20 000	283
8	40 000	510
9	60 000	714
10	80 000	904
11	100 000	1 085

注：计费基数大于 10 亿元时，按计费基数的 1.085%计取。

(3) 拆迁补偿费

拆迁补偿费采取适量一次补偿方式编制预算。拆迁工程涉及的施工费用可列计在工程施工费中，补偿标准应结合项目所在地实际情况确定。

(4) 竣工验收费

竣工验收费包括工程复核费、工程验收费、项目决算编制与审计费、整理后土地重估与登记费、标识设定费等。

工程复核费以工程施工费与设备购置费之和作为计费基数，采用差额定率累进法计算，如表 1-9 所列。

表 1-9 工程复核费计费标准

序号	计费基数/万元	费率/%	算例(单位:万元)	
			计费基数	工程复核费
1	≤500	0.70	500	500×0.70%=3.5
2	500～1 000	0.65	1 000	3.5+(1 000−500)×0.65%=6.75
3	1 000～3 000	0.60	3 000	6.75+(3 000−1 000)×0.60%=18.75
4	3 000～5 000	0.55	5 000	18.75+(5 000−3 000)×0.55%=29.75
5	5 000～10 000	0.50	10 000	29.75+(10 000−5 000)×0.50%=54.75
6	10 000～50 000	0.45	50 000	54.75+(50 000−10 000)×0.45%=234.75
7	50 000～100 000	0.40	100 000	234.75+(100 000−50 000)×0.40%=434.75
8	100 000 以上	0.35	150 000	434.75+(150 000−100 000)×0.35%=609.75

工程验收费以工程施工费与设备购置费之和作为计费基数，采用差额定率累进法计算，如表 1-10 所列。

表 1-10 工程验收费计费标准

序号	计费基数/万元	费率/%	算例(单位:万元)	
			计费基数	工程验收费
1	≤500	1.4	500	500×1.4%=7
2	500～1 000	1.3	1 000	7+(1 000−500)×1.3%=13.5
3	1 000～3 000	1.2	3 000	13.5+(3 000−1 000)×1.2%=37.5
4	3 000～5 000	1.1	5 000	37.5+(5 000−3 000)×1.1%=59.5
5	5 000～10 000	1.0	10 000	59.5+(10 000−5 000)×1.0%=109.5
6	10 000～50 000	0.9	50 000	109.5+(50 000−10 000)×0.9%=469.5
7	50 000～100 000	0.8	100 000	469.5+(100 000−50 000)×0.8%=869.5
8	100 000 以上	0.7	150 000	869.5+(150 000−100 000)×0.7%=1 219.5

项目决算编制与审计费以工程施工费与设备购置费之和作为计费基数，采用差额定率累进法计算，如表 1-11 所列。

表 1-11 项目决算编制与审计费计费标准

序号	计费基数/万元	费率/%	算例(单位:万元)	
			计费基数	项目决算编制与审计费
1	≤500	1.0	500	500×1.0%=5
2	500~1 000	0.9	1 000	5+(1 000-500)×0.9%=9.5
3	1 000~3 000	0.8	3 000	9.5+(3 000-1 000)×0.8%=25.5
4	3 000~5 000	0.7	5 000	25.5+(5 000-3 000)×0.7%=39.5
5	5 000~10 000	0.6	10 000	39.5+(10 000-5 000)×0.6%=69.5
6	10 000~50 000	0.5	50 000	69.5+(50 000-10 000)×0.5%=269.5
7	50 000~100 000	0.4	100 000	269.5+(100 000-50 000)×0.4%=469.5
8	100 000 以上	0.3	150 000	469.5+(150 000-100 000)×0.3%=619.5

整理后土地重估与登记费以工程施工费与设备购置费之和作为计费基数,采用差额定率累进法计算,如表 1-12 所列。

表 1-12 整理后土地重估与登记费计费标准

序号	计费基数/万元	费率/%	算例(单位:万元)	
			计费基数	整理后土地重估与登记费
1	≤500	0.65	500	500×0.65%=3.25
2	500~1 000	0.60	1 000	3.25+(1 000-500)×0.60%=6.25
3	1 000~3 000	0.55	3 000	6.25+(3 000-1 000)×0.55%=17.25
4	3 000~5 000	0.50	5 000	17.25+(5 000-3 000)×0.50%=27.25
5	5 000~10 000	0.45	10 000	27.25+(10 000-5 000)×0.45%=49.75
6	10 000~50 000	0.40	50 000	49.75+(50 000-10 000)×0.40%=209.75
7	50 000~100 000	0.35	100 000	209.75+(100 000-50 000)×0.35%=384.75
8	100 000 以上	0.30	150 000	384.75+(150 000-100 000)×0.30%=534.75

标识设定费以工程施工费与设备购置费之和作为计费基数,采用差额定率累进法计算,如表 1-13 所列。

表 1-13 标识设定费计费标准

序号	计费基数/万元	费率/%	算例(单位:万元)	
			计费基数	标识设定费
1	≤500	0.11	500	500×0.11%=0.55
2	500~1 000	0.10	1 000	0.55+(1 000-500)×0.10%=1.05
3	1 000~3 000	0.09	3 000	1.05+(3 000-1 000)×0.09%=2.85
4	3 000~5 000	0.08	5 000	2.85+(5 000-3 000)×0.08%=4.45
5	5 000~10 000	0.07	10 000	4.45+(10 000-5 000)×0.07%=7.95
6	10 000~50 000	0.06	50 000	7.95+(50 000-10 000)×0.06%=31.95
7	50 000~100 000	0.05	100 000	31.95+(100 000-50 000)×0.05%=56.95
8	100 000 以上	0.04	150 000	56.95+(150 000-100 000)×0.04%=76.95

(5) 业主管理费

业主管理费以工程施工费、设备购置费、前期工作费、工程监理费、拆迁补偿费和竣工验收费之和作为计费基数，采用差额定率累进法计算，如表1-14所列。

表1-14 业主管理费计费标准

序号	计费基数/万元	费率/%	算例(单位:万元)	
			计费基数	业主管理费
1	≤500	2.8	500	500×2.8%=14
2	500～1 000	2.6	1 000	14+(1 000−500)×2.6%=27
3	1 000～3 000	2.4	3 000	27+(3 000−1 000)×2.4%=75
4	3 000～5 000	2.2	5 000	75+(5 000−3 000)×2.2%=119
5	5 000～10 000	1.9	10 000	119+(10 000−5 000)×1.9%=214
6	10 000～50 000	1.6	50 000	214+(50 000−10 000)×1.6%=854
7	50 000～100 000	1.2	100 000	854+(100 000−50 000)×1.2%=1 454
8	100 000以上	0.8	150 000	1 454+(150 000−100 000)×0.8%=1 854

4. 不可预见费

不可预见费计算基数是工程施工费、设备费和其他费用之和。

不可预见费=(工程施工费+设备费+其他费用)×费率

四、实验成果

(1) 预算编制的说明。

(2) 预算编制表格。

案例示范

一、预算编制依据

(1)《土地开发整理项目预算编制暂行办法》。

(2)《土地开发整理项目预算定额标准》。

(3) 工程造价信息。

(4) 该土地整治重大工程项目规划设计。

二、费用计算标准

根据《土地开发整理项目预算编制暂行办法》和《土地开发整理项目预算定额标准》，项目费用由工程施工费、设备购置费、其他费用(包括前期工作费、工程监理费、竣工验收费、业主管理费、拆迁补偿费)和不可预见费构成。以元为单位，取到小数点后两位，汇总后取整计到元。

(一) 工程施工费

工程施工费由直接费、间接费、利润和税金组成。

1. 直接费

直接费包括直接工程费和措施费。

(1) 直接工程费。

直接工程费包括人工费、材料费和施工机械使用费。

人工费＝定额劳动量(工·日)×人工预算单价[元/(工·日)]

根据《土地开发整理项目预算定额标准》,甲类工人工单价为26.40元/(工·日)、乙类工人工单价为15.89元/(工·日)。

材料费＝定额材料用量×材料预算单价

主要原材料价格参照当地工程造价,造价提供价格已将包装费、运杂费、运输保险费、采购及保管费考虑在内,因此,提供材料价格直接作为材料预算单价。

机械使用费＝定额机械使用量(台·班)×施工机械台班费[元/(台·班)]

根据《土地开发整理项目施工机械台班费定额》及有关规定计算。对于定额缺项的施工机械,编制补充台班费定额。

(2) 措施费。

措施费主要包括临时设施费、冬雨季施工增加费、夜间施工增加费、施工辅助费和特殊地区施工增加费。

措施费＝直接工程费×措施费费率

对于安装工程而言:

措施费＝人工费×措施费费率

措施费费率如例表1-18所列。

例表1-18 措施费费率

序号	工程类别	计算基础	费率/%
1	土方工程	直接工程费	2.90
2	石方工程	直接工程费	2.90
3	砌体工程	直接工程费	2.90
4	混凝土工程	直接工程费	3.90
5	农用井工程	直接工程费	3.90
6	其他工程	直接工程费	2.90
7	安装工程	人工费	20.00
		直接工程费	2.50

临时设施费费率如例表1-19所列。

例表1-19 临时设施费费率

序号	工程类别	计算基础	临时设施费费率/%
1	土方工程	直接工程费	1
2	石方工程	直接工程费	1

例表 1-19(续)

序号	工程类别	计算基础	临时设施费费率/%
3	砌体工程	直接工程费	1
4	混凝土工程	直接工程费	2
5	农用井工程	直接工程费	2
6	其他工程	直接工程费	1
7	安装工程	人工费	20

注:(1) 其他工程:指除上述工程以外的工程,如防渗、架线工程及 PVC 管、混凝土管安装工程等;

(2) 安装工程:包括设备及金属结构件(钢管、铸铁管等)安装工程等。

冬雨季施工增加费按直接工程费的百分率计算,费率取值范围为 0.7%～1.5%,结合当地气候、地貌等条件确定该项费率为 1.0%。

夜间施工增加费仅指混凝土工程、农用井工程需连续作业工程部分,按直接工程费的百分率计算,按照建筑工程为 0.2%、安装工程为 0.5%计取。

施工辅助费按直接工程费的百分率计算,安装工程为 1.0%,建筑工程为 0.7%。

本工程不计算特殊地区施工增加费。

2. 间接费

间接费由规费和企业管理费构成。

间接费=直接费(或人工费)×间接费费率

间接费费率如例表 1-20 所列。

例表 1-20　间接费费率

序号	工程类别	计算基础	间接费费率/%
1	土方工程	直接费	5
2	石方工程	直接费	9
3	砌体工程	直接费	7
4	混凝土工程	直接费	6
5	农用井工程	直接费	10
6	其他工程	直接费	5
7	安装工程	人工费	65

3. 利润

利润为直接费和间接费之和的 3%。

4. 税金

税金指国家税法规定的应计入工程造价内的营业税、建设税、城乡建设税和教育费附加等。

税金=(直接费+间接费+利润)×税率

（二）设备购置费

设备购置费是购置设备产生的费用，主要参考市场价格或询价。

（三）其他费用

1. 前期工作费

前期工作费包括土地清查费、项目可行性研究费、项目勘测费、项目设计与预算编制费、项目招标费等。

前期工作费＝工程施工费×5.10％

其中，土地清查费为工程施工费的0.5％，即：

土地清查费＝工程施工费×0.5％

项目可行性研究费为工程施工费的0.3％～0.5％，本项目费率取0.45％，即：

项目可行性研究费＝工程施工费×0.45％

项目勘测费为工程施工费的1.5％，即：

项目勘测费＝工程施工费×1.5％

项目设计与预算编制费为工程施工费的1.6％～2.4％，本项目费率取2.2％，即：

项目设计与预算编制费＝工程施工费×2.2％

项目招标费为工程施工费的0.3％～0.5％，本项目费率取0.45％，即：

项目招标费＝工程施工费×0.45％

2. 工程监理费

工程监理费为工程施工费的1.0％～1.5％，本项目费率取1.38％，即：

工程监理费＝工程施工费×1.38％

3. 竣工验收费

竣工验收费包括项目验收费、项目决算编制与审计费、整理后土地重估与登记费、基本农田补划与标记设定费等。

竣工验收费＝工程施工费×3.0％

其中：

项目验收费＝工程施工费×1.3％

项目决算编制与审计费＝工程施工费×0.9％

整理后土地重估与登记费＝工程施工费×0.6％

基本农田补划与标记设定费＝工程施工费×0.2％

4. 业主管理费

业主管理费主要包括项目管理人员的工资、补助工资、其他工资、职工福利费、公务费、业务招待费等。业主管理费按照工程施工费和其他费用总和的2.0％计算。

业主管理费＝（工程施工费＋其他费用）× 2.0％

5. 拆迁补偿费

在工程建设期，修建道路、沟渠及水工建筑物零星占用耕地600亩，补偿标准为600元/亩，则青苗补偿费为36.00万元。

（四）不可预见费

不可预见费按照工程施工费、设备购置费和其他费用之和的2.0%计算。

不可预见费=(工程施工费+设备购置费+其他费用)×2.0%

三、费用构成

项目预算总投资17 493 608.81元,其中工程施工费14 941 417.56元,占总投资的85.41%(土地平整工程费1 313 387.36元,占总投资的7.51%;农田水利工程费8 038 044.26元,占总投资的45.95%;田间道路工程费5 403 877.93元,占总投资的30.89%;其他工程费186 108.01元,占总投资的1.06%)。设备购置费105 578.75元,占总投资的0.60%。其他费用2 103 600.56元,占总投资的12.03%(其中前期工作费762 537.48元,占总投资的4.36%;工程监理费205 663.32元,占总投资的1.18%;竣工验收费448 242.54元,占总投资的2.56%;业主管理费327 157.22元,占总投资的1.87%;拆迁补偿费360 000.00元,占总投资的2.06%)。不可预见费343 011.94元,占总投资的1.96%。具体如例表1-21~例表1-33所列。

例表1-21 土地整治项目总预算及分年度预算表

编制单位:××××××有限公司

项目名称	项目地点	项目类型及建设规模/hm²				项目资金预算/万元												预计净增耕地面积/hm²
						总预算/万元				分年度预算/万元								
										第1年				第2年				
		合计	开发	整理	复垦	合计	中央投资	省投资	其他资金	小计	中央投资	省投资	其他资金	小计	中央投资	省投资	其他资金	
××县××镇土地整治重大工程	××县××镇	882.593 7		882.593 7		1 749.36	874.68	437.34	437.34	959.03	479.52	239.76	239.75	790.33	395.16	197.59	197.58	28.933 6
总计	—	882.593 7	—	882.593 7		1 749.36	874.68	437.34	437.34	959.03	479.52	239.76	239.75	790.33	395.16	197.59	197.58	28.933 6

填表说明:项目类型分为土地开发、土地整理和土地复垦三种。

例表 1-22　项目总预算表

项目名称：××县××镇土地整治重大工程 规模：882.593 7 hm^2

序号	工程或费用名称	预算金额/元	各项费用占总费用的比例/%
	(1)	(2)	(3)
一	工程施工费	14 941 417.56	85.41
二	设备购置费	105 578.75	0.60
三	其他费用	2 103 600.56	12.03
四	不可预见费	343 011.94	1.96
总计		17 493 608.81	100.00

例表 1-23　工程施工费预算表

项目名称：××县××镇土地整治重大工程　　金额单位：元

序号	单项名称	直接费		间接费	利润	税金	合计
		直接工程费	措施费				
	(1)	(2)	(3)	(4)	(5)	(6)	(7)
1	土地平整	1 143 370.74	33 157.76	58 826.43	37 060.65	40 971.78	1 313 387.36
2	农田水利	6 839 910.27	252 046.20	468 522.57	226 814.37	250 750.85	8 038 044.26
3	田间道路	4 704 351.64	136 426.20	242 038.89	152 484.50	168 576.70	5 403 877.93
4	其他工程	162 016.52	4 698.49	8 335.75	5 251.52	5 805.73	186 108.01
总计		12 849 649.17	426 328.65	777 723.64	421 611.04	466 105.06	14 941 417.56

填表说明：1. 直接工程费(2)、措施费(3)、间接费(4)具体见例表 1-24、例表 1-25。

2. 表中(5)=[(2)+(3)+(4)]×费率。

3. 表中(6)=[(2)+(3)+(4)+(5)]×费率。

4. 表中(7)=(2)+(3)+(4)+(5)+(6)。

例表 1-24　直接费预算表

项目名称：××县××镇土地整治重大工程

序号	工程分类名称	人工费/元	材料费/元	施工机械使用费/元	直接使用费/元	措施费费率/%	措施费/元	直接费合计/元
	(1)	(2)	(3)	(4)	(5)	(6)	(7)	(8)
1	土地平整	44 776.77	0.00	1 098 593.97	1 143 370.74	—	33 157.76	1 176 528.50
(1)	土方工程	44 776.77	0.00	1 098 593.97	1 143 370.74	2.90	33 157.76	1 176 528.50
2	农田水利	1 356 613.83	5 013 557.64	469 738.80	6 839 910.27	—	252 046.20	7 091 956.47
(1)	土方工程	430 695.27	0.00	30 225.23	460 920.50	2.90	13 366.70	474 287.20
(2)	砌体工程	226 690.21	1 139 358.86	0.00	1 366 049.07	2.90	39 615.42	1 405 664.49
(3)	混凝土工程	569 189.91	3 545 856.84	264 131.81	4 379 178.56	3.90	170 787.97	4 549 966.53
(4)	农用井工程	97 890.80	250 688.51	162 786.82	511 366.13	3.90	19 943.27	531 309.40
(5)	设备安装工程	24 728.40	5 868.14	9 985.82	40 582.36	20.00/2.50	5 960.23	46 542.59
(6)	道路工程	7 419.24	71 785.29	2 609.12	81 813.65	2.90	2 372.61	84 186.26

例表 1-24(续)

序号	工程分类名称	人工费/元	材料费/元	施工机械使用费/元	直接使用费/元	措施费费率/%	措施费/元	直接费合计/元
	(1)	(2)	(3)	(4)	(5)	(6)	(7)	(8)
3	田间道路	1 103 205.28	3 127 076.79	474 069.57	4 704 351.64	—	136 426.20	4 840 777.84
(1)	土方工程	119 862.54	0.00	6 273.52	126 136.06	2.90	3 657.94	129 794.00
(2)	道路工程	983 342.74	3 127 076.79	467 796.05	4 578 215.58	2.90	132 768.26	4 710 983.84
4	其他工程	5 182.78	156 833.74	0.00	162 016.52	—	4 698.49	166 715.01
(1)	植物工程	5 182.78	156 833.74	0.00	162 016.52	2.90	4 698.49	166 715.01
总计		2 509 778.66	8 297 468.17	2 042 402.34	12 849 649.17	—	426 328.65	13 275 977.82

填表说明:1. 本表是按单项工程的工程类别(土方工程、石方工程、砌体工程、混凝土工程、安装工程)计算。

2. 表中(5)=(2)+(3)+(4),(7)=[(5)或(2)]×(6),(8)=(5)+(7)。

例表 1-25 间接费预算表

项目名称:××县××镇土地整治重大工程

序号	工程分类名称	直接费(或人工费)/元	费率/%	合计/元
	(1)	(2)	(3)	(4)
1	土地平整	—	—	58 826.43
(1)	土方工程	1 176 528.50	5.00	58 826.43
2	农田水利	—	—	468 522.57
(1)	土方工程	474 287.20	5.00	23 714.36
(2)	砌体工程	1 405 664.49	7.00	98 396.51
(3)	混凝土工程	4 549 966.53	6.00	272 997.99
(4)	农用井工程	531 309.40	10.00	53 130.94
(5)	设备安装工程	24 728.40	65.00	16 073.46
(6)	道路工程	84 186.26	5.00	4 209.31
3	田间道路	—	—	242 038.89
(1)	土方工程	129 794.00	5.00	6 489.70
(2)	道路工程	4 710 983.84	5.00	235 549.19
4	其他工程	—	—	8 335.75
(1)	植物工程	166 715.01	5.00	8 335.75
总计		—	—	777 723.64

填表说明:1. 表中(4)=(2)×(3);

2. 本表是按单项工程的工程类别(土方工程、石方工程、砌体工程、混凝土工程、安装工程)计算。

例表 1-26　设备购置费预算表

项目名称：××县××镇土地整治重大工程

序号	名称	规格	单位	数量	预算单价/元	合计/元	说明
	(1)	(2)	(3)	(4)	(5)	(6)	(7)
1	启闭机	5T	台	8.00	4 910.13	39 281.04	
2	启闭机	0.5T	台	14.00	3 522.49	49 314.86	
3	配套管材		套	43.00	394.95	16 982.85	
总计			—	—	—	105 578.75	—

填表说明：1. 本表应根据具体的设备购置情况进行计算，包括设备规格(2)、单位(3)、数量(4)、单价(5)以及说明(7)。

2. 表中(6)＝(4)×(5)。

例表 1-27　其他费用预算表

项目名称：××县××镇土地整治重大工程

序号	费用名称	预算金额/元	工程施工费/元	各项费用占工程施工费的比例/%
	(1)	(2)	(3)	(4)
1	前期工作费	762 537.48	14 941 417.56	5.10
2	工程监理费	205 663.32	14 941 417.56	1.38
3	竣工验收费	448 242.54	14 941 417.56	3.00
4	业主管理费	327 157.22	14 941 417.56	2.19
5	拆迁补偿费	360 000.00	14 941 417.56	2.41
总计		2 103 600.56		14.08

例表 1-28　前期工作费预算表

项目名称：××县××镇土地整治重大工程

序号	费用名称	工程施工费/元	费率/%	合计/元
	(1)	(2)	(3)	(4)
1	土地清查费	14 941 417.56	0.50	74 707.09
2	项目可行性研究费	14 941 417.56	0.45	67 323.91
3	项目勘测费	14 941 417.56	1.50	224 121.26
4	项目设计与预算编制费	14 941 417.56	2.20	329 061.31
5	项目招标费	14 941 417.56	0.45	67 323.91
6	重大工程规划编制费	14 941 417.56	0.00	0.00
总计		—	—	762 537.48

填表说明：1. 表中(4)＝(2)×(3)。

2. 由国家确定的重大工程项目才涉及重大工程规划编制费，其他的土地开发整理重点、示范、补助项目不得计取此项费用。

例表 1-29　工程监理费预算表

项目名称：××县××镇土地整治重大工程

序号	费用名称	工程施工费/元	费率/%	合计/元
	(1)	(2)	(3)	(4)
1	工程监理费	14 941 417.56	1.38	205 663.32
总计		—	—	205 663.32

填表说明：表中(4)=(2)×(3)。

例表 1-30　竣工验收费预算表

项目名称：××县××镇土地整治重大工程

序号	费用名称	工程施工费/元	费率/%	合计/元
	(1)	(2)	(3)	(4)
1	项目验收费	14 941 417.56	1.30	194 238.43
2	项目决算编制与审计费	14 941 417.56	0.90	134 472.76
3	整理后土地重估与登记费	14 941 417.56	0.60	89 648.51
4	基本农田补划与标记设定费	14 941 417.56	0.20	29 882.84
总计		—	—	448 242.54

填表说明：表中(4)=(2)×(3)。

例表 1-31　拆迁补偿费预算表

项目名称：××县××镇土地整治重大工程

序号	名称	单位	数量	单价/元	合计/元	备注
	(1)	(2)	(3)	(4)	(5)	(6)
1	青苗补偿费	亩	600.00	600.00	360 000.00	
总计		—	—	—	360 000.00	—

填表说明：1. 本表应根据拆迁实际情况进行填写，备注中应简要阐述拆迁补偿标准确定原则和必须补偿的理由。
2. 表中(5)=(3)×(4)。

例表 1-32　业主管理费预算表

项目名称：××县××镇土地整治重大工程

序号	费用名称	工程施工费/元	前期工作费/元	工程监理费/元	竣工验收费/元	小计/元	费率/%	合计/元
	(1)	(2)	(3)	(4)	(5)	(6)	(7)	(8)
1	业主管理费	14 941 417.56	762 537.48	205 663.32	448 242.54	16 357 860.90	2.00	327 157.22
总计		—	—	—	—	16 357 860.90	—	327 157.22

填表说明：1. 表中(6)=(2)+(3)+(4)+(5)，(2)见例表 1-23 总计，(3)见例表 1-28 总计，(4)见例表 1-29 总计，(5)见例表 1-30 总计。
2. 表中(8)=(6)×(7)。

例表 1-33　不可预见费预算表

项目名称：××县××镇土地整治重大工程

序号	费用名称	工程施工费/元	设备购置费/元	其他费用/元	小计/元	费率/%	合计/元
	(1)	(2)	(3)	(4)	(5)	(6)	(7)
1	不可预见费	14 941 417.56	105 578.75	2 103 600.56	17 150 596.87	2.00	343 011.94
总计		—	—	—	17 150 596.87	—	343 011.94

填表说明：1. 表中(5)＝(2)＋(3)＋(4)，(2)见例表 1-23 总计，(3)见例表 1-26 总计，(4)见例表 1-27 总计。

2. 表中(7)＝(5)×(6)。

第二部分　课 程 设 计

土地整治源于土地整理、土地复垦及土地开发，其内涵也在不断拓展，如传统的狭义的土地整治主要指土地整治工程项目(含土地整理项目、土地复垦项目、土地开发项目等)，广义的土地整治是在狭义基础上扩展到土地整治的宏观规划(含土地整治专项规划、全域土地综合整治规划)。目前，提出了“土地整治＋”理念，包含与土地整治相关的各类工作。本课程设计中的土地整治是指土地整治工程项目。

一、课程设计目的

土地整治是一项系统工程，主要包含土地平整、农田水利、道路工程、农田防护等四大工程，每项工程又包含了众多具体的分部工程。同时，不同地区、不同项目的土地平整、农田水利、道路工程、农田防护等又存在较大的区别。为达到土地整治工程项目的设计效果，必须掌握各类工程的具体设计方法。

课程设计是实践教学的重要环节之一，是培养学生综合应用所学理论知识解决实际问题的环节，即理论联系实际的环节；是提高学生独立工作能力的有效途径，用于提升学生分析问题和解决问题的能力。通过课程设计的实践教学，可检验学生是否掌握土地整治的基本理论和科学方法，培养学生进行土地整治项目规划设计和方案编制的能力。

二、课程设计内容

土地整治课程设计的内容是针对土地整治项目编制项目可行性研究报告和初步设计方案。

(一) 土地整治项目可行性研究报告编制

对于土地整治项目而言，可行性研究报告编制是项目周期的第一个环节，也是非常重要的环节。可行性研究是在项目建设前对拟建项目从基础条件、技术、资金、效益、组织管理、保障措施等方面的详尽调查研究与分析论证，通过多方案比较分析，为土地整治项目决策提供依据。

可行性研究报告编制要求依据基础资料扎实，编制依据充分，结构内容完整，文本格式规范，附图、附表、附件齐全规范，其具体内容主要包括：① 说明项目的由来和背景，分析政策和规划要求，论证项目建设的必要性；② 说明项目建设范围和建设规模，查明建设区自然条件、社会经济条件和基础设施状况；③ 查明建设区土地利用现状，分析新增耕地来源，测算新增耕地面积；④ 分析水土平衡状况，提出水资源供需平衡方案和拟采取的水利工程措施；⑤ 查明建设区土地开发和土地复垦集中区位置和数量，进行土地适宜性评价；⑥ 查明建设区土地利用限制因素，分析项目实施潜在风险；⑦ 提出规划方案，基本确定建设内容和建设标准；⑧ 规划设计骨干工程，提出工程类型、规模、主要参数和工程量；⑨ 选取典型区开展典型设计，提出主要工程内容和工程量；⑩ 根据工程量测算结果估算项目投资，基本确定项目总投资；⑪ 提出项目实施流程、资金筹措方案和分年度建设计划，基本确定子项目；

⑫ 提出主要工程的实施方案，基本确定实施计划；⑬ 说明公众参与内容和方式，基本确定权属调整方案；⑭ 提出项目实施的组织、管理、控制和保障措施；⑮ 提出工程管护原则，明确管护主体；⑯ 从社会、生态和经济等角度分析项目实施效益。

要求学生结合项目区地理位置、自然条件、社会条件等，独立进行土地整治项目可行性研究报告编制。

（二）土地整治项目初步设计方案编制

土地整治项目初步设计与可行性研究要衔接，项目规划设计要符合土地利用总体规划和土地整治规划，并与相关规划相协调；根据项目区地形条件、土地适宜性评价结果、社会经济综合发展情况及农业现代化的要求，确定土地利用布局及范围，改善项目区特定的山、水、林、田、湖、草景观格局，提高土地的生态景观服务功能；在建设条件调查与分析基础上，按照土地整治类型和工程建设标准设计，达到工程协调一致、科学合理；采取新技术、新材料、新设备和新工艺，做到因地制宜、经济实用、节约资源、安全环保、方便管理；设计深度满足招投标和指导施工的需求；符合土地整治项目规划设计的相关规范。

要求学生在项目可行性研究的基础上，对土地平整工程、农田水利工程、道路工程、农田防护工程等进行设计，测算各类工程量和编制投资预算，设计单体工程图，提高规划设计的准确性和科学性，提供设计方案报告和图件。

三、课程设计注意事项

（一）基础资料翔实可靠

为保证项目工程设计和投资预算的科学性和合理性，应加强基础资料收集，充分获取项目区气候、地形、地貌、水利、水文、土壤、植被等自然条件资料，人口、人均耕地、经济收入、产业发展等社会经济资料，土地利用、城镇布局、生态保护等规划资料，土地利用现状、项目区地形等详细数据。

（二）实地调查细致深入

编制可行性研究报告和初步设计方案前，应深入项目区开展认真细致的调研，摸清项目区实际地形地貌、土地利用状况，了解项目区现有基础设施情况及其与周边区域的关系、农业耕种制度及作物生长情况、水文气象状况、水资源供应情况，特别是现有农田水利设施可利用状况、农田排灌系统的贯通性、农田道路工程的通达度等。

（三）规划设计因地制宜

规划设计应充分考虑项目区地形地貌特征、权属关系现状、建（构）筑物可利用情况等，结合当地社会、经济、自然和技术条件，参照土地适宜性评价结果和群众意愿，因地制宜地提出项目总体布局，合理地提出各类用地数量、工程设施位置等。

（四）工程措施切实可行

土地平整工程应根据土地利用现状和田块布局，结合渠道、道路规划走向，在保证耕作田面平整度和田面设计高程的前提下，尽量减少挖填土方量和保护田块耕作层。土方量计算方法科学，数据统计准确。

农田水利工程规划设计要认真分析项目区可利用水量和蓄水工程状况，结合项目区水源点分布、流量和流速、历史洪水和枯水状况等确定灌溉保证率和灌溉方式。综合地形、地势、耕作习惯等因素布置排灌沟渠。保证工程设计计算公式、参数合理，确保计算结果准确。

道路工程设计尽量保留原有主要道路，采取大弯就势、小弯取直的原则，尽量减少工程量。同时，兼顾农田耕作便利性，尽量节省投资和减少占用耕地。

农田防护工程应考虑周边农田防护水平和项目区防护需求，真正发挥农田防护作用。

（五）投资预算科学合理

工程投资预算子项选用合理，人工费、材料费等符合当地实际情况，工程量计算合理，既不重复计算，也不漏算少算，费率提取符合土地整治项目预算定额和相关规定。

（六）成果资料规范一致

报告文本内容符合规范要求，论述条理清楚，规划设计文本表述与投资预算、图件编绘内容一致。

案例示范

土地整治项目可行性研究报告
——泗县草庙镇通海、治岗等村土地整治项目可行性研究报告

1　综合说明

1.1　项目概述

1.1.1　项目提出背景

项目区位于泗县草庙镇内，涉及通海、治岗等两个行政村。县道贯穿东西，对外交通便利。土壤肥沃，地下水、地表水资源丰富。由于受经济发展条件制约，水利设施体系不配套，道路建设相对滞后，不能满足生产生活需要。针对项目区土地利用不合理和生产条件较差的实际情况，加强土地整治，大力推进耕地总量动态平衡目标实现，改善区域生产生活生态环境，推动农业结构调整，优化产业结构，充分发挥经济、社会、生态效益。

1.1.2　项目基本信息

泗县草庙镇通海、治岗等村土地整治项目位于宿州市泗县草庙镇，涉及通海、治岗等两个村，东临省界，南到治岗村界，西接县道，北至省道。项目区主要是永久基本农田保护区，是重要的粮食主产区，资金来源于省级财政，项目性质为省级投资重点项目。项目区土地以耕地为主，以大面积永久基本农田整理、沟渠路配套为主，以有效增加耕地、提高耕地质量为目的，项目类型属土地整理。项目区土地总面积为 949.306 2 hm^2，其中建设规模 882.593 7 hm^2。项目总投资估算为 2 072.47 万元，单位面积投资为 2.35 万元/hm^2。项目实施计划工期为 2 年。

1.1.3　项目任务目标

项目区新增有效耕地面积约 28.933 6 hm^2，新增耕地率为 3.28%；完善农田基础设施配套建设，包括引水工程、田间道路工程、防护林网工程等，确保项目区灌溉保证率达到 75%；改善土地质量，提高耕地生产能力，建成农田林网，增加林木覆盖率。

1.2　建设内容与投资估算

1.2.1　建设内容

土地平整工程包括坑塘填方 5.20 万 m^3；表土剥离面积 43.56 hm^2，表土剥离量 8.71 万 m^3；田块平整工程量 23.84 万 m^3。

农田水利工程包括清淤支沟 5 533 m，清淤量 3.04 万 m^3；开挖农沟 25 334 m，工程量

15.20 万 m^3；开挖斗沟 13 994 m，土方量 22.29 万 m^3；修建支渠 3 263 m、斗渠 11 240 m、农渠 11 905 m；新修机井 50 眼；修建田间道桥 31 座、生产路桥 4 座、过水涵 33 个、节制闸 1 座、斗门 11 座、农门 18 座、渡槽 1 座、跌水 35 座。

田间道路工程包括田间道 17 534 m、生产路 29 586 m。

农田防护工程为植树 1.20 万株。

1.2.2 投资估算

项目估算总投资 2 072.47 万元，其中：工程施工费 1 720.27 万元，占总投资的 83.00%；设备购置费 30.00 万元，占总投资的 1.45%；其他费用 284.05 万元，占总投资的 13.71%；不可预见费 38.15 万元，占总投资的 1.84%。

2 项目背景与编制依据

2.1 区域概况（略）

2.2 项目提出缘由

为切实解决“三农”问题，实现农业结构稳步调整、农村经济稳步增收、农民收入稳步增加，保护农村持续稳定，充分发挥党中央、国务院政策支持效应，从泗县实际状况出发开展土地整治，是实现区域持续、稳定、和谐发展的重要途径和有效举措。

泗县属土地整治重点区域，是永久基本农田保护区，是全国和全省重要的粮食主产区，其被纳入该省、该县土地利用总体规划和土地整治规划范围，是土地整治工作的重要区域和重点任务。

项目区主要排水沟长期无人治理，淤积严重、易发内涝；水利设施长时间无人管护，早期排灌设施不健全，库塘年久失修、淤浅，蓄水量低，稍遇干旱即对农业生产构成威胁，农业生产基本维持靠天吃饭的状态；灌排沟渠大多数未做防渗处理，渗漏严重；农田灌溉大部分采用串灌、漫灌的方式，水资源浪费严重，灌溉水利用率低；田间路、生产路狭窄，断头路较多，未形成路网，且以土路为主，雨天泥泞，出行不便。群众对农业依附性较强，改善农业生产条件的愿望强烈。

2.3 规划情况（略）

2.4 前期工作情况（略）

2.5 编制依据

2.5.1 法律法规

(1)《中华人民共和国土地管理法》；

(2)《中华人民共和国农业法》；

(3)《中华人民共和国土地管理法实施条例》；

(4)《基本农田保护条例》；

(5)《中华人民共和国水土保持法》；

(6)《中华人民共和国环境保护法》；

(7) 项目所在省土地管理法实施条例。

2.5.2 政策文件（略）

2.5.3 标准规范

(1)《土地整治项目设计报告编制规程》(TD/T 1038)；

(2)《土地整治项目工程量计算规则》(TD/T 1039)；

(3)《土地整治项目制图规范》(TD/T 1040)；

(4)《土地整治项目验收规程》(TD/T 1013)；

(5)《高标准基本农田建设标准》(TD/T 1033)；

(6)《高标准农田建设 通则》(GB/T 30600)；

(7) 项目所在省土地开发整理工程建设标准；

(8)《土地利用现状分类》(GB/T 21010)；

(9)《农用地质量分等规程》(GB/T 28407)；

(10)《灌溉与排水工程设计标准》(GB 50288)；

(11)《渠道防渗工程技术规范》(SL 18)；

(12)《泵站设计规范》(GB 50265)；

(13)《节水灌溉技术规范》(SL 207)；

(14)《水利建设项目经济评价规范》(SL 72)；

(15)《水土保持综合治理 技术规范》(GB/T 16453.1～16453.6)，《水土保持综合治理效益计算方法》(GB/T 15774)；

(16)《公路桥涵设计通用规范》(JTG D60)；

(17)《供配电系统设计规范》(GB 50052)；

(18)《道路工程制图标准》(GB 50162)；

(19)《工程测量规范》(GB 50026)；

(20) 项目所在省或地区的灌溉用水定额；

(21)《防洪标准》(GB 50201)；

(22)《水利水电工程施工组织设计规范》(SL 303)。

2.5.4　其他资料

(1)《泗县土地利用总体规划(2006—2020 年)》；

(2)《泗县草庙镇土地利用总体规划(2006—2020 年)》；

(3)《泗县土地整治规划(2016—2020 年)》；

(4)《泗县基本农田划定实施方案》；

(5)《泗县耕地质量等级补充完善成果》；

(6) 泗县国土、农业、水利、气象、林业等专业部门的勘测调查成果资料；

(7)《泗县统计年鉴》；

(8)《泗县水利志》；

(9)《泗县土地志》；

(10) 泗县主要建筑材料市场指导价格信息(2018 年第 5 期)；

(11) 泗县村镇规划、交通规划、水利规划、产业发展规划等相关行业规划。

3　建设区概况

3.1　自然条件

3.1.1　地形地貌

项目区地处淮北平原，但其为典型的岗岭地形，地势倾斜起伏较大，高程在 17.3～30.2 m 之间，其中最高点处于支渠处。项目区总体地形为南高北低，以支渠为最高点向两边降低。

3.1.2　气候

项目所在地属北温带、鲁淮区型气候，具有长江流域和黄河流域过渡性特点。冬季多在大陆性冷高压控制下，天气寒冷干燥；春季冷暖气团交错，天气多变，干旱少雨；夏季处于副高压边缘，高温多雨；秋季日照充足，天高气爽。四季分明，无霜期长。年平均气温 13.8 ℃。多年平均降水量为 789 mm，降水年际间变化较大，67.5%以上的降水集中在 6—9 月。日照时数 2 393.3 h，日照百分率平均 54%。最热 7 月，日平均气温 27.1 ℃；最冷 1 月，日平均气温−0.1 ℃。年 0 ℃以上生长季长 312 d，年无霜期 214 d。光、热、水、风等农业气候条件较为优越。

3.1.3 水文与水文地质

项目区所在地的地表水系属淮河流域泗水水系，河网密布，河道纵横，因受地形影响，河流多自西南流向东北，沙河、沿河、鹿河等骨干河道径流入湖；运河、顺堤河、北堤河贯穿南北，构成河网，组成排水引水系统，构成排、引、蓄、调的梯级河网。地下水资源丰富，地下水为岩溶水和孔隙水，岩溶水为主要饮用地下水水源，可采量 7 977 万 m^3/a。

3.1.4 工程地质

项目所在地全区被第四系松散物覆盖，土体类型为多层结构中压缩性黏性土体，岩性为黏土、粉质黏土夹多层砂层，平均厚 170 m 左右，无湿陷性和胀缩性等特殊性土。地下水 pH 值在 7.4～7.6 之间，水化学类型主要为 HCO_3-Ca·Na 型，对混凝土及钢筋混凝土中的钢筋均无腐蚀性，工程地质条件良好。

3.1.5 土壤

项目所在地的土壤类型分为 6 个土类、23 个土属、58 个土种。项目区主要为东南岗地，属于棕壤土类、潮棕壤土亚类，其 pH 值为 7～8，有机质、氮、磷、钾等含量一般，对土壤实施有效改良和利用可保持良好的耕作性。

3.1.6 植被

项目区所在地属暖温带落叶阔叶林带，天然原生植被基本消失，仅河堤沟边、村庄前后、路旁有人工栽植树木和野生灌木、杂草。目前植被主要有泡桐、杨树等人工栽植的乔木和小麦、玉米、大豆、山芋、棉花、油菜等农作物。

3.1.7 自然灾害

项目区主要自然灾害是旱灾，其原因为项目区降雨年际间、年际内时空分布不均，在 7—9 月之间比较集中，部分区域浅层地下水资源也不丰富，再加上区域岗地的特殊地形，灌溉难度较大，所以在降水较少的时期容易形成旱灾。此外，偶有涝灾、大风、冰雹、低温、霜冻等自然灾害。

3.2 经济社会状况

草庙镇下辖 6 个村委会，6 246 户，24 596 人，耕地总面积 77 384 亩，年人均收入 3 290 元。项目区距离县城东 16 km，涉及 2 个村委会。据统计，项目区年均小麦单产 5 700 kg/hm^2，大豆单产 1 800 kg/hm^2，玉米单产 6 000 kg/hm^2。

经济社会情况表参照《土地整治重大项目可行性研究报告编制规程》(TD/T 1037—2013)附录 D 执行。

3.3 土地利用现状

3.3.1 土地利用结构

项目建设规模(剔除集中连片的村庄)为882.593 7 hm^2,其中耕地752.889 3 hm^2,占建设规模的85.30%;林地1.624 9 hm^2,占建设规模的0.18%;其他农用地103.288 0 hm^2,占建设规模的11.70%;农村居民点21.567 5 hm^2,占建设规模的2.44%;独立工矿用地1.119 9 hm^2,占建设规模的0.13%;公路用地1.190 8 hm^2,占建设规模的0.13%;荒草地0.259 7 hm^2,占建设规模的0.03%;滩涂0.653 6 hm^2,占建设规模的0.07%。

土地利用现状表参照《土地整治重大项目可行性研究报告编制规程》(TD/T 1037—2013)附录E执行。

3.3.2 耕地质量现状(略)

3.3.3 耕地利用状况

耕地面积占建设规模的85.30%;大部分耕地一年两季,复种指数为180%。农田水利设施不配套,农田抗旱能力弱;田间道路错综交织、弯弯曲曲、布局不合理,影响生产生活。项目区内只有一条灌溉渠道,采取漫灌方式,影响水资源利用效率,且排水沟占地面积较大,淤积严重,排水不畅,既妨碍农业生产,又浪费土地资源。田块布局极不规则,不利于机械化作业。

3.4 基础设施条件

3.4.1 排灌设施状况

(1) 灌溉设施

项目区只有一条20世纪90年代初修建的灌溉支渠,由于存在的各种利用管护问题,利用程度比较低。目前,灌溉采用土渠输水,输水损失较多,灌溉水利用系数只有0.4。现状渠道不能满足灌排水要求,直接影响农业生产。

(2) 排水系统

项目区排水设施多为土质排水沟,淤积严重,排水不畅;其他农田均为自然形成的不固定排水沟,断断续续,占地面积大,排水效能差。

3.4.2 交通状况

项目区交通比较便利,303省道贯穿项目区中部、老省道从项目区北部穿过,其路面较宽;项目区西边紧靠由北向南的乡级公路;项目区内部村与村之间、田块与村庄之间的田间道路基本相互衔接,为项目实施提供了便利的条件。但田间道路路面一般宽2~4 m,纵横交错,路面狭窄,只能供小型简单农机具和田间作业人员通行。此外,路面条件差,多为泥土路,遇雨泥泞难行,影响农业生产,需重新规划建设。田间分布有路面宽1~2 m的生产路,均为土质路面,受水冲刷严重,不利于田间生产和运输。

3.4.3 电力设施状况

村庄已完成农村电网改造,可供220 V的生活用电及380 V的工农业生产用电,通电率达100%,可满足项目用电需求。

3.4.4 生态环境保护设施

项目区内无工矿企业,无污染源。存在一定数量的荒草地及凌乱苇地,占压土地,不能耕种。林地布局零散,仅占建设规模面积的0.18%,林地等植被覆盖率不高,且田间、沟渠、道路两旁防护林很少，不成体系，生态环境有待于进一步提高。

3.5　已实施土地整治和其他涉农建设项目情况

根据实施项目情况据实描述，参照《土地整治重大项目可行性研究报告编制规程》（TD/T 1037—2013）附录I编制统计表。

3.6　待整治村庄基本状况

如有待整治村庄据实描述，没有待整治村庄填无。

4　建设条件分析

4.1　规划协调性分析

本项目实施是落实“十分珍惜、合理利用土地和切实保护耕地”基本国策，实现耕地总量动态平衡的重大举措，符合《中华人民共和国土地管理法》《中华人民共和国农业法》《中华人民共和国水土保持法》《中华人民共和国环境保护法》《基本农田保护条例》等法律法规规定，有利于区域耕地保护和生态环保建设，符合国家政策。

土地整治项目对项目区田、水、路、林、村综合整治，消除田面不平整和田块不规则问题，整理废弃沟、路、塘、拐角地、水工建筑用地等，通过平整土地，调整用地结构，有效增加耕地面积和提高耕地质量，改善农业生产条件和生态环境，切实有效地保护耕地，符合国家土地整治的重大需求。

项目实施后，土地用途和土地保护、限制及管理措施与土地利用规划一致，与土地利用分区及土地利用调整指标相协调，是耕地占补平衡、土地生态环境改善等措施的具体落实，符合《泗县土地利用总体规划（2006—2020年）》、《泗县草庙镇土地利用总体规划（2006—2020年）》、《泗县土地整治规划（2016—2020年）》及其他相关规划。

参照《土地整治重大项目可行性研究报告编制规程》（TD/T 1037—2013）附录J编制重大项目建设规划衔接表。

4.2　土地利用限制因素分析

土地利用限制因素主要表现为：一是灌溉地表水资源贫乏。项目区内无大型蓄水工程，降水利用率低，干旱年份农作物受到严重威胁，存在靠“天”吃饭现象。二是农田基本建设不完善。排灌系统以土质沟渠为主，排灌无保障，易涝易旱，田间道路、生产路布局混乱，建设标准低。三是树林覆盖率较低，风害发生较为频繁。四是耕地集约利用和产出率较低，经营规模小、分散。五是政府和农民经济实力有限，难以自筹资金实施土地整治工程。

4.3　土地适宜性评价

4.3.1　评价对象

土地适宜性评价对象为新增耕地的集中连片区土地。

4.3.2　利用方向

新增耕地种植小麦、玉米等农作物。

4.3.3　评价单元划分

在项目范围内，土壤类型基本一致，以土地利用现状图斑为评价单元。具体评价单元信息表格省略。

4.3.4　评价指标

项目区主要以种植玉米、小麦为主，结合项目区实际状况，选择地形坡度、土壤质地、土层厚度、灌排条件、积水状况作为土地适宜性评价的因子，如例表 2-1 所列。

例表 2-1　土地适宜性评价等级评定标准

适宜性评价限制因素分级			适宜性
序号	参评因子	分级指标	耕地评价
1	田面坡度/土地平整度/(°)	＜2	1 等
		2～6	2 等
		6～10	3 等
		10～15	3 等
		＞15	N
2	土壤质地	壤土、黏壤土	1 等
		黏土	2 等
		砂土	N
3	土层厚度/cm	≥100	1 等
		80～100	2 等
		60～80	3 等
		30～60	N
		＜30	N
4	灌排条件	有保证	1 等
		不稳定	2 等
		困难	3 等
		不具备	N
5	是否积水	不积水	1 等
		季节性积水	3 等
		常年积水	N

注：N 为不适宜。

4.4　新增耕地来源分析

通过土地整治项目实施，新增耕地 28.933 6 hm^2，其中：坑塘水面整治净增加耕地 4.930 7 hm^2，建设用地整治净增耕地 1.000 0 hm^2，荒草地开发净增耕地 0.259 7 hm^2，零星滩涂开发净增耕地 0.653 6 hm^2，路、沟、渠等线性地物优化布局整治净增耕地 22.089 5 hm^2。

4.5　水土平衡分析

4.5.1　水资源需求量

项目区需水量包括农业灌溉用水和非农业灌溉用水两部分，非农业灌溉用水主要包括居民用水和畜禽用水，因其使用自来水，与农业灌溉用水不产生冲突，所以，水资源需求量只计算农业灌溉用水。

(1) 农作物品种及面积

土地整治项目实施后，耕地面积为 781.822 8 hm^2，农作物以冬季小麦为主，夏季玉米、大豆为主，以冬小麦、玉米、大豆作物来确定灌溉定额。

小麦播种面积 781.822 8 hm^2，占耕地面积比例 100.00%；玉米播种面积 312.729 1 hm^2，占耕地面积比例 40.00%；大豆播种面积 469.093 7 hm^2，占耕地面积比例 60.00%。复种指数为 200%。

(2) 灌溉设计保证率

项目区年均降雨量 789 mm，且降雨时空分布不均。根据《灌溉与排水工程设计标准》，结合项目区所在地水资源状况、作物种植类型以及当地社会经济情况，确定灌溉设计保证率为 75%。

(3) 设计典型年份

根据水文站 1950—2009 年降水量资料及频率分析，1976 年降水频率与 75%灌溉保证率基本相同。根据灌溉保证率设计标准，选取 1976 年作为水资源供需平衡分析的灌溉保证率设计典型年，如例表 2-2 所列。

例表 2-2　设计典型年年降雨量及灌溉期雨量表

年型	保证率	典型年份	年降雨量/mm	灌溉期雨量/mm
枯水年	$p=75\%$	1976	641.2	251

(4) 灌溉定额及灌溉制度

参照《中国主要作物需水量与灌溉》、《灌溉与排水工程设计标准》及当地实际情况，确定项目区灌溉定额及灌溉制度。

① 冬小麦灌溉定额及灌溉制度的确定

小麦在整个生育期总需水量约为 409.5 mm，该期间项目区总降水为 380.8 mm(9 月至翌年 5 月)，大雨暴雨相对较少，有效降雨量按总量的 60%计算，为 228.48 mm，由此确定小麦灌溉时间和灌溉定额，如例表 2-3 所列。

例表 2-3　小麦生育期灌溉时间、灌溉定额表

作物	生育阶段	灌溉时间	灌溉定额	净灌溉定额		毛灌溉定额	
		d	mm	mm	m^3/亩	mm	m^3/亩
小麦	播种—越冬	10	30.29	181.02	120.69	241.36	160.92
	越冬—返青	10	34.50				
	返青—拔节	10	43.31				
	拔节—抽穗	10	40.31				
	抽穗—成熟	10	32.61				

注：净灌溉定额＝作物需水量－有效降雨量；毛灌溉定额＝净灌溉定额/渠道水利用系数；渠道水利用系数取 0.75。本例中以下计算与此相同。

② 玉米灌溉定额及灌溉制度的确定

玉米在生育期内总需水量约为 320.70 mm，该期间项目区总降水为 260.40 mm(6—9 月)，有效降雨量按 55%计算，为 143.22 mm，由此确定玉米灌溉时间和灌溉定额，如例表2-4所列。

例表 2-4 玉米生育期灌溉时间、灌溉定额表

作物	生育阶段	灌溉时间	灌溉定额	净灌溉定额		毛灌溉定额	
		d	mm	mm	m^3/亩	mm	m^3/亩
玉米	播种—出苗	10	40.50	177.48	118.32	236.64	157.76
	拔节—孕穗	10	50.20				
	抽穗—开花	10	51.10				
	灌浆—成熟	10	35.68				

③ 大豆灌溉定额及灌溉制度的确定

大豆在生育期总需水量约为 227.50 mm，该期间项目区总降水为 260.40 mm(6—9 月)，有效降雨率按 55%计算，为 143.22 mm，由此确定大豆灌溉时间和灌溉定额，如例表 2-5 所列。

例表 2-5 大豆生育期灌溉时间、灌溉定额表

作物	生育阶段	灌溉时间	灌溉定额	净灌溉定额		毛灌溉定额	
		d	mm	mm	m^3/亩	mm	m^3/亩
大豆	播种—出苗	10	15.20	84.28	56.19	112.37	74.91
	拔节—节枝	10	13.45				
	开花—授粉	10	20.31				
	结荚—成熟	10	35.32				

(5) 农业总需水量计算

农业总需水量为玉米、小麦和大豆灌溉的需水量之和。

$$W = m_{1毛}A_1 + m_{2毛}A_2 + m_{3毛}A_3$$

式中 W——农业总需水量，m^3；

$m_{1毛}$——小麦毛灌溉定额，m^3/亩；

$m_{2毛}$——玉米毛灌溉定额，m^3/亩；

$m_{3毛}$——大豆毛灌溉定额，m^3/亩；

A_1——小麦灌溉面积，亩；

A_2——玉米灌溉面积，亩；

A_3——大豆灌溉面积，亩。

通过计算得到农作物总需水量为 315.43 万 m^3。

4.5.2 水资源供给量

项目区水资源可利用量包括地表径流量、河流供水量和地下水供应量。

(1) 地表径流量

项目区年际间降雨变化大，其地表径流量变化也大，是农业土地利用的主要限制性因素之一。灌溉设计保证率为75%时，典型年降雨量 p 为641.2 mm，地表径流可利用系数(α)取0.35，汇流面积(s)取949.306 2 hm^2，则当地可利用年径流量为：

$$Q = ps\alpha$$

式中 Q——可利用年径流量，万 m^3。

经计算得，可利用年径流量为213.04万 m^3。

(2) 河网引水量

项目区南部主要依靠河流提水灌溉，建立山头闸一座，正常年份蓄水量为180.00万 m^3。

(3) 地下水供应量

在水源不能满足作物生长需要时，地下水成为区域北部农业灌溉的主要来源。泗县中浅层地下水资源丰富，总储量为80万 m^3/km^2，含水层厚度一般，地下水调节储量计算公式为：

$$W_{调} = aMp$$

式中 $W_{调}$——地下水调节储量，m^3；

a——降雨入渗系数，取0.17；

M——井灌区面积，hm^2，此处为252.240 0 hm^2；

p——年降雨量，mm，典型年为641.2 mm。

计算得到设计典型年份浅层地下水调节储量为27.50万 m^3。

(4) 总供水量

项目区总供水量为420.54万 m^3，其中地表径流量和河网引水量之和为393.04万 m^3。

4.5.3 水资源供需平衡分析

项目区总需水量为315.43万 m^3，总供水量为420.54万 m^3，供水量大于需水量，完全可以满足项目区灌溉要求。

4.6 风险分析(略)

4.7 公众参与分析

当地农民加快农业经济发展愿望强烈，尤其随着项目区附近国家农业综合开发项目、土地整治项目的成功实施，群众节地、惜地、整地意识增强了；同时，泗县人民政府和草庙镇人民政府的大力支持与激励，以及农业、水利、林业等部门的积极配合，为该项目的实施奠定了坚实的基础。

该项目涉及的两个村委会都召开了村民大会征求项目实施意见。当地群众一致认为项目实施对提高粮食产量、改善农业种植结构、促进农业产业化发展、增加农民经济收入具有积极推动作用，自愿积极配合土地整治工作，确保项目顺利实施。

5 建设内容

5.1 规划原则

(1) 坚持“十分珍惜、合理利用土地和切实保护耕地”的基本国策，新增耕地优先发展农业生产。

(2) 坚持“技术可行、经济合理”的基本原则，因地制宜地配置农田水利、田间道路等，工程规划符合水利、交通、电力、林地等对项目建设的要求，田间道路尽量结合现有道路布设，以便节约资金。

(3) 坚持“优化资源配置、兼顾综合效益”的基本目标，按照土地资源可持续利用的土地整治要求，要求土地适度平整，田块布局规范，便于规模经营。

5.2 规划标准

5.2.1 土地平整

项目区属平原地区，覆盖层多为黏土和壤土层，土地平整采用局部平整方式，主要针对低洼地、废弃沟渠和坑塘平整，合理分配土方，尽量做到内部土方平衡。同时，土地平整应满足作物耕种需要，田块内部高差不超过 3 cm。条田为长 300～600 m，宽 80～300 m；格田为长 60～120 m，宽 20～40 m。

5.2.2 农田水利

排涝标准为 5 年一遇，24 h 降雨，24 h 排出。灌溉保证率确定为 75%。降渍标准为田间地下水控制在 1.0 m 以下。

水工建筑物根据所属枢纽工程的级别与建筑物的重要性设计为Ⅴ级别中 5-1 级别；灌排渠和排水沟工程设计为 5-1 级别；水闸、涵洞等灌排建筑物按照过水流量大小设计为 5-1 级别。

5.2.3 田间道路

田间道设计为路面宽 5.0～5.5 m，路基宽 7.0～7.5 m，路肩宽 0.75～1.0 m，高出地面 0.5 m，路面结构层所选材料应满足强度、稳定性和耐久性的要求。生产路设计为路面宽 3.5～4.0 m，路基宽 5.0～5.5 m，高出地面 0.3 m，采用砂石路面。

5.2.4 农田防护林

农田防护林主要沿着田间道路两侧布置。主风向为东南风，主林带沿南北方向田间道路布置，副林带沿东西方向田间道路布置。

5.3 规划方案

5.3.1 方案规划

(1) 方案一

按照灌溉水田设计标准，对项目区进行平整，配备完备的灌溉和排水设施，即修建 2～3 个灌溉站，通过防渗斗渠和农渠灌溉；采取沟渠路布置形式，配套完备的交通和排水系统。

(2) 方案二

按照局部平整要求，采取地下水资源灌溉(即井灌)形式布置灌溉系统，并根据井口涌水量和局部土地的平整度，规划灌溉水田和水浇地。同时，按照田块设计要求配置排水和交通系统。

(3) 方案三

采用提灌(灌溉站提水)和井灌相结合的形式规划灌溉系统，配备相应的排水和交通系统，结合灌溉状况规划田块和设计田块平整度。

5.3.2 方案比较

(1) 方案一

方案一优点是土地平整度好，能够将项目区整治为水田，提高了耕地产出。缺点是该区域为岗地，地表高低不平，土地平整工程量大，且项目区离水源地较远，建设不方便。特别是土地平整工程施工设计不合理，反而会造成耕地表土肥力下降。

(2) 方案二

方案二克服了方案一土方平整工程量大的缺点，能够得到局部平整度较好的效果，也能根据地下水情况确定水田和旱地分布。但是，项目区除省道沿线部分区域外，地下水资源比较匮乏，不适合采取井灌。

(3) 方案三

方案三结合了方案一和方案二的特点，既减少了土方平整工程量，又充分利用了现有的灌溉设施。

综上所述，最终采用方案三。

5.4 总体布局

5.4.1 田块布局

根据地形地势特点、土地利用现状与线性地物分布规律，按照有利于农作物生长、有利于田间机械操作、有利于灌溉排水、有利于耕作管理的原则，耕作地块采取条田和格田布局，方向多为南北方向，部分田块根据地形稍偏西南及东南方向。

5.4.2 农田水利工程布局

水利设施建设充分利用现有水利设施，保留了部分原有渠道和排水沟，或在原基础上整修。在保证灌排前提下，尽可能达到沟渠线路短、交叉建筑少、少占耕地。排灌系统主要包括取水工程、输水配水工程、田间调节系统和排水泄水系统。

(1) 井灌工程布局

井灌区主要处于省道以北地区，由于不便于引水渠道的布设，不能自流灌溉或固定泵站提水灌溉，考虑到地下水资源多且水质较好，采用打机井抽水，机井沿田间路和生产路单侧布设，井距 200 m 左右，井深 40 m 左右，单井灌溉面积 80 亩左右，每眼机井配备油动抽水泵和输水软管。

(2) 引水工程布局

规划潼河南部地区采用原泵站抽水灌溉。在泵站提水灌溉区，将水引至支渠，分斗、农渠两级进田。支渠在原基础上清淤，采取防渗修建，清淤和防渗处理支渠 1 条、新修建斗渠 11 条、新修农渠 18 条。

(3) 排水工程布局

项目区地形南高北低，布置田间排水沟达到自流排水的要求，排水沟相互贯通，汇集地表水，形成排水系统工程。正常年份雨水可自排流入干支斗沟，满足除涝降渍的要求。采用明沟排水系统，农沟和农渠相邻布置。斗沟间距 600～1 200 m，农沟间距 180～260 m。规划疏浚省道沿线支沟 2 条，修建斗沟 7 条、农沟 34 条，沿田块场边，以道路相邻布置。

(4) 水工建筑物布局

在田间路、生产路与排水斗沟交汇处规划田间道交通桥；在田间路、生产路与农沟交汇处规划平板式生产桥或过水涵；在灌溉渠与排水沟处规划渡槽；在排水沟与河流交汇处规划跌水；为拦截地表水、防止河水倒流规划节制闸；在灌溉放水处规划放水斗门和农门。

5.4.3　道路布局

（1）田间道

结合斗渠、农渠布置规划水泥路面田间道 8 条。

（2）生产路

沿农沟、农渠布置生产路，个别沿斗沟布置，作为渠堤、沟堤，以减少占用耕地，规划新建砂石路面生产路 20 条。

5.4.4　农田防护林网

防护工程主要是防护林工程，沿生产路、田间道栽种意杨，株距 3 m。

5.5　工程内容

5.5.1　土地平整工程

（1）低洼地平整

为满足生态种植、排涝要求，平整项目区低洼地，填埋坑塘 4.930 7 hm^2，坡度按照 1∶1 计算，坑塘平均深度为 1.5 m，则坑塘填方量为 5.20 万 m^3。

（2）表土剥离

为保护耕作层土壤肥力，整治前将 20 cm 厚耕层土推向一边堆放，待土地平整后再将表土复原。对地势较高的耕地，先剥离熟化表土，待土地平整后回填表土；对低洼处耕地，同样先剥离表土，在充填客土至设计高程后回填表土。规划剥离表土面积 43.56 hm^2，工程量为 8.71 万 m^3。

（3）田块平整（具体方法参照本书第一部分实验七“土地平整工程设计”）

平整土方工程量采用网格法计算，经过计算，项目区田块平整需挖土方 23.84 万 m^3，填方 23.84 万 m^3。

5.5.2　农田水利工程

（1）沟渠疏浚工程

① 排水沟清淤

按照上口宽 10 m、底宽 2.5 m、深 2.5 m、边坡系数 1∶1.5 的标准清淤支沟 5 533 m，每米清淤土方量为 5.5 m^3，则清淤量为 3.04 万 m^3。

② 排水沟开挖

除利用原沟渠疏浚外，按照上口宽 5 m、底宽 1 m、深 2 m、边坡系数 1∶1 的标准开挖农沟 25 334 m，工程量为 15.20 万 m^3；按照上口宽 7 m、底宽 2 m、深 2.5 m、边坡系数 1∶1 的标准开挖斗沟 13 994 m，土方量为 22.29 万 m^3。

③ 灌溉渠道

防渗灌溉渠道包括支渠、斗渠、农渠三级，采用矩形设计，灌溉渠道填方来源于排水沟挖方，其中：规划上口宽 6 m、深 3 m 的支渠 1 条，长 3 263 m；上口宽 2.0 m、深 1.5 m 的斗渠 11 条，长 11 240 m；上口宽 0.8 m、深 0.7 m 的农渠 18 条，长 11 905 m。

（2）机井工程

采用竖井取水，节水灌溉的方式，埋设 PVC 管 135.63 km，井深 40 m，保证每天 14 h 出水量 30～40 m^3/h。按照作物最大灌水定额 40 m^3/亩、灌水周期 8 d 考虑，灌溉水利用系数取 0.75，则单井灌溉面积为：

$$A_0 = \eta QtT/m$$

式中 A_0——单井灌溉面积，亩；

η——灌溉水利用系数，取 0.75；

Q——单井出水量，m^3/h，取 35.8 m^3/h；

t——水资源每日供水时数，h/d，取 14 h/d；

T——设计灌溉周期，d，取 8 d；

m——设计灌水定额，m^3/亩，取 40 m^3/亩。

计算得到单井灌溉面积为 75.18 亩，井灌面积 252.240 0 hm^2，则规划配套机井 50 眼。

(3) 水工建筑物

在沟、渠与路交汇处，规划田间道桥 31 座、平板式生产路桥 4 座、过水涵 33 个、节制闸 1 座、斗门 11 座、农门 18 座、渡槽 1 座、跌水 35 座。

5.5.3 田间道路工程

(1) 田间道

新建田间道路面宽 5.0～5.5 m，路基宽 7.0～7.5 m，路肩宽 0.75～1.0 m，高出地面 0.5 m，路面结构层所选材料应满足强度、稳定性和耐久性的要求，路面混凝土厚 0.20 m，总长 17 534 m。

(2) 生产路

新建生产路路面宽 3.5～4.0 m，路基宽 5.0～5.5 m，高出地面 0.3 m，采用砂石路面，总长 29 586 m。

5.5.4 其他工程

规划在田间道、生产路及排水斗沟两旁各植树一排。树种为意杨，林网总长 32 560 m，株距 3 m，共植树 1.20 万株。

6 土地权属调整

6.1 土地权属现状

项目区土地隶属通海、治岗等两个行政村，土地权属明确，界址清楚，无任何土地权属纠纷。

6.2 权属调整原则与程序

6.2.1 权属调整原则

(1) 坚持“依法、公开、公正、公平、自愿”原则。在土地权属调整中，始终遵循《中华人民共和国土地管理法》、《中华人民共和国农村土地承包法》和《中华人民共和国土地管理法实施条例》，行政主管部门应按法律程序做好土地权属审计、登记、发证等工作。依法改变土地权属和用途的，应当办理土地变更登记手续，保障土地产权人的合法权益。为充分发挥土地整治的效益，在法律允许前提下，可自愿实行联合经营、“留包转耕”等经营方式。

(2) 坚持集体土地面积不变，权属单位面积有限变化。坚持“沿袭传统、集中连片”原则，尽量保持村界完整性。为保证整治土地经营、管理的便利，按“社会化、规模化、集中化”要求，保障权属主体土地面积基本不变。为消除飞地问题，可在权属调整领导小组协调下，以田块为基本单位，调整权属界线。

(3) 坚持稳定农村家庭联产承包责任制原则。尽量保持权属界线在土地整治前后一致，基本保证农民新承包耕地与原承包耕地数量相同、质量有所提高。

(4) 坚持“有利生产、方便生活”原则，对田、水、路、林、村综合治理，确保田块整齐、道路规整，方便农业生产和居民生活。对村民组间交界处的不规则区域，依据协商原则，根据沟、渠、路、林等线状地物适当调整，确保相同权属的土地适当集中，形成规模化、集约化经营，达到有利于农业机械化耕作和田间灌溉。

6.2.2　权属调整程序

(1) 制订权属调整方案

土地整治前统一确权登记主要包括项目区边界，土地数量、类型、质量，土地利用类型、数量。土地权属现状调查后，对土地利用现状综合评价，制订土地权属调整方案。

(2) 签订权属调整意向书

权属调整方案制订后，依据土地权属调整内容签订土地权属调整意向书。

(3) 公告权属调整方案

土地权属调整方案确定后，向全体土地权利人发布公告，并以书面形式分别通知土地所有权人、承包人和他项权利人。

(4) 停止土地利用变更

权属调整工作应立足实际、尊重历史，土地整治前后的土地行政界限与权属界限尽量保持相对稳定，小组之间的行政界限及各行政单位内各类用地可在权属调整领导小组调整下签订土地行政界限认可书。农户承包经营土地的数量、位置和界限作为土地整治后调整承包经营权的依据。

(5) 办理土地变更登记

涉及土地所有权、使用权调整的，依据确认的土地调整边界，重新勘定地界，登记造册和发放土地权属证书。涉及农民承包地调整的，由集体经济组织依据协议重新登记造册。

6.3　权属调整初步方案

(1) 土地所有权

项目竣工后，保持土地所有权不变，即无论是新增耕地，还是原有土地，仍为集体土地。两个行政村之间以主要沟渠为界限，不需要调整。

(2) 土地承包经营权

土地整治后，打破了原农户承包的耕地界限。依据《中华人民共和国土地管理法》《中华人民共和国农村土地承包法》规定，遵循“集中、连片”原则，按照土地整治前的耕地承包面积等面积承包分配给农民；新增耕地面积集体将采取公开招标或拍卖的方式，集中承包给种植大户，实现规模化农业生产。在土地承包经营权调整后，统一办理变更登记、发证手续，确保土地权利人的合法权益。

7 投资估算

7.1 估算依据

(1)《财政部 国土资源部关于印发〈新增建设用地土地有偿使用费资金使用管理办法〉的通知》(财建〔2012〕151 号);

(2)《土地开发整理项目预算定额标准》;

(3)《国土资源部办公厅关于印发土地整治工程营业税改征增值税计价依据调整过渡实施方案的通知》(国土资厅发〔2017〕19 号);

(4) 项目所在省土地整治工程建设标准;

(5) 泗县主要建筑材料市场指导价格信息(2018 年第 5 期);

(6) 土地整治项目规划设计图。

7.2 编制方法

根据《土地开发整理项目资金管理暂行办法》、《土地开发整理项目预算编制暂行规定》和《土地开发整理项目预算定额标准》,项目投资由工程施工费、设备费、其他费用(包括前期工作费、工程监理费、竣工验收费、业主管理费、拆迁补偿费)和不可预见费组成。

7.2.1 工程施工费

工程施工费由直接费、间接费、税金和利润组成。

(1) 直接费。直接费包括直接工程费和措施费,其中直接工程费由人工费、材料费、施工机械费组成。

人工费=定额劳动量(工·日)×人工费预算单价[元/(工·日)]

材料费=定额材料用量×材料预算单价

主要原材料价格参照工程造价信息作为材料预算单价。

施工机械费=定额机械使用量(台·班)×施工机械使用台班费[元/(台·班)]

措施费主要包括临时设施费、冬雨季施工增加费、夜间施工增加费、施工辅助费和特殊地区施工增加费。

措施费=直接工程费×措施费费率

安装工程:

措施费=人工费×措施费费率

具体措施费费率根据《土地开发整理项目预算编制暂行规定》提取。

冬雨季施工增加费费率确定为 1%;夜间施工增加费费率:安装工程为 0.5%,建筑工程为 0.2%;施工辅助费费率:安装工程为 1%,建筑工程为 0.7%。本工程不计算特殊地区施工增加费。

(2) 间接费。间接费包括规费和企业管理费。

间接费=直接费(或人工费)×间接费费率

间接费费率按工程类别分别取用,具体参照《土地开发整理项目预算编制暂行规定》提取。

(3) 利润:

利润=(直接费+间接费)×3%

（4）税金：

$$税金=(直接费+间接费+利润)\times税率$$

7.2.2　设备费

设备费为设备购买价格。

7.2.3　其他费用

（1）前期工作费。前期工作费包括土地清查费、项目可行性研究费、项目勘测费、项目设计与预算编制费、项目招标费等。

$$前期工作费=工程施工费\times5.0\%$$

其中：土地清查费＝工程施工费×0.5％；项目可行性研究费＝工程施工费×0.4％；项目勘测费＝工程施工费×1.5％；项目设计与预算编制费＝工程施工费×2.1％；项目招标费＝工程施工费×0.5％。

（2）工程监理费：

$$工程监理费=工程施工费\times1.5\%$$

（3）竣工验收费。竣工验收费包括工程验收费、项目决算编制与审计费、整理后土地的重估与登记费、基本农田补划与标记设定费等。

$$竣工验收费=工程施工费\times3.0\%$$

其中：工程验收费＝工程施工费×1.3％；项目决算编制与审计费＝工程施工费×0.9％；整理后土地的重估与登记费＝工程施工费×0.6％；基本农田补划与标记设定费＝工程施工费×0.2％。

（4）业主管理费：

$$业主管理费=(工程施工费+前期工作费+工程监理费+竣工验收费)\times2.0\%$$

（5）拆迁补偿费。在工程建设期间，项目区原有耕地修建道路、沟，对受到影响居民作适当的补偿。

7.2.4　不可预见费

$$不可预见费=(工程施工费+设备费+其他费用)\times2.0\%$$

7.3　投资估算

项目由土地平整、农田水利、道路及其他工程组成，估算总投资 2 072.47 万元。各项费用及其所占比例参照《土地整治重大项目可行性研究报告编制规程》（TD/T 1037—2013）附录 Q 执行。

8　实施管理

8.1　组织机构

组建泗县草庙镇通海、治岗等村土地整治项目建设领导小组和土地权属调整领导小组。

项目建设领导小组管理项目实施工作，泗县分管副县长任组长，泗县国土资源局局长、草庙镇镇长任副组长，国土资源局分管副局长及农业、林业、水利、交通、民政、审计、发改、财政等部门领导为成员，负责工程施工招标、施工监理、竣工验收、资金使用、项目审计以及组织协调等工作。

土地权属调整领导小组由泗县分管副县长任组长，泗县国土资源局局长、草庙镇镇长任副组长，国土资源系统、当地政府相关部门负责人为成员，主要负责权属调整工作。

泗县草庙镇通海、治岗等村土地整治项目由泗县土地整理中心承担，具体负责项目实施的日常工作。

8.2　管理措施

8.2.1　变更管理(略，参照项目变更规定执行)

8.2.2　验收管理(略，参照项目验收规程执行)

8.2.3　信息报备和档案管理(略，参照项目备案规定执行)

8.3　控制措施

8.3.1　过程控制措施

项目实施管理是项目管理的重点和难点，直接决定项目能否取得预期效益，实现预期目标。项目实施管理的重点是要做好实施过程控制，包括进度控制、资金控制和质量控制。项目实施要认真执行项目法人责任制、工程招投标制、工程监理制、项目合同制和项目公告制，保证工程进度和质量。

(1) 项目法人责任制

项目法人为泗县国土资源局，负责项目规划、组织、监督、检查工作，并与项目承包单位签订承包合同，约定双方承担的经济、技术和法律责任。

(2) 工程招投标制

招标前，根据批准文件对适合专业队伍施工的单项工程编制招标文件，向社会公开招标。按照公开、公平、公正的原则，选择具有一定资质、信誉好的施工队伍。在同等条件下，优先考虑当地施工单位。施工单位必须严格按照施工程序，认真执行施工操作规程和工序施工技术要点，并组建工程质量自检队伍，共同把好质量关。

(3) 工程监理制

监理单位负责工程施工的全过程监理，严格执行监理规章和制度，以项目规划设计内容和项目规划、验收规范为标准，本着客观、公正、公平、既对业主负责又对承包商负责的原则，对项目施工质量、工程进度、资金使用情况进行监理。

(4) 项目合同制

项目实施采取合同管理方式，由项目承担单位与施工单位签订承包合同，并按合同规定严格管理。项目完工后，由施工单位向泗县国土资源局申请初步验收。按照建设工程竣工验收程序，对照工程质量标准和项目设计，由泗县土地整理中心完善竣工验收前的事务性工作，报请泗县国土资源局初步验收，合格后申请省国土资源厅验收。

(5) 项目公告制

项目实施设立公告栏，告知群众项目的建设背景、建设目的、规划任务、建设期限、工程总体布局、规划方案、实施效益、权属调整方案等。

8.3.2　进度控制措施

建立进度目标控制体系，明确进度控制体系，明确进度控制任务，建立进度报告制度和检查制度，建立进度信息沟通渠道和协调制度，定期召开施工生产协调会议。不断收集工程实施实际进度的信息并整理统计，对比分析实际进度与计划进度，定期提供进度报告。审查施工单位提交的进度计划，编制进度控制工作细则，对进度实施动态管理。明确合同进度目标，使合同进度目标之间相互协调，严格控制合同变更。提供实现进度计划的资金保证，及时办理工程预付款和工程进度款支付手续，建立应急赶工、提前竣工奖励和工期延误惩罚制度。

8.3.3　资金控制措施

在项目实施中，加强资金使用管理，硬化预算约束。严格执行专款专用、专项管理、单独核算，任何单位和个人不得超支出范围和标准开支，更不得截留和挪用项目资金；建立、健全项目会计核算和内部稽核制度，对项目资金实行全过程的财务管理与监督；严格项目资金竣工决算，规范项目业绩考评和追踪问效。

在项目领导小组领导下，设立土地整治专账，保证土地整治项目资金专款专用。加强财产管理，实行严格的资金管理和财务考核制度，项目竣工后及时办理决算和财产交付使用手续，明晰产权。登记所有项目建设投资形式的固定资产，建立固定资产账户，纳入国有资产管理，防止国有资产流失。

8.3.4　质量控制措施

根据项目分部、单元工程的划分，制定详细的质量检验计划。按计划对项目各施工工序进行检验和验收。质量检验计划设有检验点、见证点和停止点，五检表、验收单、混凝土级配单、混凝土浇筑通知单等，行业、业主、监理部门提供的记录表，填报质量记录。

检验点由操作者和班组检查和填写，上报质检科。见证点和停止点由质检科根据班组和施工质检员的记录验收，并由工程监理签证。隐蔽地质工程验收由监理工程师签证。

根据项目施工图以及标准、规程、规范规定的施工技术要求和特点，制定项目所需的作业指导书，主要内容包括：项目概况，编制依据，职责，施工进度计划，施工准备及施工方案，施工资源，质量、安全、文明施工保证措施，施工记录及竣工资料。

项目质量控制遵循“质量第一”、“预防为主”、“用户至上”和“用数据说话”的原则，建立质量保证体系，主要包括：有明确的质量方针、质量目标和质量计划；建立严格的质量责任制；设立专职质量管理机构和质量管理人员；实行质量管理业务标准化和管理流程化；开展群众性的质量管理活动；建立高效、灵敏的质量信息系统。

8.3.5　安全控制措施（略）

8.4　保障措施

8.4.1　组织保障（略）

8.4.2　政策保障（略）

8.4.3　制度保障（略）

8.4.4　技术保障（略）

8.5　后期措施

8.5.1　管护原则

工程管护采取“谁使用谁管护”的原则和“谁主管谁负责”的模式，确立以镇政府、行政村为单位的分级管理体系。单个行政村受益的设施，由村级管理；超出单个行政村受益的设施，由镇政府管理。

8.5.2 管护内容与管护主体

后期主要对农田水利工程、道路工程和农田防护林进行管护。农田水利工程及建筑物管护应确保排灌站、沟渠、桥、涵、闸、渡槽、斗农门、配电设施完好，保证能够正常使用。田间道路和农田林网管护应确保道路系统完整，保障通行畅通和农田林网、水土保持等系统完好，满足项目区生产生活需要。

项目验收前，工程管护主体为项目施工单位，具体负责管理、维护和修缮；项目验收后，项目施工单位与镇、村签订管护协议，办理移交管护手续，镇、村为管护主体。管护主体要保持各种工程设施能够正常运行和使用；定期向项目实施单位、土地所有者、使用者提供工程设施运行情况的书面汇报；对工程运行、使用情况进行记录，做好档案资料的保管工作；在管护期届满后，按合同规定的要求，交付工程设施及有关资料；接受有关部门的监督和检查。同时，管护主体有权制止各种破坏工程的行为；按照保修合同要求项目建设单位对工程进行维护和保养；享有工程后期管护合同里签订的其他权利。

8.5.3 管护经费

如果项目经费有结余，在项目经费管理规定允许的前提下优先用作工程管护经费；如果项目经费没有结余，管护经费则主要来源于地方财政列支或镇政府、村委会及受益群众的集资。

9 效益分析

9.1 社会效益分析

项目实施后，可新增耕地 28.933 5 hm^2，新增耕地率为 3.28%；耕地总体质量显著提高，抵御旱涝灾害的能力明显增强，有利于区域耕地总量占补平衡；改善农业生产条件，提高机械化耕作水平，有利于农业科技的推广，大大提高农民从事农业生产的积极性，有利于农村稳定、农业增产、农民增收的战略发展。

9.2 生态效益分析

以生态农业建设为基础，在保护生态环境的前提下，将农田水利设施配套建设、小流域综合治理、基本农田建设紧密结合。

按照"田块平整规范化、农田耕作机械化、田间管理科学化、农民住宅城市化"的建设目标，通过土地平整、农田水利、田间道路以及防护林等工程措施，实现高效农田生态系统建设，将对固土蓄水、排除空气污染、净化空气、改善项目区小气候、美化环境发挥重要的作用。实行节水灌溉工程建设，提高水资源利用系数，集约利用水资源，减少水土流失、改变土地结构，提高了土地利用率。错落有致的人工绿色农田生态系统建设，明显改善区域生态景观。

9.3 经济效益分析

土地整治前，农田水利、田间道路配套设施不健全，严重影响了项目区农业经济的发展。通过土地整治工程措施应用，将提高农业生产条件，经济效益明显。

土地整治前，耕地 752.889 3 hm^2，小麦单产 5 700 kg/hm^2，玉米单产 6 000 kg/hm^2，大豆单产 1 800 kg/hm^2；土地整治后，新增耕地 28.933 5 hm^2，小麦单产 6 525 kg/hm^2，玉米单产 7 500 kg/hm^2，大豆单产 2 000 kg/hm^2。

9.3.1　土地整治前

(1) 收益计算

种植小麦 752.889 3 hm^2、玉米 301.155 7 hm^2、大豆 451.733 6 hm^2，分别计算小麦、玉米和大豆的收益。

小麦：

$$752.889\,3\times5\,700\times1.7\div10\,000=729.55(\text{万元})$$

玉米：

$$301.155\,7\times6\,000\times1.6\div10\,000=289.11(\text{万元})$$

大豆：

$$451.733\,6\times1\,800\times2\div10\,000=162.62(\text{万元})$$

小计：

$$729.55+289.11+162.62=1\,181.28(\text{万元})$$

(2) 费用计算

小麦：

$$752.889\,3\times1\,815\div10\,000=136.65(\text{万元})$$

玉米：

$$301.155\,7\times2\,955\div10\,000=88.99(\text{万元})$$

大豆：

$$451.733\,6\times2\,355\div10\,000=106.38(\text{万元})$$

小计：

$$136.65+88.99+106.38=332.02(\text{万元})$$

(3) 纯收益计算

通过收益和费用计算分析，土地整治前经济收益为 849.26 万元。

9.3.2　土地整治后

(1) 收益计算

土地整治后，生产条件全面改善，生产率和复种指数提高，种植面积有所增加，小麦种植 781.822 8 hm^2，玉米种植 312.729 1 hm^2，大豆种植 469.093 7 hm^2，分别计算小麦、玉米和大豆的收益。

小麦：

$$781.822\,8\times6\,525\times1.7\div10\,000=867.24(\text{万元})$$

玉米：

$$312.729\,1\times7\,500\times1.6\div10\,000=375.27(\text{万元})$$

大豆：

$$469.093\,7\times2\,000\times2\div10\,000=187.64(\text{万元})$$

小计：

$$867.24+375.27+187.64=1\,430.15(\text{万元})$$

(2) 费用计算

小麦：

$$781.8228\times 2220\div 10000=173.56(\text{万元})$$

玉米：

$$312.7291\times 3270\div 10000=74.12(\text{万元})$$

大豆：

$$469.0937\times 2625\div 10000=123.14(\text{万元})$$

小计：

$$173.56+74.12+123.14=370.82(\text{万元})$$

(3) 纯收益计算

通过收益和费用计算分析，土地整治后经济收益为 1 059.33 万元。

9.3.3 效益评价

项目实施后，农业生产增收 210.07 万元，项目总投资 2 072.47 万元，静态回收期＝总费用/年均效益＝2 072.47/210.07＝9.87(年)，静态投资收益率＝年均效益/总费用×100%＝10.14%。

9.4 耕地质量等级变化分析(略)

10 可行性研究结论

(1) 该项目符合《泗县土地利用总体规划(2006—2020 年)》、《泗县土地整治规划(2016—2020 年)》、《泗县草庙镇土地利用总体规划(2006—2020 年)》及其他相关规划，是实现泗县土地利用总体规划、土地整治规划目标的重要措施之一。

(2) 该项目符合《中华人民共和国土地管理法》《中华人民共和国农业法》等相关法律法规，可增加耕地 28.933 6 hm^2，对实现区域耕地总量动态平衡具有重要的现实意义。

(3) 该项目土地为集体土地，分属泗县草庙镇通海、治岗等两个村，权属界限清楚，不存在纠纷，土地权属调整方案切实可行。

(4) 该项目采取土地平整、农田水利、田间道路等工程措施，健全排灌系统、贯通道路工程、提高土地利用效率，改善了区域生态环境和生产生活条件，工程技术切实可行。

(5) 该项目估算总投资 2 072.47 万元，单位投资 2.35 万元/hm^2，投资结构合理，经济、社会与生态效益明显，投资估算合理。

综上所述，该项目实施十分必要，技术措施可行、投资估算合理、保障措施充分，实施该项目具有较强的可行性。

土地整治项目初步设计报告
——泗县草庙镇通海、治岗等村土地整治项目初步设计报告

1 综合说明

1.1 可研批复情况

2010 年 9 月，编制《泗县草庙镇通海、治岗等村土地整治项目可行性研究报告》(简称

《可行性研究报告》)。2010 年 10 月,宿州市人民政府组织水利、国土、农业、住建、环保、财政等部门专家对项目区实地踏勘,听取了《可行性研究报告》编制情况,审阅了相关资料,并原则通过了《可行性研究报告》。泗县人民政府、国土资源局组织相关人员,根据初审意见修改了《可行性研究报告》。2010 年 11 月,省国土资源厅组织水利、国土、农业、财政等部门专家对《可行性研究报告》进行评审。

省国土资源厅对《可行性研究报告》的评审意见为:项目建设规模 882.593 5 hm^2,新增耕地 28.933 6 hm^2,新增耕地率 3.28%。

1.2　项目概况

1.2.1　项目名称

泗县草庙镇通海、治岗等村土地整治项目。

1.2.2　项目类型

项目类型为重点项目。

1.2.3　项目性质

项目性质为土地整理。

1.2.4　项目区位置与范围

项目区位于泗县草庙镇东部,涉及通海、治岗等两个村,东临省界,南到治岗村界,西接县道,北至省道。

1.2.5　项目建设规模

项目区总面积 949.306 2 hm^2,建设规模 882.593 7 hm^2,新增耕地 28.933 6 hm^2,新增耕地率 3.28%。

1.2.6　项目区地貌类型

泗县地处淮北平原东部,地貌类型以平原为主,局部为残丘。项目区虽地处淮北平原,但其为典型岗地,地势倾斜起伏较大。

1.2.7　土地权属情况

项目区土地全部为集体土地,分属通海村和治岗村,其中通海村 689.542 2 hm^2、治岗村 193.051 5 hm^2,耕地分别由通海村和治岗村村民承包经营,权属界限清楚、无争议。

1.2.8　建设工期

项目计划工期为 24 个月,即项目批复后第 1 年 1 月至次年 12 月。

1.2.9　投资预算

项目预算总投资为 1 749.36 万元,单位面积投资为 1.98 万元/hm^2。

2　项目概况

2.1　项目所在区概况(略)

2.2　项目区基本情况

2.2.1　自然条件(略)

2.2.2　社会经济条件(略)

2.2.3　土地利用状况

(1) 土地利用结构

项目区总面积为949.306 2 hm^2，建设规模为882.593 7 hm^2。农用地857.780 2 hm^2，占建设规模的97.19%，其中：水田12.998 8 hm^2，占建设规模的1.47%；旱地739.890 4 hm^2，占建设规模的83.83%。建设用地23.878 2 hm^2，占建设规模的2.71%，其中：农村居民点21.567 5 hm^2，占建设规模的2.44%；独立工矿用地1.119 9 hm^2，占建设规模的0.13%；公路用地1.190 8 hm^2，占建设规模的0.13%。未利用地0.913 3 hm^2，占建设规模的0.10%，其中：荒草地0.259 7 hm^2，占建设规模的0.03%；滩涂0.653 6 hm^2，占建设规模的0.07%。见土地利用现状结构表(略)。

(2) 土地利用程度

项目区土地利用程度较高，土地利用率为99.90%，土地垦殖率为79.31%，耕地复种指数为200%。

(3) 耕地质量现状

项目区耕地面积最大，土壤质量一般。虽然土地利用率达到99.90%，利用率较高，但耕地比重相对较低，且受自然和社会条件影响，中低产田比重大，农业产量较低。农村道路和农田水利设施占地大，田间道路错综交织且多为断头路，布局极不合理，影响了生产和生活。水利设施不配套，农田抗旱能力弱，只有一条灌溉渠道——岗渠，采取漫灌，较大程度减低了水资源利用率。虽然项目区排水沟占地面积大，但淤积严重，排水不畅，既妨碍农业生产，又浪费土地资源，农业产量不稳定。

(4) 土地利用经济效果

项目区主要作物单产为小麦5 700 kg/hm^2、玉米6 000 kg/hm^2、大豆1 800 kg/hm^2；而无项目区土地利用限制性因素类型的耕地，作物单产为小麦6 525 kg/hm^2、玉米7 500 kg/hm^2、大豆2 000 kg/hm^2。

项目区耕地由于存在土地利用限制性因素，农业生产活动受到严重阻碍；虽然土地利用率较高，但土地利用经济效益差。因此，改善农业生产条件和配套农田水利设施具有巨大的增产潜力。

3 项目建设条件分析

3.1 基础设施条件

3.1.1 交通设施状况

项目区对外交通道路主要有三条：通航公路、老通航公路和通大路。通航公路从西北向东南贯穿整个项目区，路面宽9.5 m左右，项目区内长2 920 m，水泥路面。老通航公路从西到东穿过项目区北部，路面宽6.5 m，项目区内长1 750 m，砂石路面，但高低不平。通大路由北向南从项目区西边界穿过，路面宽7 m，项目区内长3 230 m，土质路面，坑洼不平。

项目区内分散着十几个自然村，自然村之间及田块与村庄之间的田间道路基本骨架已形成。路面大于4 m的田间路16条，长10 560 m。村庄与田块间有众多生产路，路面大于3 m的生产路20条，长8 750 m；路面小于3 m的生产路215条，长46 000 m。路面均为素土，且纵横交错，只能供小型农机具和作业人员通行。雨季路面泥泞，影响农业生产；部分田间道路受雨水冲刷严重，不能满足生产运输要求。

3.1.2 排灌设施状况

(1) 灌溉设施

通航公路南部采用渠灌,依靠建设于20世纪90年代初的一条支渠——岗渠,其建在项目区岗地的最高处,由南向北贯穿项目区泗宿公路以南部分。岗渠由大史站从新汴河提水灌溉。大史站配4台机组,单机流量为1.5 m^3/s,灌溉面积可达4 000 hm^2 左右。岗渠为土质渠,宽6～17 m,项目区内长2 923 m。项目区内岗渠上建有一闸,干旱天气时农民采用自备水泵抽水灌溉。由于岗渠配套渠系缺失,采取漫灌形式灌溉,水资源利用效率低,灌溉水利用系数只有0.4。项目区通航公路以北部分,原有两个泵站从新濉河提水灌溉,由于年久失修,泵站和渠道已失去原有功能;项目区通航公路以北部分,曾有3口浅水井,由于当时建设标准低,长时间不使用,已废弃。临近界沟的田块采用移动泵站从界沟抽水灌溉,其他部分耕地只能靠天吃饭。

(2) 排水系统

项目区北靠新濉河,南离新汴河约3 km,西离藕塘沟约320 m,东临界沟,藕塘沟的水直接排入新汴河,界沟的水直接排入新濉河。项目区周边水系能够满足项目区的排水要求,但项目区内主要排水沟已淤积,排水不畅,且断断续续,排水效能差。

项目区积水主要排入新汴河和新濉河。项目区东边界有界沟、通航公路北侧有苏沟与新濉河相通,还有通航公路两侧沟、小魏村北沟等3条排水沟与界沟或苏沟相通。界沟位于项目区东部,从南向北贯穿项目区,上口宽14～33 m,项目区内长3 020 m,水流从南向北直接排入新濉河。苏沟上口宽15 m,长1 500 m,水流直接排入新濉河。通航公路两侧的边沟,上口宽7 m左右,长2 187 m,水流从西到东排入界沟和苏沟。小魏村北沟上口宽7 m,长1 525 m,水流入界沟。此外,项目区内还有上口宽大于5 m断断续续的沟,总长7 160 m;上口宽大于2 m而小于5 m的沟长6 660 m。这些排水沟由于长时间没有清淤,淤积严重,部分排水沟内种植水稻,且排水沟缺少配套涵桥,断流严重,雨季来临时,排水不畅,不能满足区域排涝要求。

3.1.3 电力设施状况

项目区电力设施条件较完善,电力网络已基本形成,运行状况良好,可供220 V生活用电及380 V工农业生产用电,通电率达100%,完全能满足农业生产、生活用电及项目建设用电需要。

3.1.4 生态防护设施状况

项目区内与土地整治工程相关的其他基础设施——林网,零零星星分布,且树木比较老化,需要更新。总体上,林网建设不完善,林木覆盖率较低,不足以御风护田。

3.2 土地利用限制因素

3.2.1 限制因素

项目区土地利用主要限制因素:一是项目区内没有灌溉水源,通航公路北部虽然有新濉河,但和项目区间有道路和居民点相隔,不方便引水;通航公路南部靠岗渠灌溉,无其他配套灌溉设施,水资源利用率低,逢干旱年份,农作物受到严重威胁,存在靠天吃饭现象。二是农田基础设施不配套,排水沟、道路布局散乱;排水沟为土质,淤积严重,排水不畅;道路为土路,遇雨泥泞,不方便生产生活。三是耕地质量差,土壤养分含量相对比较低,粮食产量比周边区域低,农业种植成本相对偏高。四是树林覆盖率较低,风害发生较为频繁。五是耕地集约利用和产出率较低，经营规模小。六是当地政府和农民经济实力有限，资金短缺，农业生产处于低水平和低效益状态。

3.2.2 改善措施

清理区域废弃沟渠和道路，优化项目区灌排体系，完善农田水利设施，建立和健全交通网络，增加农业生产投入，以提高耕地质量、增加耕地产出率和稳定农业生产。争取财政投入，解决地方资金不足困难，加快区域农业发展。

3.3 水资源分析（参照可行性研究报告案例，略）

3.4 新增耕地潜力分析

通过对基础设施完善和配套，预计新增耕地 28.933 6 hm^2，其来源主要分为两个方面：一是其他农用地，二是未利用土地，如例表 2-6 所列。

例表 2-6 新增耕地潜力分析表

单位：hm^2

地类		整理前面积	整理后面积	增减
其他农用地	农村道路	46.736 9	31.628 2	−15.108 7
	坑塘水面	4.930 7	4.630 7	−0.300 0
	农田水利用地	51.620 3	39.008 8	−12.611 5
未利用地	荒草地	0.259 7	0.000 0	−0.259 7
	滩涂	0.653 7	0.000 0	−0.653 7
合计				−28.933 6

3.4.1 其他农用地

对项目区田间道和生产道优化布局，既满足农业耕作生产和生活需要，又减少占用土地。平整部分断头道路，预计新增耕地 15.108 7 hm^2。部分坑塘淤积严重，不能发挥调节作用，对其充填预计可新增耕地 0.300 0 hm^2。重新规划排灌系统，农田水利用地可增加耕地 12.611 5 hm^2。

3.4.2 未利用地

对项目区内零星的未利用地开发利用，其中荒草地开发新增耕地 0.259 7 hm^2、滩涂开发新增耕地 0.653 7 hm^2。

3.5 公众参与分析

在规划方案论证时，草庙镇人民政府高度重视公众参与，国土、水利、财政、建设、电力、农业等部门提供了大力帮助：泗县国土资源局开展了前期土地利用现状调查；水利部门对项目区排灌体系规划提出了宝贵建议；农业部门认为农业结构调整对生态环境改善具有积极推动作用；建设部门认为该项目实施能够与新农村建设规划结合，具有较好的协调性。草庙镇党委和政府广泛宣传土地整治工程的重要性和建设意义，发动广大群众积极参与土地整治工作。通海村和治岗村组织召开了村民代表会议，对项目规划设计方案进行了详细的讨论，公众认为项目规划方案切实可行，并对个别渠道位置和田间道路位置提出修改建议。在实地踏勘核实后，对不合理位置进行了局部调整。

通过参与，公众接受了土地整治工程的知识、法律、政策普及，为项目顺利实施奠定了基础，将公众利益切实落实到项目决策上，对经济效益、社会效益和生态效益目标的实现起到了积极的作用。

4 工程规划

4.1 规划设计依据

4.1.1 法律法规

(1)《中华人民共和国土地管理法》；

(2)《中华人民共和国土地管理法实施条例》；

(3)《基本农田保护条例》；

(4)《中华人民共和国水土保持法》；

(5)《中华人民共和国环境保护法》；

(6)《中华人民共和国农业法》；

(7)《中华人民共和国水法》；

(8)《中华人民共和国农村土地承包法》。

4.1.2 政策文件

(1)《国土资源部 财政部关于加快编制和实施土地整治规划大力推进高标准基本农田建设的通知》(国土资发〔2012〕63号)；

(2)《财政部 国土资源部关于印发〈新增建设用地土地有偿使用费资金使用管理办法〉的通知》(财建〔2012〕151号)。

4.1.3 标准规范

(1)《高标准基本农田建设标准》(TD/T 1033)；

(2)《土地利用现状分类》(GB/T 21010)；

(3)《农用地定级规程》(GB/T 28405)；

(4)《农用地质量分等规程》(GB/T 28407)；

(5)《灌溉与排水工程设计标准》(GB 50288)；

(6)《农田灌溉水质标准》(GB 5084)；

(7)《土壤环境质量 农用地土壤污染风险管控标准(试行)》(GB 15618)、《土壤环境质量 建设用地土壤污染风险管控标准(试行)》(GB 36600)；

(8)《泵站设计规范》(GB 50265)；

(9)《渠道防渗工程技术规范》(GB/T 50600)；

(10)《土地整治项目设计报告编制规程》(TD/T 1038)；

(11)《土地整治项目制图规范》(TD/T 1040)；

(12) 项目所在省土地开发整理工程建设标准；

(13) 项目所在省土地综合整治项目预算定额标准；

(14)《高标准农田建设 通则》(GB/T 30600)；

(15)《土地整治项目工程量计算规则》(TD/T 1039)；

(16)《土地整治项目验收规程》(TD/T 1013)；

(17)《农田排水工程技术规范》(SL/T 4);

(18)《公路桥涵设计通用规范》(JTG D60);

(19)《水利建设项目经济评价规范》(SL 72);

(20)《机井技术规范》(SL 256);

(21)《机井井管标准》(SL 154)。

4.1.4 其他资料

(1)《泗县土地利用总体规划(2006—2020 年)》;

(2)《泗县土地整治规划(2016—2020 年)》;

(3)《泗县草庙镇土地利用总体规划(2006—2020 年)》;

(4)《泗县土壤志》;

(5)《泗县草庙镇通海、治岗等村土地整治项目可行性研究报告》。

4.2 规划目标

合理调整土地利用布局,因地制宜地安排农业生产,综合治理区域生产和生活环境,增加有效耕地面积和提高耕地质量,使农田满足耕作要求、排灌系统畅通、路网通达。

(1) 土地整治工程实施,新增耕地 28.933 6 hm^2,新增耕地率 3.28%,土地农业生产利用率大幅提高,土地利用结构得以优化,土地利用条件明显改善。

(2) 改善农田设施条件,完善农田水利设施,灌溉设计保证率达 75%以上,提高土地综合生产能力。

(3) 农田生态防护林网建设和土壤改良工程实施,改善土地质量,注重生态效益,切实贯彻“在保护中利用、在利用中保护”的土地利用方针,实现经济、生态和社会效益的统一。

(4) 田、水、路、林统一规划布局,改善项目区社会自然景观,创造便利、舒适、优美的环境。

(5) 优化调整土地权属关系,保障土地权益主体的合法权益,维护社会和谐稳定。

4.3 建设标准

4.3.1 土地平整工程标准

项目区位于淮北平原地区,为平原排灌工程类型区。但项目区所在区域为典型岗地,地表高程起伏很大,如采取渠灌,土地平整工程量很大。在此背景下,结合当地地形特征,在设计灌溉保证率条件下,尽量使用原有地表水灌溉系统灌溉,加大地表水拦蓄能力,并将田块分割成小块,尽量使田块单元内土地相对平整,减少土地平整量。

根据土地整治工程建设的相关标准,条田长 300～600 m,宽 80～300 m。结合项目区地块形状、排水与机耕要求,规划田块长约 400 m,宽约 100 m。在保护耕作层条件下,按照旱作耕作要求,格田田面坡度控制在 1/500 内。

4.3.2 农田水利工程标准

项目区属平原排灌工程类型区,作物以旱作为主,采取渠灌和井灌相结合的灌溉方式,设计灌溉保证率 75%。排涝设计标准为 5 年一遇,24 h 降雨,24 h 排出。防渗渠道的渠系水利用系数取 0.90,旱地区田间水利用系数取 0.90。考虑到项目区采取泵站、机井结合灌溉,项目区灌溉水利用系数取 0.81。灌溉水质符合《农田灌溉水质标准》(GB 5084—2005),灌溉水温与农田地温之差小于 10 ℃,小麦生长的适宜水温一般为 15～20 ℃。

机井井壁管选用钢筋混凝土管，过滤器采用缠丝过滤器，外围填滤料，形成填砾过滤器，井管外部封闭。

4.3.3　道路工程标准

结合项目区生产生活习惯，兼顾土地整治需求和实践，道路建设分为田间道和生产路两级。田间道1（通大路）设计路面宽5.0 m，路基宽7.0 m，路肩宽0.5 m，高出地面0.5 m；其他田间道（包括老通航公路）设计为路面宽4.0 m，路基宽6.0 m，路肩宽0.5 m，高出地面0.5 m。田间道路基压实度≥92%，路面结构层材料满足强度、稳定性和耐久性要求，主干道采用混凝土路面，其余采用泥结石路面。生产路设计路面宽3.0 m，路基宽4.0 m，高出地面0.5 m；路基压实度≥92%，采用泥结石路面。

4.3.4　农田防护林建设标准

防护林网建设结合沟路规划，沿着田间道两侧布置。主害风向为东南风，根据条田规划，林带主要在南北方向田间道布置，林带间距300 m左右。树种选择意杨、水杉等，林带株行距均为3.0 m。

4.4　规划方案

4.4.1　工程平面布局

（1）土地平整工程布置

项目区地形高差较大，由岗渠、排水沟和道路依地形分割成177个相对独立的地块。为合理调配土方和实现土方平衡，在满足旱地作物耕作需求条件下，尽量实现独立地块平整，以减少土方工程量。条田一般为500 m×100 m，格田为100 m×50 m，田面坡度控制在1/500内。田块长度设计有助于提高机械作业效率，有利于合理地组织农业生产。田块宽度满足机械作业和灌溉排水等要求。由于项目区内地块形状不规则，局部条田长度和形状随地形条件变化，即田块形状随地形变化。

（2）农田水利工程布局

① 水源

项目区灌溉水源分地下水和地表水。根据河流水系布局、地表高程和地下水物探结果，通航公路北部主要采用地下水灌溉（井灌）；通航公路以南的西部主要采用地表水灌溉，即利用大史站、岗渠从新汴河引水灌溉，通航公路以南的东部（界沟）采用机井和界沟灌溉。

② 灌排设施

通航公路北部苏庄路以东和南部大魏庄以东区域采用地下水灌溉（井灌），共计规划机井43眼，该区域除了井灌外还通过移动泵站从界沟、苏沟等水系中提水灌溉。每个机井配备1台柴油机、1台水泵和1套输水软管，共计43套。

地表水灌溉（渠灌）区域利用岗渠通过大史站从新汴河提水，根据地形落差在岗渠上设计节制闸2座，以提高区域灌溉水源的保障。对于地形较高或不平整区域，利用沟渠蓄水，在岗渠东部的通大路上规划节制闸5座，以达到涝能排水、旱能蓄水的能力。在岗渠西部建设节制闸1座，以提高岗渠西部排水沟的蓄水能力。

排水系统依托原有承泄区——新濉河、界沟、藕塘沟等，在地势相对平整的东部区域（界沟两侧、通航公路北侧），理顺排水沟体系，做到排水沟规整，便于农业生产和涝水自排。在地势变化较复杂的区域(岗渠)两侧,依托原有排水沟(顺着地形)理顺排水系统,做到排水顺畅。规划排水斗沟11条、农沟99条,所有排水沟均为土质。

③ 泵站和电力线布局

项目区原有岗渠引水泵站——大史站的设备运行正常,目前4台机组(单机流量为1.5 m^3/s)完全能够满足区域的灌溉提水要求,不需要对大史站改造或新建泵站。井灌区采取柴油机提供动能,移动泵站抽水,不需要架设新的电力线路。

(3) 道路工程布局

在利用现有道路与区外道路的基础上,规划田间道22条和修复老通航公路(田间道标准),其中通大路作为连接大史和通海的重要道路,其按照田间支道标准建设,设计路面宽5.0 m,路肩宽0.5 m,高0.5 m,路基宽7.0 m;其余田间道设计为路面宽4.0 m,路肩宽0.5 m,高0.5 m,路基宽6.0 m。规划生产路84条,路面宽3.0 m,高0.5 m,路基宽4.0 m,长40 981.50 m。

(4) 农田防护林布局

道路和林带结合,形成路-沟-林的配套形式。结合气候特点和地形地貌,林带走向垂直于当地主害风向并沿着田间道布置,防护林树种以意杨、柳树、水杉等为主,株距约3 m,种植在田间道规划宽度内,不另外占地,规划种植林木21 640棵。

4.4.2 土地利用布局

根据土地适宜性评价结果,结合项目区实际安排土地利用布局。土地整治后,耕地面积为781.822 8 hm^2,排灌系统相对畅通,耕地灌溉更加保障,基本达到水浇地水平。由于项目区地形影响和耕作习惯,耕地依然以旱作为主。沿田间道两侧建设农田防护林,不另行占地;农村道路、农田水利用地和坑塘水面有所减少。耕地主要种植小麦、玉米、大豆、水稻等,其中水田采取水稻和小麦轮作,其余采取小麦与玉米或大豆轮作。

土地整治后,净增耕地28.933 6 hm^2,其他农用地减少28.020 2 hm^2,未利用地(荒草地、滩涂)减少0.913 4 hm^2。农用地858.715 4 hm^2,占建设规模的97.30%,其中:耕地781.822 8 hm^2,占建设规模的88.58%;林地1.624 9 hm^2,占建设规模的0.18%;其他农用地75.267 7 hm^2,占建设规模的8.53%。建设用地23.878 3 hm^2,占建设规模的2.71%,其中:农村居民点21.567 6 hm^2,占建设规模的2.44%;独立工矿用地1.119 9 hm^2,占建设规模的0.13%;公路用地1.190 8 hm^2,占建设规模的0.13%。土地整治项目土地利用结构调整表省略。

5 工程设计

5.1 土地平整工程设计

5.1.1 田块布置

依据田间道路和排水沟将项目区耕地分为177个田块,条田一般规格为500 m×100 m、格田为100 m×50 m。田块长度有助于提高机械作业效率,有利于合理组织农业生产;田块宽度应满足机械作业、灌溉排水要求。但由于项目区地形不规则,局部田块长度随地形变化。

参照泗县其他土地整治工程实践,田块主要按南北方向布置。在条田内设计田埂,将条田划分为若干格田,格田内部相对高差控制在1/500以内。

5.1.2 土地平整分区

岗渠附近地表变化较大，整个项目区也不平坦，如果过分强调耕作田面的平整度，土方工程量很大，且存在破坏成熟耕作层的危险。在保证满足耕作需求的前提下，结合地形特征利用道路和排水沟分隔平整单元，基本保证单元内部耕地的平整性，减少了土地平整的工程量，项目区分为177个地块。

5.1.3 土方计算

尽量减少土方工程，避免破坏耕作层，在满足农作物种植的平整度要求内，不进行土地平整。基本利用原有道路和排水沟，结合地形新建道路和排水沟，基本能够保证单元内土地平整度满足旱作要求。

需要充填的废弃坑塘面积相对小，且形状不规则，现已不具备蓄水或排涝的功能，规划充填废弃坑塘7个，面积0.300 0 hm^2，土方量由坑塘面积与坑塘充填的平均深度确定，土方工程量为3 895 m^3，施工运距在0.5 km以内，如例表2-7所列。

例表2-7 坑塘充填土方量统计表

坑塘编号	面积/m^2	平均深度/m	填方量/m^3
1	1 215	1.40	1 701
2	595	1.40	833
3	254	1.20	305
4	322	1.20	386
5	214	0.90	193
6	79	1.16	92
7	321	1.20	385
合计	3 000	—	3 895

5.2 农田水利工程设计

5.2.1 水源工程

项目区南部（通航公路南）灌溉用水引自新汴河，可利用水资源比较丰富，仍通过岗渠从新汴河大史站引水灌溉项目区西部和南部土地；项目区北部和东部（通航公路北部为苏庄以东区域、通航公路南部为大魏庄以东200 m沿线区域和界沟东部）主要通过机井抽水或从界沟内抽水灌溉。

5.2.2 机井工程

(1) 管井出水量

项目区属新濉河流域，新濉河自西北向东南流经项目区北边界。地表水主要靠自然降水和客水补给。地下水受地质结构控制，根据地质构造，富水区浅层地下水含水层岩性以细砂为主，含水层顶板埋深为4～9 m，底板埋深为11～42 m，静水位在地面以下1～4 m，一般为2～3 m，动水位为22 m；矿化度为0.18～0.46 g/L，盐度为0.06～1.00 mg/L，碱度为0.60～3.22 mg/L，可直接用于人畜饮用，也是农田灌溉开采的主要水层。

(2) 单井控制灌溉面积

根据《机井技术规范》(SL 256—2000),单井控制灌溉面积为:

$$A_0 = QtT\eta/m$$

式中 A_0——单井控制灌溉面积,亩;

Q——单井出水量,取 35.8 m^3/h;

t——水资源每日供水时数,取 14 h/d;

T——设计灌溉周期,取 8 d;

η——灌溉水利用系数,取 0.75;

m——综合平均灌水定额,取 40 m^3/亩。

经计算,单井控制面积为 75.18 亩。根据工程布局,保证每个田块布设 1 眼井。

(3) 灌溉机组和移动软管选择

每眼井配备一套移动式柴油机、水泵和输水软管等。机组选择参照泗县已实施完成其他土地整治项目经验,柴油机采用 S1100 型,自动抽水泵采用离心泵 80-31DS 型,出水量为 40 m^3/s。移动软管采用 ϕ80 mm 软塑料增压管。

(4) 井深与井径设计

规划项目区灌溉水源采用浅层地下水,管井深度设计根据项目区拟开采含水层(组、段)的埋深、厚度、水质、富水性及其出水能力等因素综合确定。根据《泗县草庙镇土地整治工程项目水文物探工作报告》及当地打井经验,单井涌水量取 30 m^3/h,设计井深 40 m,井壁内径 0.40 m,采用混凝土封闭管和无砂混凝土薄壁透水管,无砂混凝土透水管滤水层厚度为 15 cm,滤料为砂砾,粒径为 5～8 mm,空隙率为 15%～25%。

(5) 井距与井数的确定

机井布设距离初选按下式计算:

$$L = \sqrt{666.7A_0}$$

式中 L——井距,m;

A_0——单井控制面积,亩。

计算得到农用井井距为 224 m。

井数按下式计算:

$$N = F/A_0$$

式中 N——规划区需打机井数,眼;

F——规划区内灌溉面积,亩。

项目区内井灌规划面积约为 252.240 0 hm^2,A_0 取 75.18 亩,则需打机井 50 眼。结合项目区具体条件,规划井距在 220 m 左右,共布置 50 眼井,满足井距要求。

5.2.3 灌溉渠道

项目区不规划布置新渠道,只是利用原有岗渠,为提高岗渠蓄水能力和水资源的利用效率,对岗渠设计拦蓄水工程——闸。

5.2.4 排水工程

排涝标准为日降雨 200 mm，雨后 3 d 排出不受涝。根据工程建设规模，规划布置两级固定排水明沟，即斗沟和农沟；农沟及其以下排水明沟宜相互垂直布置，排水线路宜短而直。排水沟尽量采用自排方式，断面采用梯形断面形式。

(1) 排涝模数计算

项目区的排涝标准为日降雨 200 mm，雨后 3 d 排出不受涝。采用平均排除法计算排涝模数，计算公式为：

$$q=\frac{R}{86.4t}$$

式中 q——设计排涝模数，$m^3/(s\cdot km^2)$；

t——规定排涝时间，d，$t=3$ d；

R——设计径流深，mm，对于旱地而言 $R=\alpha p$，α 为径流系数，取 0.95，p 为日降雨量，此处为 200 mm。

由上述参数计算：

$$q=\frac{190}{86.4\times 3}=0.733\ [m^3/(s\cdot km^2)]$$

(2) 排水沟流量计算

排水沟设计排渍流量为：

$$Q=qA$$

式中 Q——设计排水流量，m^3/s；

A——排水沟控制面积，km^2。

(3) 排水沟断面设计

斗沟采用梯形断面，根据下面的公式计算过水断面设计参数。

计算公式：

$$A=h(b+mh)$$

$$x=b+2h\sqrt{1+m^2}$$

$$R=\frac{A}{x}$$

$$Q_{计算}=AC\sqrt{Ri}$$

$$C=\frac{1}{n}R^{\frac{1}{6}}$$

式中 A——过水断面面积，m^2；

b——沟道底宽，m；

m——沟道边坡系数；

h——沟道内水深，m；

x——湿周，m；

R——水力半径，m；

C——谢才系数；

n——渠道糙率，参照《灌溉与排水设计标准》(GB 50288—2018)，取 $n=0.015$；

i——沟底比降；

$Q_{计算}$——沟道设计流量，m^3/s。

斗沟在满足不冲不淤要求下，多利用原有沟道，清淤处理后作为项目区排水沟道；农沟以现有沟道沟型为主，清淤、修整后作为项目区排水沟道。斗沟设计为底宽1.5 m、深 2.0 m、口宽7.5 m，边坡比 1∶1.5。农沟设计为底宽 1 m、深 1.4 m、口宽 3.8 m，边坡比 1∶1。纵断面在参照设计标准前提下，结合区域地形和使用习惯设计，即主要依托地形设计。

斗沟工程统计如例表 2-8 所列，农沟工程统计如例表 2-9 所列。

例表 2-8　斗沟工程统计表

名称	长度/m	排涝模数/[$m^3/(s\cdot km^2)$]	单位工程量/m^3	工程量/m^3	备注
斗沟 1	2 438.01	0.733	9.00	21 942	新建
斗沟 2	2 309.69	0.733	1.00	2 310	清淤
斗沟 3	1 887.66	0.733	1.00	1 888	清淤
斗沟 4	797.95	0.733	1.00	798	清淤
斗沟 5	651.14	0.733	9.00	5 860	新建
斗沟 6	806.75	0.733	1.25	1 008	清淤
	620.57		9.00	5 585	新建
斗沟 7	1 199.97	0.733	1.00	1 200	清淤
斗沟 8	1 230.52	0.733	1.00	1 231	清淤
	250.87		9.00	2 258	新建
斗沟 9	1 192.87	0.733	9.00	10 736	新建
斗沟 10	2 026.34	0.733	9.00	18 237	新建
斗沟 11	2 914.14	0.733	9.00	26 227	新建
合计	18 326.48			99 280	

例表 2-9　农沟工程统计表

编号	长度/m	控制面积/hm^2	单位工程量/m^3	工程量/m^3	备注
农沟 11-1	297.33	6.124 9	3.36	999	新建
农沟 11-2	191.44	3.943 6	3.36	643	新建
农沟 11-3	220.97	4.551 9	0.50	110	清淤
农沟 11-4	257.54	5.305 2	3.36	865	新建
农沟 11-5	152.61	3.143 7	0.50	76	清淤
农沟 11-6	177.15	3.649 2	0.50	89	清淤
农沟 11-7	207.94	4.283 5	0.50	104	清淤
农沟 11-8	226.08	4.657 1	0.50	113	清淤

例表 2-9(续)

编号	长度/m	控制面积/hm²	单位工程量/m³	工程量/m³	备注
农沟 11-9	262.98	5.417 3	0.50	131	清淤
农沟 11-10	268.64	5.533 9	0.50	134	清淤
农沟 11-11	295.44	6.085 9	3.36	993	新建
农沟 11-12	308.01	6.344 9	3.36	1 035	新建
农沟 11-13	487.51	10.042 5	0.50	244	清淤
农沟 11-14	677.41	13.954 3	0.50	339	清淤
农沟 3-1	161.85	2.281 0	3.36	544	新建
农沟 3-2	189.65	2.672 8	3.36	637	新建
农沟 3-3	193.02	2.720 3	3.36	649	新建
农沟 3-4	843.68	11.890 1	0.50	422	清淤
农沟 3-5	811.56	11.437 5	0.50	406	清淤
农沟 3-6	334.11	4.708 7	3.36	1 123	新建
农沟 3-7	391.81	5.521 9	0.50	196	清淤
农沟 3-8	392.19	5.527 2	3.36	1 318	新建
农沟 3-9	420.08	5.920 3	0.50	210	清淤
农沟 3-10	413.77	5.831 3	0.50	207	清淤
农沟 4-1	407.31	8.243 9	3.36	1 369	新建
农沟 4-2	502.13	10.163 0	0.50	251	清淤
农沟 4-3	606.85	12.282 5	0.50	303	清淤
农沟 4-4	725.18	14.677 5	3.36	2 437	新建
农沟 4-5	384.76	7.787 5	0.50	192	清淤
农沟 5-1	427.75	8.698 6	0.50	214	清淤
农沟 5-2	399.41	8.122 3	3.36	1 342	新建
农沟 5-3	394.90	8.030 5	0.50	197	清淤
农沟岗-1	534.33	13.780 1	3.36	1 795	新建
农沟岗-2	582.46	15.021 4	0.50	291	清淤
农沟岗-3	615.99	15.886 1	3.36	2 070	新建
农沟岗-4	554.38	14.297 2	3.36	1 863	新建
农沟 2-1	204.23	2.397 6	0.50	102	清淤
农沟 2-2	196.87	2.311 2	0.50	98	清淤
农沟 2-3	793.07	9.310 3	0.50	397	清淤
农沟 2-4	790.63	9.281 6	0.50	395	清淤
农沟 2-5	181.27	2.128 0	0.50	91	清淤
农沟 2-6	687.51	8.071 1	0.50	344	清淤
农沟 2-7	682.10	8.007 5	3.36	2 292	新建
农沟 2-8	189.76	2.227 7	3.36	638	新建

例表 2-9(续)

编号	长度/m	控制面积/hm^2	单位工程量/m^3	工程量/m^3	备注
农沟 2-9	303.16	3.559 0	0.50	152	清淤
农沟 2-10	492.29	5.779 3	0.50	246	清淤
农沟 2-11	249.79	2.932 4	0.50	125	清淤
农沟 2-12	188.99	2.218 7	0.50	94	清淤
农沟 2-13	189.52	2.224 9	0.50	95	清淤
农沟 2-14	119.44	1.402 2	3.36	401	新建
农沟 2-15	330.20	3.876 4	0.50	165	清淤
农沟 2-16	449.77	5.280 1	0.50	225	清淤
农沟 2-17	421.90	4.952 9	3.36	1 418	新建
农沟 2-18	454.53	5.336 0	0.50	227	清淤
农沟 2-19	445.45	5.229 4	0.50	223	清淤
农沟 2-20	264.82	3.108 9	3.36	890	新建
农沟 2-21	680.82	7.992 5	0.50	340	清淤
农沟苏-1	155.70	1.921 9	3.36	523	新建
农沟苏-2	549.29	6.780 3	0.50	275	清淤
农沟苏-3	255.81	3.183 7	3.36	860	新建
农沟苏-4	227.00	2.848 2	0.50	114	清淤
农沟苏-5	271.29	3.431 4	3.36	912	新建
农沟苏-6	654.01	8.338 7	0.50	327	清淤
农沟苏-7	1 259.56	3.636 7	0.50	630	清淤
农沟苏-8	399.83	1.154 4	0.50	200	清淤
农沟苏-9	245.19	5.393 9	3.36	824	新建
农沟苏-10	555.22	1.715 9	0.50	278	清淤
农沟界-1	539.81	9.137 4	3.36	1 814	新建
农沟界-2	1 190.83	8.091 7	0.50	595	清淤
农沟界-3	273.50	4.597 9	3.36	919	新建
农沟界-4	347.54	5.842 7	3.36	1 168	新建
农沟界-5	213.46	3.588 6	0.50	107	清淤
农沟界-6	1 058.00	17.786 6	0.50	529	清淤
农沟界-7	178.54	3.001 5	0.50	89	清淤
农沟界-8	339.47	5.707 0	0.50	170	清淤
农沟界-9	208.59	3.506 7	0.50	104	清淤
农沟界-10	356.21	5.988 4	0.50	178	清淤
农沟界-11	797.36	13.404 8	0.50	399	清淤
农沟界-12	476.60	8.012 4	0.50	238	清淤

例表 2-9(续)

编号	长度/m	控制面积/hm^2	单位工程量/m^3	工程量/m^3	备注
农沟界-13	290.28	4.880 0	0.50	145	清淤
农沟界-14	144.92	25.423 5	0.50	72	清淤
农沟界-15	551.49	12.919 7	0.50	276	清淤
农沟界-16	139.20	3.261 0	0.50	70	清淤
农沟界-17	238.71	5.616 5	0.50	119	清淤
农沟界-18	193.44	4.571 0	0.50	97	清淤
农沟界-19	339.72	8.062 1	0.50	170	清淤
农沟 6-1	682.28	15.880 5	3.36	2 292	新建
农沟 6-2	612.20	14.249 3	0.50	306	清淤
农沟 6-3	489.12	11.384 6	0.50	245	清淤
农沟 6-4	489.12	11.384 6	0.50	245	清淤
农沟 10-1	149.27	3.077 5	3.36	502	新建
农沟 10-2	168.04	3.464 5	3.36	565	新建
农沟 10-3	179.95	3.710 0	0.50	90	清淤
农沟 10-4	208.11	4.290 6	0.50	104	清淤
农沟 10-5	222.55	4.588 3	0.50	111	清淤
农沟 10-6	237.01	4.886 4	0.50	119	清淤
农沟 10-7	252.89	5.213 8	0.50	126	清淤
农沟 10-8	266.72	5.498 9	3.36	896	新建
农沟 10-9	143.54	2.959 4	3.36	482	新建
合计	39 185.71			51 154	

斗沟开挖与清淤土方量为 99 280 m^3，农沟开挖与清淤土方量为 51 154 m^3，土方总量为 150 434 m^3，其中 125 233 m^3 用于充填坑塘和废弃沟，其余 25 201 m^3 用于生产路路基充填，且在施工时，机械开挖的土方直接运至充填区域，减少工程费用，人工整形排水沟土方主要用于路基。

在斗沟 1 和斗沟 11 上建设暗沟 2 137 m，其暗管直径为 1 500 mm。

5.2.5　建筑物

在道路与界沟、苏沟、斗沟、农沟、岗渠交叉处，规划 8 m 跨桥、4 m 跨桥和 2 m 跨桥及闸等。为提高沟的蓄水能力和保证灌溉，在通大路上建 2 m 节制闸 5 座，在岗渠上建 2 m 节制闸 2 座，在斗沟 3 上建节制闸 1 座。在道路与农沟交叉处，为确保排水通畅和方便沟的清淤，规划建设小型桥 111 座，其位置如例表 2-10 所列。同时，为便于农业生产，每隔 100 m 左右规划进地涵 208 座。

例表 2-10 小型桥位置统计表

编号	所属道路	所属沟	编号	所属道路	所属沟
小型桥 1	生产路 7	(新)农沟 11-1	小型桥 57	生产路 20	(新)农沟岗-1
小型桥 2	生产路 2	农沟 3-4	小型桥 58	生产路 16	(新)农沟岗-1
小型桥 3	生产路 35	农沟 3-5	小型桥 59	田间道 8	农沟 6-3
小型桥 4	生产路 35	农沟 2-3	小型桥 60	田间道 8	农沟 6-4
小型桥 5	生产路 36	农沟 3-5	小型桥 61	生产路 26	农沟岗-2
小型桥 6	生产路 36	农沟 2-3	小型桥 62	生产路 26	(新)农沟岗-3
小型桥 7	生产路 3	农沟 3-4	小型桥 63	生产路 32	(新)农沟岗-4
小型桥 8	生产路 37	农沟 3-5	小型桥 64	生产路 31	(新)农沟岗-4
小型桥 9	生产路 37	农沟 2-3	小型桥 65	生产路 30	(新)农沟岗-4
小型桥 10	生产路 37	农沟 2-4	小型桥 66	生产路 29	(新)农沟岗-4
小型桥 11	生产路 4	农沟 3-4	小型桥 67	田间道 14	农沟苏-2
小型桥 12	生产路 39	农沟 3-5	小型桥 68	田间道 13	(新)农沟苏-1
小型桥 13	生产路 39	农沟 2-3	小型桥 69	生产路 57	农沟苏-2
小型桥 14	生产路 40	农沟 2-4	小型桥 70	生产路 58	农沟苏-2
小型桥 15	生产路 5	农沟 3-4	小型桥 71	生产路 69	(新)农沟界-1
小型桥 16	生产路 41	农沟 3-5	小型桥 72	生产路 70	(新)农沟界-1
小型桥 17	生产路 41	农沟 2-3	小型桥 73	田间道 14	农沟苏-6
小型桥 18	生产路 42	农沟 2-4	小型桥 74	田间道 15	农沟苏-6
小型桥 19	田间道 4	农沟 3-5	小型桥 75	生产路 58	农沟苏-6
小型桥 20	田间道 4	农沟 2-3	小型桥 76	生产路 73	苏东沟
小型桥 21	田间道 4	农沟 2-4	小型桥 77	田间道 16	农沟界-7
小型桥 22	田间道 8	(新)农沟 4-1	小型桥 78	生产路 73	农沟界-7
小型桥 23	田间道 8	(新)农沟 6-1	小型桥 79	生产路 74	农沟界-8
小型桥 24	生产路 49	(新)农沟 6-1	小型桥 80	田间道 17	农沟界-8
小型桥 25	生产路 47	(新)农沟 3-8	小型桥 81	田间道 15	农沟苏-7
小型桥 26	生产路 9	农沟 3-7	小型桥 82	生产路 60	农沟苏-7
小型桥 27	生产路 46	(新)农沟 3-8	小型桥 83	生产路 71	农沟界-6
小型桥 28	田间道 4	(新)农沟 3-8	小型桥 84	生产路 73	农沟界-9
小型桥 29	田间道 4	农沟 3-7	小型桥 85	生产路 72	苏东沟
小型桥 30	生产路 42	农沟 2-6	小型桥 86	生产路 74	农沟界-9
小型桥 31	生产路 44	(新)农沟 2-7	小型桥 87	田间道 17	农沟界-10
小型桥 32	生产路 40	农沟 2-6	小型桥 88	田间道 15	农沟苏-8
小型桥 33	生产路 43	(新)农沟 2-7	小型桥 89	生产路 60	农沟苏-8
小型桥 34	生产路 37	农沟 2-6	小型桥 90	田间道 16	农沟界-11
小型桥 35	田间道 5	农沟苏-7	小型桥 91	生产路 73	农沟界-11
小型桥 36	田间道 9	农沟苏-7	小型桥 92	生产路 74	农沟界-11

例表 2-10(续)

编号	所属道路	所属沟	编号	所属道路	所属沟
小型桥 37	生产路 54	农沟苏-7	小型桥 93	田间道 17	农沟界-11
小型桥 38	田间道 12	农沟苏-7	小型桥 94	田间道 15	农沟苏-10
小型桥 39	生产路 45	(新)农沟 2-8	小型桥 95	生产路 60	农沟苏-10
小型桥 40	生产路 45	农沟 2-9	小型桥 96	田间道 16	农沟界-12
小型桥 41	生产路 43	农沟 2-10	小型桥 97	生产路 73	农沟界-12
小型桥 42	田间道 12	农沟苏-10	小型桥 98	生产路 74	农沟界-13
小型桥 43	生产路 45	农沟 2-15	小型桥 99	田间道 17	农沟界-13
小型桥 44	生产路 44	农沟 2-10	小型桥 100	田间道 18	农沟界-6
小型桥 45	田间道 10	农沟 2-16	小型桥 101	田间道 20	农沟 2-19
小型桥 46	生产路 64	农沟 2-16	小型桥 102	生产路 65	农沟 2-18
小型桥 47	田间道 4	农沟 2-10	小型桥 103	田间道 10	农沟界-14
小型桥 48	生产路 46	农沟 3-9	小型桥 104	生产路 66	农沟界-14
小型桥 49	生产路 46	农沟 3-10	小型桥 105	生产路 67	农沟界-14
小型桥 50	生产路 47	农沟 3-9	小型桥 106	田间道 19	农沟界-14
小型桥 51	生产路 47	农沟 3-10	小型桥 107	生产路 79	农沟 2-21
小型桥 52	田间道 7	农沟 3-9	小型桥 108	田间道 21	农沟界-14
小型桥 53	田间道 7	农沟 3-10	小型桥 109	生产路 80	农沟界-14
小型桥 54	生产路 49	农沟 6-2	小型桥 110	生产路 81	农沟界-15
小型桥 55	生产路 16	(新)农沟 4-4	小型桥 111	生产路 81	农沟界-16
小型桥 56	生产路 17	农沟 4-5			

5.3　道路工程设计

5.3.1　原有道路利用

项目区道路系统主要为农业生产服务,尽量利用原有道路,并对田间道和生产路改建和新建。

5.3.2　道路设计

(1) 田间道

新建田间道 22 条和改造老通航公路,即田间道 23 条,其中通大路按照田间支道标准建设,路面宽 5.0 m,两侧路肩各 0.5 m,高出地面 0.5 m,两侧边坡比为 1∶1,路基为 7.0 m,混凝土路面。混凝土路面厚 20 cm,路基为 8%三灰土 30 cm,路基起拱,横向坡度 2%左右。

其他田间道和老通航公路,路面宽 4.0 m,两侧路肩各 0.5 m,高出地面 0.5 m,两侧边坡比为 1∶1,路基为 6.0 m。其中老通航公路为混凝土路面,混凝土厚 20 cm,路基为 8%三灰土 30 cm;其他道路为泥结碎石路面,泥结石路面厚 15 cm,路基为 8%三灰土 30 cm,2 cm 耐磨层。

田间道工程统计如例表 2-11 所列。

例表 2-11　田间道工程统计表

道路名称	长度/m	路面/m	路基/m	路面结构
老通航公路	2 632.00	4.0	6.0	混凝土
田间道 1	3 208.28	5.0	7.0	混凝土
田间道 2	214.92	4.0	6.0	泥结石
田间道 3	1 736.75	4.0	6.0	泥结石
田间道 4	1 565.79	4.0	6.0	泥结石
田间道 5	254.70	4.0	6.0	泥结石
田间道 6	1 086.27	4.0	6.0	泥结石
田间道 7	1 684.86	4.0	6.0	泥结石
田间道 8	2 149.96	4.0	6.0	泥结石
田间道 9	450.62	4.0	6.0	泥结石
田间道 10	2 484.94	4.0	6.0	泥结石
田间道 11	1 062.74	4.0	6.0	泥结石
田间道 12	660.98	4.0	6.0	泥结石
田间道 13	1 142.07	4.0	6.0	泥结石
田间道 14	361.01	4.0	6.0	泥结石
田间道 15	848.37	4.0	6.0	泥结石
田间道 16	1 244.90	4.0	6.0	泥结石
田间道 17	1 019.11	4.0	6.0	泥结石
田间道 18	606.45	4.0	6.0	泥结石
田间道 19	1 762.56	4.0	6.0	泥结石
田间道 20	267.64	4.0	6.0	泥结石
田间道 21	691.28	4.0	6.0	泥结石
田间道 22	353.74	4.0	6.0	泥结石
合计	27 489.94	—	—	—

(2) 生产路

生产路路面宽 3.0 m，高出地面 0.3 m，两侧边坡比为 1∶1，采用素土路面，路基为 8% 三灰土 20 cm，路基起拱，横向坡度 2% 左右，路基应压实，压实度不小于 0.92。

生产路工程统计如例表 2-12 所列。

例表 2-12　生产路工程统计表

道路名称	总长度/m	路面状况	道路名称	总长度/m	路面状况
生产路 1	255.110	素土	生产路 43	481.814	素土
生产路 2	305.910	素土	生产路 44	338.554	素土
生产路 3	373.210	素土	生产路 45	591.106	素土
生产路 4	427.710	素土	生产路 46	382.018	素土
生产路 5	213.240	素土	生产路 47	391.502	素土
生产路 6	266.130	素土	生产路 48	618.427	素土
生产路 7	3 003.260	素土	生产路 49	251.316	素土

例表 2-12(续)

道路名称	总长度/m	路面状况	道路名称	总长度/m	路面状况
生产路 8	299.270	素土	生产路 50	901.039	素土
生产路 9	769.880	素土	生产路 51	957.717	素土
生产路 10	339.260	素土	生产路 52	918.720	素土
生产路 11	369.300	素土	生产路 53	502.645	素土
生产路 12	515.620	素土	生产路 54	514.467	素土
生产路 13	619.720	素土	生产路 55	152.125	素土
生产路 14	432.470	素土	生产路 56	145.731	素土
生产路 15	745.740	素土	生产路 57	325.306	素土
生产路 16	381.960	素土	生产路 58	529.809	素土
生产路 17	302.490	素土	生产路 59	238.635	素土
生产路 18	512.320	素土	生产路 60	1 085.244	素土
生产路 19	863.580	素土	生产路 61	569.413	素土
生产路 20	173.010	素土	生产路 62	245.982	素土
生产路 21	538.290	素土	生产路 63	203.695	素土
生产路 22	593.540	素土	生产路 64	740.448	素土
生产路 23	578.310	素土	生产路 65	425.713	素土
生产路 24	606.600	素土	生产路 66	312.944	素土
生产路 25	436.680	素土	生产路 67	473.950	素土
生产路 26	940.140	素土	生产路 68	358.275	素土
生产路 27	677.110	素土	生产路 69	262.359	素土
生产路 28	680.590	素土	生产路 70	162.772	素土
生产路 29	375.430	素土	生产路 71	265.486	素土
生产路 30	403.780	素土	生产路 72	215.938	素土
生产路 31	412.050	素土	生产路 73	920.479	素土
生产路 32	419.940	素土	生产路 74	1 007.487	素土
生产路 33	401.500	素土	生产路 75	349.369	素土
生产路 34	1 562.770	素土	生产路 76	187.548	素土
生产路 35	210.280	素土	生产路 77	156.828	素土
生产路 36	201.890	素土	生产路 78	185.541	素土
生产路 37	387.010	素土	生产路 79	363.857	素土
生产路 38	794.210	素土	生产路 80	745.692	素土
生产路 39	187.590	素土	生产路 81	519.806	素土
生产路 40	198.570	素土	生产路 82	261.688	素土
生产路 41	177.590	素土	生产路 83	270.299	素土
生产路 42	208.388	素土	生产路 84	288.299	素土
			合计	40 981.500	

5.4 农田防护林设计

(1) 林带方向

林带的方向首先取决于当地主害风的方向。当林带的方向垂直于主害风方向时，林带的防护距离最长。根据项目区实地情况，综合考虑其他方面的要求，如耕作方向、灌水方向和水土保持等，林带不能与主害风向垂直时，允许一定的偏角，偏角以不超过30°为宜。考虑项目区风向变化规律及与项目区周边环境的协调关系，西北方向为主害风向，故防护林带沿东西方向布设，林带与防护林带垂直，沿南北方向布设。

(2) 林带间距

林带间距大小取决于林带的有效防护距离，这种距离与树的高度成正比，与林带的结构也有关。根据实测资料，林带有效防护距离在背风面一般为树高的15～20倍，迎风面一般为树高的2～5倍，共17～25倍。项目区树高按10～16 m计算，则有效防护距离为170～400 m，所以，林间距为300 m左右。

(3) 林带结构

林带结构有紧密结构、疏透结构和通风结构三种，疏透结构的防风效果最好。考虑到项目区的防风目标，林带结构设计为疏透结构，林带疏透度在35%～50%之间，林带株距设计为3 m。

(4) 树种选择

考虑项目区当地的气候和土壤等因素，防护林树种选用意杨、柳树、水杉等。为保护生态环境及绿化、美化环境，沿沟、渠、路旁植树，主要在田间道两侧种植林带，种植树木数量=田间道长度/株距×行数(其中株距为3 m，田间道各侧种植2行，即4行)，计算得到树木数量为36 654株，而项目区内有15 012株树木可以作为防护林网建设使用，则规划植树21 642株。

6 施工组织设计

6.1 施工条件

6.1.1 自然条件

项目区属暖温带湿润季风性气候，四季分明，温暖湿润，雨量充沛但分布不均，光照充足，蒸发量大，无霜期长，季风气候明显。多年平均降水量为789 mm，最大年降水量1 481 mm，最小年降水量560 mm。

项目所在区为黄淮平原，地势较为平坦，但项目区为典型岗地，总体地形南高北低，西高东低，地面高程一般在17.3～32.0 m之间。地质构造属中朝准地台的黄淮海平原，第四系分布广泛，厚度大，具有多层结构，岩性为黏性土、亚砂土、砂及砂砾石，均为全新统覆盖，更新统地层没有出露。项目区通航公路以北、省界以西1 km内和通航公路北大魏庄以西200 m内浅层地下水资源比较丰富，地下35 m左右涌水量达30 m^3/h。

6.1.2 工程条件

(1) 工程建设地点

土地整治重大工程项目位于草庙镇通海村和治岗村，县城东15 km处，西距泗县县城约20 km，东边界为省界。

(2) 对外交通条件

项目区道路纵横交错，村村相通，通航公路从项目区穿过，为建筑材料和机械设备运输提供了便利的交通条件，能够满足原材料运输。

(3) 材料供应条件

工程建设所需水泥、钢筋、木材、碎石、黄砂等材料从当地物资部门或市场采购，材料规格符合项目建设要求。施工期生活用水可利用附近村庄、城镇的供水系统。项目区有10 kV变电站，能够满足工程施工要求。施工期生产用电及生活用电可从生活办公区附近的系统电网中接线解决。

6.1.3 社会条件

项目所在县人民政府、县国土资源局、镇人民政府、通海村和治岗村广大群众支持项目实施，水利、农业、建设、环保等部门愿意为项目实施提供帮助，具有较好的社会条件。

6.2 施工布置和方法

6.2.1 施工布置

工程施工战线长，各道工序相互交叉，施工时分段、分片布置，每片单独成为一施工区，各施工区独自构成体系，彼此间尽量不相互干扰。建筑物施工场地、仓库和工地值班房等施工现场，房屋布置在田间道两侧，施工生活与办公用房在施工区附近租用民房解决。施工房屋面积汇总如例表 2-13 所列。

例表 2-13 施工房屋面积汇总表

名称	房屋面积/m^2
施工场地	500
施工仓库	1 680
生活用房	500
办公用房	600
合计	3 280

6.2.2 主要工程施工方法

(1) 土地平整工程

土地平整工程按照“统一平整，重新规划”原则，对废弃沟、坑塘等统一平整，重新规划田、沟、路、林。

① 表土保护

针对项目区耕地耕作层状况，在土地平整施工中，对地面高差较小区域，尽量不用推土机推土，局部人工平整或由农户耕作时自行长期处理，避免对耕作层造成破坏；在必须挖填土方时，保证田块表层熟土的养分不破坏，适当地增施有机肥料。

② 土方挖填

对于田块中废弃坑塘和废弃排水沟部分，通过开挖和清淤排水沟得到的土方充填，为保护耕地的表土层，用机械运土充填，人工局部平整，土方工程量共 125 233 m^3。在土方配置工程中，要求运量(运输土方量×运输距离)最小，即优化排水沟与充填坑塘和废弃排水沟间的距离。对于多余土方，就近堆放到生产路上，用于路基建设。

(2) 农田水利工程

农田水利工程包括灌溉工程和建筑物工程(桥、机井等)。

① 农机井

钻机及附属设备安装必须做到基础坚实、平稳，便于操作；回转钻转盘要水平，天车、转盘及井孔中心必须在一条铅直线上；泥浆循环系统的泥浆池和沉砂池的容积必须满足施工要求。

在钻井过程中，应及时采样并做好地层记录工作；停钻期间，将钻具提至安全孔段位置，并定时循环或搅动孔内泥浆，泥浆漏失必须随时补水。泥浆护壁的井孔，应用比原钻头直径大 10～20 mm 的疏孔钻头扫孔，破坏附在开采层孔壁上的泥皮。下井管前，应校正孔径、孔深和测斜。在黏土和稳定地层采用清水冲洗，在松散、破碎地层采用泥浆，在严重漏失或缺水地层采用空气钻进。松散层钻进时，根据钻进机具和地层岩性采取水压护壁或泥浆护壁，基岩顶部的松散覆盖层和破碎层采用套管护壁。采用悬吊下管法、托盘下管法或多级下管法，井管的连接必须做到对正接直、封闭严密，接头处的强度要满足下管安全和成井质量要求。井管底部要坐落在坚实的基础上，井管安装后应进行填砾和管外封井，然后进行洗井和抽水试验。要有足够强度和进水面积，有效防止涌砂、避免堵塞和防腐。

② 排水工程

排水工程主要为斗沟开挖和农沟开挖，土方开挖主要采用人工开挖，开挖土方用于就近充填废弃坑塘和废弃排水沟，多余土方就近堆放在生产路上，采用推土机摊平筑路。

③ 建筑物工程

水工建筑物包括桥、闸、进地涵等。这些项目工程量均较小，建筑物多为薄壁结构，混凝土浇筑量不大，浇筑仓面狭窄，选用就近布置的混凝土搅拌机拌制混凝土，手推车运送混凝土生熟料，插入式振捣棒振捣浇筑。混凝土主要浇筑期为 3 月至翌年 10 月，冬季混凝土施工应严格按规范规定的冬季施工要求安排，提前做好防寒准备，保证工程施工质量。

(3) 道路工程

道路工程包括田间道和生产路，其中新建田间道 22 条和翻修老通航公路，总长 27 489.94 m；生产路 84 条，总长 40 981.50 m。田间道路面结构分为混凝土和泥结石两种形式，混凝土路面的田间道道路结构自下而上主要有两层：路基层（三灰土 30 cm）和路面层（混凝土 20 cm）；泥结石路面的田间道道路结构自下而上主要有三层：路基层（三灰土 30 cm）、路面层（泥结石 15 cm）和耐磨层（2 cm）。生产路路面结构为泥结石，结构自下而上有三层：路基层（素土 13 cm 和三灰土 20 cm）、路面层（泥结石 15 cm）和耐磨层（2 cm）。

道路施工时，路基层应掺灰处理，分层碾压，压实度不小于 0.92。泥结碎石层采用人工或拌土机拌和黏土与碎石混合料，12 t 压路机碾压密实，混合料碎石石料强度不应低于 3 级，拌和时应适当洒水，使混合料在最优含水量下碾压。

(4) 主体工程施工注意事项

① 土方工程

在土方施工中，根据填土土料特性、压实度指标、填土高度等，预留足够的沉陷量，确保土方填筑质量及密实度指标符合设计要求，保证回填土质量。土方回填前清除原地面草皮、树根、垃圾等，将路基表面碾压密实，报监理工程师验收合格后填筑。填土面保持一定的横坡或中间高、两边低，以利排除表面积水。当天填土在当天碾压完成。由于气候、施工等原因停工的，回填土面层加以保护。复工时对不合格面层作局部处理后回填。施工过程中避免出现“弹簧土”、层间光面、层间中空、虚压层等现象，一旦发生及时处理。冬季施工时，填料中严禁有冰雪碎块、尽量避免负温下施工。压实土料必须在－1 ℃以上，当风速大于

10 m/s 时应停止施工。混凝土强度指标达到设计强度的 70% 以上时，在建筑物墙后开展土方回填。回填前，清理建筑物表面杂物，清除建筑垃圾、积水等，并报请监理工程师检查验收。

② 混凝土工程

每批进场的水泥均应有厂家的品质试验报告，进场后按国家和行业规定，对供货商提供的每批水泥取样检测。检测取样以 200～400 t 同品种、同标号水泥为一个取样单位，不足 200 t 时也应作为一取样单位。检测的项目包括水泥标号、凝结时间、体积安定性、稠度、细度、比重等试验。黄砂必须做筛分试验，检测其含泥量、含水量、比重等。石子同样必须做筛分试验，并检测其比重、容重、含泥量、压碎指标等。砂、石料的检验频率为：同批号产品每 400 m^3 检验一次，不足 400 m^3 也取一组。混凝土使用的各种外加剂应有厂家质量证明书，按国家和行业标准进行试验鉴定，储存时间过长的应重新取样，严禁使用变质的不合格外加剂。对配制的外加剂溶液浓度，每班至少检查一次。

选用优质模板，杜绝不合格模板的使用。加强模板的制作安装质量控制，确保模板的接缝横平竖直，不漏浆、不变形。用密封胶嵌入模板的接缝之间，避免因振捣漏浆形成麻面、挂帘；闸墩圆头模板采用定形钢模，用过的模板及时清理、整型，刷新矿物油防锈，使用前刷脱模剂。从项目开始就对整个水工建筑物的模板组合方案进行总体规划，要做到清水混凝土浇筑成型后模板拼缝横平竖直，排列呈现明显的规律。

底部结构表面采用磨光机磨平、提浆，三搓二抹收光成活，确保表面平整光滑。严格控制混凝土分层厚度，并辅以边模处的人工插捣以有效消除气泡，提高表面观感。选用同厂、同批号水泥浇筑相邻结构，确保颜色统一。粗细骨料在固定厂家购买，以保证质量统一。

混凝土质量检测包括坍落度检测和强度检测。坍落度检测按施工图纸的规定和监理工程师指示进行，每班应进行现场混凝土坍落度的检测，出机口检测 4 次，仓面检测 2 次。现场混凝土抗压强度的检测，以标养 28 d 龄期的试件强度抗压值作为评定依据，按每 100 m^3 混凝土成型 1 组试件，1 组 3 个试件应在同一盘混凝土进行取样；每一单元工程成型试件最少 1 组，每一工作班成型试件 1 组。

③ 砌体工程

石料在未冻前洗刷完毕，堆放于不受风雪与灰尘影响的场地。使用时，扫除石块上附着的雪块、冰屑。运送砂浆应尽量采取保温措施，已冻结的砂浆不再使用。掺有氯化钙的砂浆应尽量缩短运距和操作过程，并要在半小时内用完，因此，在砌筑施工时，砂浆宜采取小体积拌和。冬季施工条件下，浆砌石砌体的砂浆缝，不应超过常温下施工所规定的尺寸。每日砌筑中断时，在最后一层砌筑面上不铺置砂浆层，并不得留有砂浆残渣。砌体的垂直缝则须用砂浆填满。建筑物砌体在开始砌筑前，密切注意天气预报，防止寒流袭击。在施工中，如遇天气突然降温（夜间不低于－3 ℃，白天高于 0 ℃），已开工的砌体仍然可以继续进行，但要用温水拌制砂浆，使砂浆温度不低于＋10 ℃，砌完后，表面加盖保温层。冬季施工所用砂浆的流动性，应比常温施工时适当增大，且不得使用石灰砂浆、黏土砂浆和石灰黏土砂浆。

(5) 质量、安全、环保、文明施工措施

按照施工工序，每道工序自检合格后，经监理工程师验收合格后开展下道工序施工。主要材料必须符合国家现行标准及有关标准。为保证施工质量，在现场建立质量保证体系，严把质量关。树立“安全第一”的思想，加强安全技术知识教育，持证上岗率达到100%。工程开工前召开交底会议，施工时进行现场监护，确保安全。各施工队在施工过程中定期整顿现场环境，施工过程中采取措施保护工程沿线与附近的建筑物、土地或地下的管线设施以及道路、树木等免遭破坏，并做到文明施工。

6.3　施工进度

施工进度编制采用横道图，横轴记录时间，竖轴记录工序。本工程施工跨两个年度，总工期24个月。施工准备期为主体工程施工前2个月，准备期内主要完成对外交通、场内交通、施工供水供电、施工工厂设施、施工仓库及生活办公用房等项目的建设。土地平整项目土方工程施工时段为第一年6月至第一年8月；农田水利工程先期开展，农田水利工程中的建筑物（桥、涵）在枯水期安排施工；道路工程的路基部分安排在第一年3月至第二年10月施工，施工后兼作场区内临时道路，基层以上部分安排在土地平整工程完成后。施工进度如例表2-14所列。

例表2-14　项目施工进度表

序号	项目名称	第一年												第二年											
		1	2	3	4	5	6	7	8	9	10	11	12	1	2	3	4	5	6	7	8	9	10	11	12
1	施工准备	——	——→																						
2	土地平整						——	——	——→																
3	农田水利			——	——	——	——	——	——	——	——	——	——	——	——	——	——	——	——	——	——	——	——→		
4	道路工程			——	——	——	——	——	——	——	——	——	——	——	——	——	——	——	——	——	——	——	——→		
5	农田林网工程															——	——	——→							
6	竣工验收																							——	——→

7　土地权属调整

7.1　土地权属现状（参照可行性研究报告，略）

7.2　土地权属调整原因（略）

7.3　土地权属调整原则（参照可行性研究报告，略）

7.4　土地权属调整方案（参照可行性研究报告，略）

8 投资预算

8.1 编制依据(参照可行性研究报告,略)

8.2 编制方法(参照可行性研究报告,略)

8.3 预算结果

项目预算总投资17 493 608.81元,其中工程施工费14 941 417.56元,占总投资的85.41%(其中土地平整工程费1 313 387.36元,占总投资的7.51%;农田水利工程费8 038 044.26元,占总投资的45.95%;田间道路工程费5 403 877.93元,占总投资的30.89%;其他工程费186 108.01元,占总投资的1.06%)。设备购置费105 578.75元,占总投资的0.60%。其他费用2 103 600.56元,占总投资的12.02%(其中前期工作费762 537.48元,占总投资的4.36%;工程监理费205 663.32元,占总投资的1.18%;竣工验收费448 242.54元,占总投资的2.56%;业主管理费327 157.22元,占总投资的1.87%;拆迁补偿费360 000.00元,占总投资的2.06%)。不可预见费343 011.94元,占总投资的1.96%。具体如例表2-15～例表2-17所列。

例表2-15 土地整治重大工程项目预算总表

序号	工程或费用名称	预算金额/元	比例/%
1	工程施工费	14 941 417.56	85.41
2	设备购置费	105 578.75	0.60
3	其他费用	2 103 600.56	12.02
4	不可预见费	343 011.94	1.96
5	总投资	17 493 608.81	100.00

例表2-16 土地整治重大工程项目工程施工费预算表 金额单位:元

序号	单项名称	直接费		间接费	利润	税金	合计
		直接工程费	措施费				
1	土地平整	1 143 370.74	33 157.76	58 826.43	37 060.65	40 971.78	1 313 387.36
2	农田水利	6 839 910.27	252 046.20	468 522.57	226 814.37	250 750.85	8 038 044.26
3	田间道路	4 704 351.64	136 426.20	242 038.89	152 484.50	168 576.70	5 403 877.93
4	其他工程	162 016.52	4 698.49	8 335.75	5 251.52	5 805.73	186 108.01
总计		12 849 649.17	426 328.65	777 723.64	421 611.04	466 105.06	14 941 417.56

例表2-17 土地整治重大工程项目其他费用预算表

序号	费用名称	费率/%	工程施工费/元	预算金额/元
1	前期工作费	5.10	14 941 417.56	762 537.48
2	工程监理费	1.38	14 941 417.56	205 663.32
3	竣工验收费	3.00	14 941 417.56	448 242.54
4	业主管理费	2.19	14 941 417.56	327 157.22
5	拆迁补偿费	2.41		360 000.00
总计				2 103 600.56

8.4　投资进度计划

土地整治重大工程项目建设工期为两年，其中第一年度投资 959.03 万元，占总投资的 54.82%；第二年度投资 790.33 万元，占总投资的 45.18%。

9　实施措施与工程管理

9.1　实施措施

9.1.1　组织机构(参照可行性研究报告，略)

9.1.2　管理制度(参照可行性研究报告，略)

9.1.3　实施控制措施(参照可行性研究报告，略)

9.2　工程管理(略)

10　效益分析

10.1　社会效益(参照可行性研究报告，略)

10.2　生态效益(参照可行性研究报告，略)

10.3　经济效益(参照可行性研究报告，略)

10.4　耕地质量评价

土地整治工程对项目区内耕地尽量不平整，最大限度保持耕作层的完整性。利用开挖和清淤土方充填废弃坑塘和沟渠时，将表层土尽量堆放在充填区域的上方，以保持和尽快恢复土壤肥力。

在不破坏耕作层的前提下，配套农田水利设施，提高耕地的灌溉保证率和积水排放效果，更加有利于耕地的利用效果发挥。

综上所述，土地整治工程不但没有影响耕作层，还改善了土地利用的外部条件，具有良好的外部效应，即耕地质量总体上是提高的。

第三部分　课 程 实 习

土地整治主要包括土地整治专项规划编制和土地整治工程项目规划设计两部分。土地整治专项规划作为国土空间规划的重要内容，其为国土规划类课程的实践环节。土地整治工程项目规划设计已纳入本课程设计的内容。本实习主要针对我国土地整治工程主要对象之一——矿区损毁土地治理需求，开展矿区土地复垦方案编制实习。

一、实习目的

土地复垦方案编制是根据《中华人民共和国土地管理法》《土地复垦条例》《土地复垦条例实施办法》等法律法规，落实土地复垦义务和保障损毁土地及时复垦的重要举措。

本实习针对煤矿区土地复垦方案编制，培养学生综合运用所学的土地整治类基础理论和基本技术编制土地复垦方案的能力。通过实习提升学生的理论水平和技术能力，培养学生独立解决问题的能力，使学生掌握土地复垦方案编制的具体方法和流程、理解土地复垦方案编制各部分需要解决的核心问题，更加深入地了解编制土地复垦方案的背景、意义和目的。

二、实习内容

根据土地复垦方案编制的规范标准，通过对矿井生产现状及计划、土地利用现状及损毁趋势分析，探寻土地复垦方案编制存在的主要问题和解决途径，以小组形式编制矿区土地复垦方案。

(1) 了解矿区土地复垦方案编制的主要内容。矿区土地复垦方案编制经历了从单独编制土地复垦方案到土地复垦方案、矿山地质环境保护与恢复方案合并编制的过程，矿产资源开发利用方案将来也可能纳入合并编制。无论编制要求和格式如何改变，土地复垦的核心问题不会变化，应理解矿区土地复垦方案编制需要解决的核心问题和主要内容。

(2) 熟悉实地调查的主要内容和程序。方案编制的科学性和可行性需要准确的基础数据和信息支撑，为获取基础资料和更好地编制方案，在方案编制前应到矿区实地调查调研、收集资料及现场踏勘等，明确收集资料清单内容和部门、了解现场调研对象和内容、理解现场损毁的内容和重点区域等，补充绘制土地利用现状图。

(3) 掌握土地损毁预测方法和流程。在资料收集和分析基础上，运用合理的开采沉陷预测方法，对矿区开采对土地损毁类型和趋势进行预测分析，并根据损毁等级划分标准对土地损毁情况分等定级，绘制土地损毁预测图。

(4) 掌握土地复垦适宜性评价方法和流程。按照土地损毁类型和等级，结合区域规划和复垦技术，制定不同类型复垦土地质量标准，对复垦责任范围内土地进行复垦适宜性评价。

(5) 提出土地复垦工程设计和实施时序。根据土地损毁时序和适宜性评价结果，划分土地复垦阶段和规划工程措施，设计工程图件，编绘土地复垦规划图。

(6) 测算工程数量和预算工程投资。对规划设计工程分阶段或分年度测算其工程量，并按照土地复垦工程投资预算定额开展工程投资预算，保证数据正确，预算准确。

三、实习步骤

(一) 前期准备工作

1. 制订实习工作方案

为制订可行的实习工作方案，首先确定工作内容和工作阶段划分。工作内容为现状分析与评价、土地损毁预测、土地复垦适宜性评价、复垦目标确定、复垦标准选定、工程设计与工程量测算、实施计划安排、投资估算、方案实施保证措施等；工作阶段分为方案编制前期工作(资料收集、现场调研、样品检测)、拟订初步复垦方案、方案协调论证(公众参与)和复垦方案编制。然后绘制土地复垦方案编制流程图。

2. 拟定资料收集清单

拟定项目资料收集清单，包含收集资料名称和收集单位。实习过程中，拟定好资料清单后提交指导教师索要。

3. 现场踏勘调研

在资料收集基础上，对项目区进行现场踏勘调研，主要包括查看主要建(构)造物情况、土地利用状况、土壤取样等。

(二) 方案编制

1. 前言

阐述土地复垦方案编制背景，如新建矿山编制方案、已建矿山补充编制方案(以前未编制方案)、因资源开采方案改变而重新编制方案、因现方案到期重新编制方案等；描述方案编制依据和工作流程；重点明确方案适用年限，主要区分生产服务年限(采矿许可证剩余年限或拟申请采矿许可证年限)、资源开采服务年限、方案适用年限等。

案例示范

示例一：任务由来

××煤矿为新建矿山(或未编制矿山地质环境保护与土地复垦方案、已编制的土地复垦方案或矿山地质环境保护与恢复方案到期)，为减少矿山建设及生产活动造成的矿山环境问题，改善矿山生态环境，保护土地资源，实现矿区经济可持续发展，根据《国土资源部办公厅关于做好矿山地质环境保护与土地复垦方案编报有关工作的通知》(国土资规〔2016〕21 号)的精神和要求，××煤矿委托××(技术单位)承担了“××煤矿矿山地质环境保护与土地复垦方案”(简称“方案”)编制工作。

示例二：编制目的(土地复垦部分)

明确土地损毁类别、数量、时间、程度；分析复垦土地类别及工程量，制订复垦规划及投资计划，为土地复垦的实施管理、监督检查及土地复垦费用计提等提供参考依据。

示例三：方案适用年限（生产矿山）

××煤矿为生产矿山，矿井生产能力为100万t/a，现持有××省国土资源厅颁发的采矿许可证（证号：C××××××），有效期限为2000年1月1日至2020年12月31日。

① 生产服务年限

根据《××煤矿煤炭资源开发利用方案》，矿井生产规模为100万t/a，截至2015年12月31日，矿井资源剩余服务年限为11年。××煤矿采矿许可证剩余开采期限为5年。

综上所述，矿井剩余生产服务年限取5年（2016年1月至2020年12月）。

② 方案服务年限

矿山地表移动最大延续时间约为18个月，基本稳沉期约为最大延续时间的70%，所以，基本稳沉期约为12个月。

按照“边损毁、边复垦”原则，确定复垦工作期为基本稳沉后1年；根据气候条件及作物生长实际规律，确定管护期为3年。因此，方案服务年限为10年：5年（生产期）+1年（基本稳沉期）+1年（复垦期）+3年（管护期）=10年。

矿山开采期间如开发利用方案不调整，方案适用年限与方案服务年限一致，即为2016年1月至2025年12月。

示例四：方案适用年限（新建矿山）

××煤矿为新建矿山，设计生产能力为150万t/a，按照矿山划分类型标准其为中型矿山，现拟申请采矿生产许可证期限为15年。

① 生产服务年限

根据《××煤矿煤炭资源开发利用方案》，矿井资源服务年限为52年。拟申请采矿许可证期限为15年，所以，生产服务年限取15年（从矿山批复生产之日计算）。

② 方案服务年限

矿山地表移动最大延续时间约为18个月，基本稳沉期约为最大延续时间的70%，所以，基本稳沉期约为12个月。

按照“边损毁、边复垦”原则，确定复垦工作期为基本稳沉后1年；根据气候条件及作物生长实际规律，确定管护期为3年。因此，方案服务年限为20年：15年（生产期）+1年（基本稳沉期）+1年（复垦期）+3年（管护期）=20年。

矿山开采期间如开发利用方案不调整，方案适用年限与方案服务年限一致，即为20年。

2. 矿山基本情况

说明项目名称、地理位置、隶属关系、企业性质、项目类型、生产开采方式、生产规模与能力、生产服务年限或剩余使用年限、项目范围等，并提供批复的项目范围拐点坐标，列表说明项目用地构成及规模，提供项目总平面布置图。地理位置需提供项目区地理坐标，所在省（自治区、直辖市）、市、县的位置及交通状况，附地理位置图。

简述矿山资源开发利用方案的内容，重点叙述矿山生产能力、资源储量、采区划分、开采现状和计划以及其他与土地复垦关系密切的内容（如废水处理、固体废弃物处理等）。

案例示范

示例五:用地结构图表(例图 3-1 和例表 3-1)

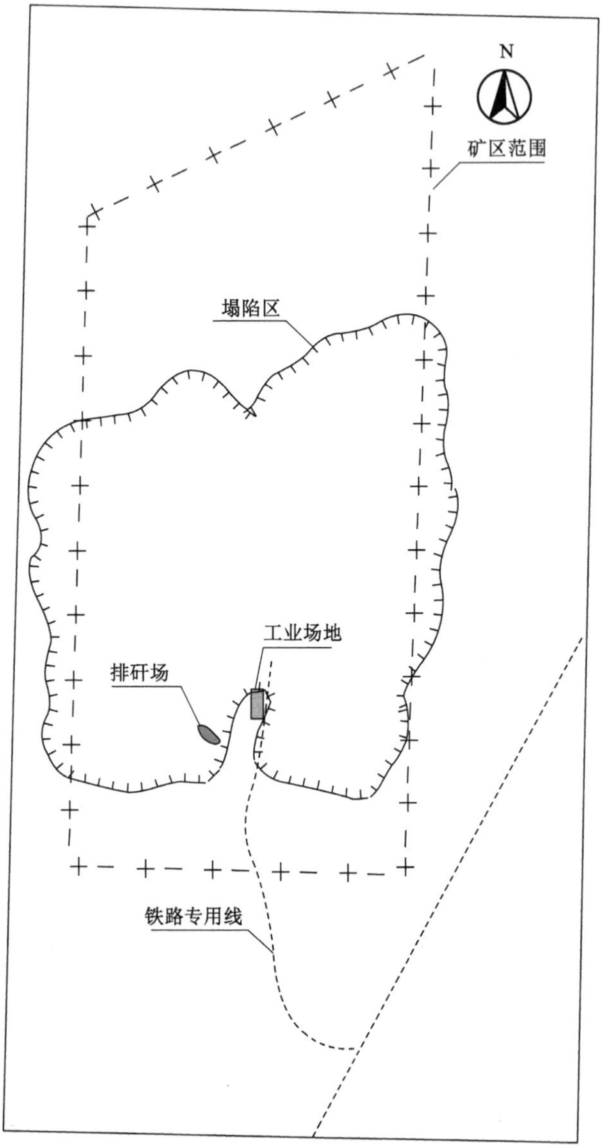

例图 3-1　××煤矿用地项目位置示意图

例表 3-1 ××煤矿用地构成表

类型	一级类		二级类		面积/hm^2
	地类编码	地类名称	地类编码	地类名称	
工业广场	06	工矿仓储用地	0602	采矿用地	32.01
风井	06	工矿仓储用地	0602	采矿用地	6.23
运输道路	10	交通运输用地	1006	农村道路	5.04
其他类型	01	耕地	0102	水浇地	1 832.52
			0103	旱地	1.13
	02	园地	0201	果园	14.56
	03	林地	0301	乔木林地	35.60
			0307	其他林地	138.10
	06	工矿仓储用地	0602	采矿用地	28.98
	07	住宅用地	0701	城镇住宅用地	22.64
			0702	农村宅基地	310.33
	09	特殊用地	0905	殡葬用地	2.15
	10	交通运输用地	1003	公路用地	44.70
			1006	农村道路	105.91
	11	水域及水利设施用地	1101	河流水面	46.13
			1104	坑塘水面	46.77
			1107	沟渠	12.61
			1108	沼泽地	34.52
			1109	水工建筑用地	17.23
	12	其他土地	1202	设施农用地	8.67
合计					2 745.83

知识点一：项目区、复垦区与复垦责任范围的关系

对于矿产资源开发类项目，项目区、复垦区和复垦责任范围之间的相互关系见图 3-1。项目区范围是 A 和 C 的区域叠加扣除重叠部分，即 $A+C_{1-2}+C_{2-2}$；复垦区是 B 和 C 的区域叠加扣除重叠部分，即 $B+C-C_{1-3}-C_{2-3}$；复垦责任范围是复垦区扣除留续使用的永久性建设用地，即 $B+C-C_{1-3}-C_{2-3}-C_{1-1}-C_{1-2}$ 或 $B+C_2-C_{1-3}-C_{2-3}$。用地构成表中合计面积应为项目区面积。

3. 矿区基本信息

说明项目区自然地理条件，地形地貌说明地貌类型和地形高程，提供典型地形地貌图片；说明项目所在地降水、蒸发、日照、湿度、积温、最大冻土深度、无霜期、风向与风速等气象特征；说明项目区主要土壤类型及其分布特征；说明项目区所在地的天然植被和人工植被，包括地带性植物群落类型、组成、结构、分布、覆盖度（郁闭度）、高度及农作物类型，提供不同植被类型图片；说明项目所在区域地表水系及地下水赋存情况，地表水系包括径流量和水质特征，地下水赋存情况包括主要含水层（浅部）、隔水层、赋存条件、潜水埋深，并提供地表水

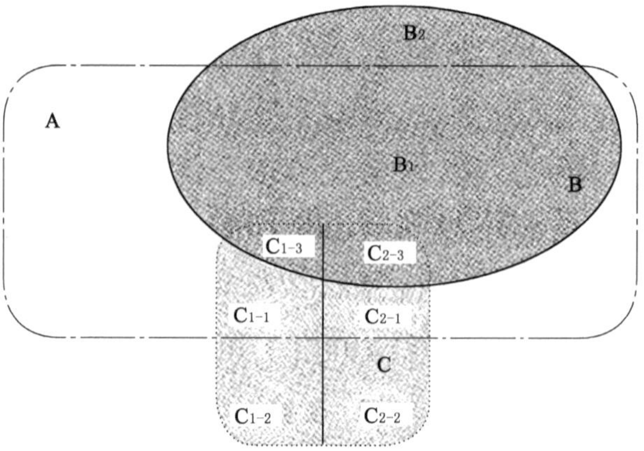

图 3-1　项目区、复垦区与复垦责任范围示意图

注：本图主要针对矿产资源开发类项目，图中 A 表示矿区批复范围，B 为损毁土地（包括已损毁和拟损毁土地），C 为征收的永久建设用地。A、B、C 的交错重叠关系只是示例，不同的项目根据具体情况有所不同。B 可分为矿区范围内（B_1）和矿区范围外（B_2）；C 可总体分为复垦方案服务期结束后留续使用的部分（C_1）和不留续使用的部分（C_2），C_1 和 C_2 还可以根据与 A、B 的关系细分。

系图。

说明项目区的地层、岩性、地质构造、水文地质、工程地质、矿体地质特征等，提供地层综合柱状图。

说明项目区近 3 年的乡（镇）人口、农业人口、人均耕地、农业总产值、财政收入、人均纯收入、农业生产状况，并注明资料来源。

说明项目区土地利用类型、数量和质量。结合典型土壤剖面图说明耕地、林地、草地等不同土地利用类型的表土层厚度、土壤质地、有机质含量以及 pH 值等主要理化性质。

说明矿山周边开采关系及周边人类重大工程活动，重点叙述各类活动对本矿山开采的影响；分析矿山或周边矿山土地复垦案例，重点说明案例对编制土地复垦方案的借鉴作用和意义。

案例示范

示例六：地表水系

三河尖煤矿井田内主要河流为界河。界河发源于济宁市西部，为二级河道，经鱼台县，于徐州市沛县入微山湖，全长 159 km，流域面积 2 357 km^2，河床宽 100～1 000 m，河水流量受降水控制，每年 7—9 月最大，3、4 月最小。最高水位＋45.30 m，最大流量 4 020 m^3/s，最小干涸，河水涨退迅速。

界河与第四系上组潜水有互补关系。由于第四系下组的阻隔，与煤系没有直接补给关系。

示例七：项目区土地利用现状

按照《土地利用现状分类》(GB/T 21010—2017)和土地利用现状变更数据(变更日期为2018年12月)，三河尖煤矿项目区总面积2 745.83 hm^2，涉及沛县龙固镇2 243.44 hm^2，占总面积的81.70%；鱼台县老砦镇292.33 hm^2，占总面积的10.65%；鱼台县城兴镇210.06 hm^2，占总面积的7.65%。

土地利用类型包括耕地、园地、林地、工矿仓储用地、住宅用地、特殊用地、交通运输用地、水域及水利设施用地、其他土地等9个一级类，其中：耕地1 833.65 hm^2，占总面积的66.78%；园地14.56 hm^2，占总面积的0.53%；林地173.70 hm^2，占总面积的6.32%；工矿仓储用地67.22 hm^2，占总面积的2.45%；住宅用地332.97 hm^2，占总面积的12.12%；特殊用地2.15 hm^2，占总面积的0.08%；交通运输用地155.65 hm^2，占总面积的5.67%；水域及水利设施用地157.26 hm^2，占总面积的5.73%；其他土地8.67 hm^2，占总面积的0.32%。具体如例表3-2所列。

例表3-2　三河尖煤矿土地利用现状表

一级类		二级类		面积/hm^2	占总面积比例/%	
地类代码	地类名称	地类代码	地类名称			
01	耕地	0102	水浇地	1 832.52	66.74	66.78
		0103	旱地	1.13	0.04	
02	园地	0201	果园	14.56	0.53	0.53
03	林地	0301	乔木林地	35.60	1.30	6.32
		0307	其他林地	138.10	5.02	
06	工矿仓储用地	0602	采矿用地	67.22	2.45	2.45
07	住宅用地	0701	城镇住宅用地	22.64	0.82	12.12
		0702	农村宅基地	310.33	11.30	
09	特殊用地	0905	殡葬用地	2.15	0.08	0.08
10	交通运输用地	1003	公路用地	49.74	1.81	5.67
		1006	农村道路	105.91	3.86	
11	水域及水利设施用地	1101	河流水面	46.13	1.68	5.73
		1104	坑塘水面	46.77	1.70	
		1107	沟渠	12.61	0.46	
		1108	沼泽地	34.52	1.26	
		1109	水工建筑用地	17.23	0.63	
12	其他土地	1202	设施农用地	8.67	0.32	0.32
合计				2 745.83	100.00	100.00

三河尖煤矿土地利用权属如例表3-3所列。

例表 3-3 三河尖煤矿土地利用权属表

权属		地类																	
		01 耕地		02 园地	03 林地		06 工矿仓储用地	07 住宅用地		09 特殊用地	10 交通运输用地		11 水域及水利设施用地					12 其他土地	合计
		0102	0103	0201	0301	0307	0602	0701	0702	0905	1003	1006	1101	1104	1107	1108	1109	1202	
		水浇地	旱地	果园	乔木林地	其他林地	采矿用地	城镇住宅用地	农村宅基地	殡葬用地	公路用地	农村道路	河流水面	坑塘水面	沟渠	沼泽地	水工建筑用地	设施农用地	
江苏省沛县	龙固镇焦刘村	797.22	1.13		15.78	34.66			88.66		10.67	34.98	16.88	15.78	5.89	34.52		8.67	1 064.84
	龙固镇新建村	674.23		14.56	12.44	47.80			67.56	2.15	6.85	30.33	10.56	12.45	5.04		17.23		901.20
	龙固镇中心居委会	121.85				15.89	67.22	22.64	16.88		14.66	13.34	1.77	1.95	1.20				277.40
	总计	1 593.30	1.13	14.56	28.22	98.35	67.22	22.64	173.10	2.15	32.18	78.65	29.21	30.18	12.13	34.52	17.23	8.67	2 243.44
山东省鱼台县	老砦镇老砦村	193.22			6.22	18.99			56.33		4.65	10.45	1.14	1.03	0.30				292.33
	城兴镇东关村	13.56			1.16	10.67			40.22		6.89	7.47	7.23	11.34	0.11				98.65
	城兴镇西关村	32.44				10.09			40.68		6.02	9.34	8.55	4.22	0.07				111.41
	总计	239.22	0.00	0.00	7.38	39.75	0.00	0.00	137.23	0.00	17.56	27.26	16.92	16.59	0.48	0.00	0.00	0.00	502.39
合计		1 832.52	1.13	14.56	35.60	138.10	67.22	22.64	310.33	2.15	49.74	105.91	46.13	46.77	12.61	34.52	17.23	8.67	2 745.83

三河尖煤矿项目区内基本农田面积为1 510.03 hm^2，其中：沛县1 364.34 hm^2、鱼台县145.69 hm^2。复垦区涉及基本农田267.34 hm^2，其中：沛县236.78 hm^2、鱼台县30.56 hm^2。

工业广场和风井为征用土地，面积43.28 hm^2，使用权人为三河尖煤矿。工业广场土地证为徐沛国土(2007)第0816070054号；南风井土地证为徐沛国土(2007)第0816070041号、徐沛国土(2007)第0816070042号；北风井土地证为徐沛国土(2007)第0816070036号、徐沛国土(2007)第0816070037号、徐沛国土(2007)第0816070038号、徐沛国土(2007)第0816070039号、徐沛国土(2007)第0816070040号。

知识点二：土壤剖面挖掘

土壤剖面应在典型地段挖掘，要有比较稳定的土壤发育条件，即具备有利于该土壤主要特征发育的环境，在一定范围内土壤剖面具有代表性；不宜在路旁、住宅四周、沟渠附近、粪坑附近等受人为扰动很大而没有代表性的地方挖掘。对于剖面大小，自然土壤要求长2 m、宽1 m、深2 m(或达到地下水层)；土层薄的土壤要求挖到基岩，对沼泽土、潮土、盐土和水稻土等地下水位较高的要求挖到出现地下水；一般耕种土壤剖面长1.5 m，宽0.8 m，深1～2 m。

挖掘剖面注意事项：① 剖面观察面要垂直向阳，便于观察；② 挖掘的表土层和心土层应分别堆在土坑两侧，不允许混乱，以便土壤分层填回，不致打乱土层；③ 观察面上方不应堆土或走动，以免破坏表层结构，影响剖面的观察和采样；④ 在垄作田，剖面垂直垄作方向，同时观察垄背和垄沟的表层变化。

如图3-2所示，一个完整的土壤剖面一般包含3个最基本层次：① 表土层(A层)，又称淋溶层，位于土体最上部，为有机质积聚层和物质淋溶层；② 心土层(B层)，又称淀积层，位于A层之下，为淋溶物质淀积作用形成；③ 底土层(C层)，又称母质层，位于土体最下部，为没有产生明显成土作用的土层，由风化程度不同的岩石风化物或各种地质沉积物构成。

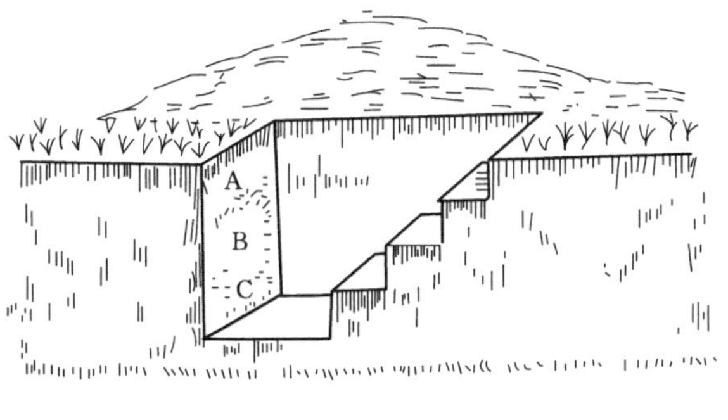

A、B、C—土层编号。

图3-2 土壤剖面挖掘示意图

应特别注意土壤剖面挖掘操作的正确性。

4. 土地损毁评估

说明生产建设过程中导致土地损毁的生产建设工艺及流程，提供项目生产工艺流程图。结合生产建设工艺及流程，列表或图示说明生产建设过程中对土地损毁的形式、环节及时序。

明确项目区已损毁土地的损毁类型、范围、面积及损毁程度。如果存在已损毁土地，分析已损毁土地重复损毁的可能性；说明已损毁土地已复垦情况，包括复垦面积、范围、复垦方向及复垦效果，提供损毁土地及复垦情况图片。

依据项目或工程类型、生产建设方式、地形地貌特征等，确定拟损毁土地的预测方法，预测拟损毁土地的方式、类型、面积、程度。一般生产服务年限超过5年，需要分时段和区段预测土地损毁的方式、类型、面积、程度，并结合其对土地利用的影响划分土地损毁程度等级（土地损毁程度等级确定既可以参考国家和地方现有划分标准，也可以结合项目所在区域损毁土地等级划分方法类比确定）。

预测分析土地损毁对复垦区及周围环境土壤资源、水资源、生物资源可能产生的影响。

依据土地损毁分析与预测结果，合理确定复垦区与复垦责任范围，提供2000国家大地坐标。列表说明复垦区及复垦责任范围内土地利用类型、数量、质量、损毁类型与程度，并说明基本农田所占比例、农田水利和田间道路等配套设施情况、主要农作物的生产水平。土地利用现状分类体系采用《土地利用现状分类》（GB/T 21010—2017），明确至二级地类，且土地利用现状统计数据与土地利用现状图信息一致，说明复垦区土地所有权、使用权和承包经营权状况，集体所有土地权属具体到行政村或村民小组。征（租）收土地的项目说明征（租）收前权属状况。

案例示范

示例八：土地损毁预测分析

一、土地损毁环节和时序

（一）土地损毁环节

三河尖煤矿采用走向或倾向长壁式采煤方法开采7、9煤，综合机械化放顶煤开采工艺，全部冒落法管理顶板。该煤矿对土地的损毁环节与时序如例图3-2所示。

煤炭井下开采出现地表移动变形，造成表土层松动，损毁植物生存环境；塌陷加大地表坡度，局部季节性或常年积水使原有土地功能改变，如不治理容易加剧水土流失，侵蚀加剧。

矿山产生煤矸石、生活垃圾、锅炉灰渣等固体废物，如不及时处理，将压占一定数量的土地。

矿井水及生活污水外排对周边地表水产生影响，如未达标排放，会污染地表水，进而污染土壤，对农业生产造成较大影响。

按照开采利用方案和生产工艺实地调查，现有一座矸石山，新产生的矸石全部资源化利用，不产生新的压占；生活垃圾、锅炉灰渣集中处理，不产生新的压占；矿井水及生活污水经处理，达到排放标准，不产生污染。土地损毁环节为已压占损毁、已塌陷损毁以及新塌陷损毁。

（二）土地损毁时序及方式

1. 土地损毁时序

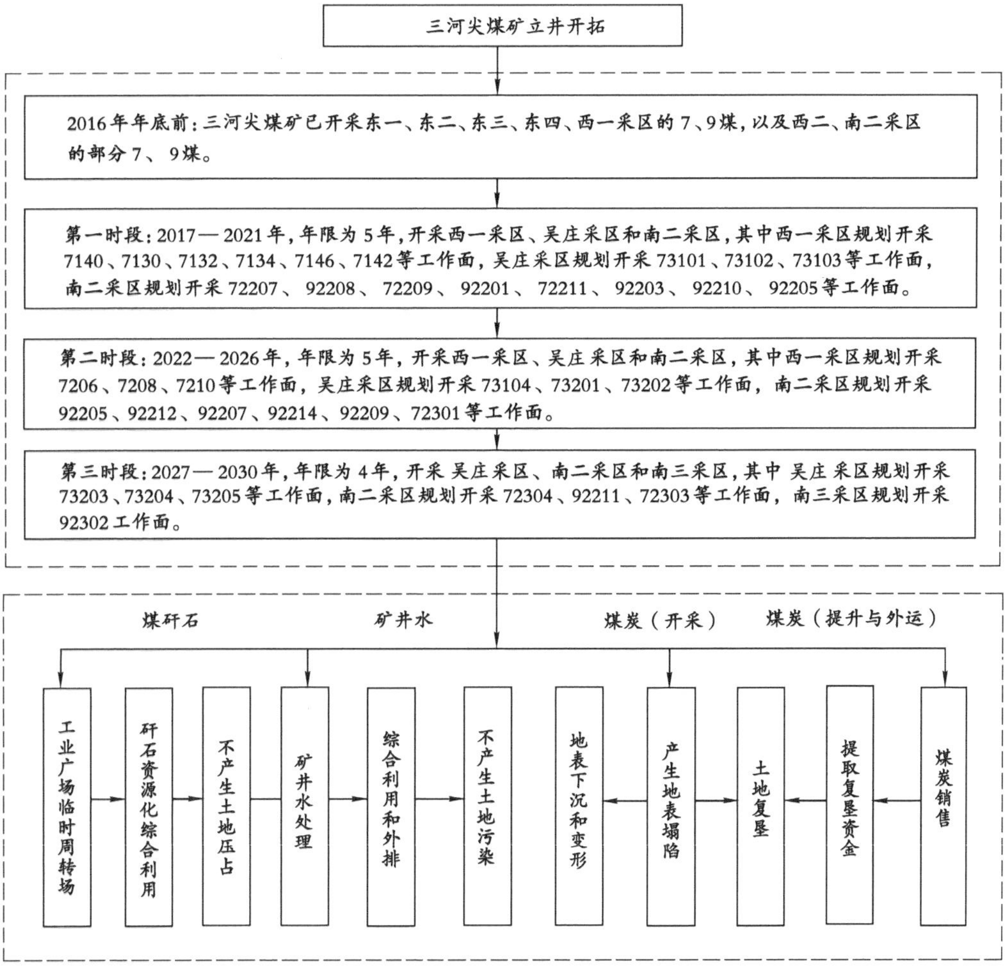

例图 3-2 三河尖煤矿土地损毁环节与时序

三河尖煤矿采用立井单水平开拓方式，主水平为－700 m，辅助水平有－530 m、－835 m、－980 m。工业广场内布置一对主、副井，井田南、北翼各设一个风井，运煤道路一条。工业广场、风井、运煤道路自1978年开始压占，直至矿山关闭(例表3-4)。

例表 3-4 三河尖煤矿压占损毁统计表

序号	损毁单元	位置	损毁时间
1	损毁单元1	工业广场	1978—2020
2	损毁单元2	南风井	1978—2020
3	损毁单元3	北风井	1978—2020
4	损毁单元4	运煤道路	1978—2020

三河尖煤矿可采煤层为7、9、17和21煤，规划仅开采7、9煤，其他煤层暂不开采。井田包括甲、乙、丙三个区。甲区划分为东翼和西翼，东翼分为东一、东二、东三、东四等四个采区，西翼分为西一、西二两个采区；乙区分为南二、南三两个采区；丙区分为吴庄采区、南采区和北采区。截至2016年年底，已开采东一、东二、东三、东四、西一采区的7、9煤，以及西二、南二采区的部分7、9煤。

采矿许可证有效期至2030年12月，参考煤矿配采计划，将设计生产年限(2017—2030年)划分为三个开采时段。

第一时段(2017—2021年)：开采西一采区、吴庄采区和南二采区，其中西一采区规划开采7140、7130、7132、7134、7146、7142等工作面，吴庄采区规划开采73101、73102、73103等工作面，南二采区规划开采72207、92208、72209、92201、72211、92203、92210、92205等工作面。

第二时段(2022—2026年)：开采西一采区、吴庄采区和南二采区，其中西一采区规划开采7206、7208、7210等工作面，吴庄采区规划开采73104、73201、73202等工作面，南二采区规划开采92205、92212、92207、92214、92209、72301等工作面。

第三时段(2027—2030年)：开采吴庄采区、南二采区和南三采区，其中吴庄采区规划开采73203、73204、73205等工作面，南二采区规划开采72304、92211、72303等工作面，南三采区规划开采92302工作面。

采区划分、已开采区域、计划开采工作面及已经塌陷区域位置详见开采塌陷现状及规划开采示意图(略)。

2. 土地损毁方式

在建设和生产过程中，土地主要损毁方式为塌陷、压占。井下开采会形成采空区，使得地表出现不同塌陷程度的下沉盆地。地表塌陷使土地受损，加剧水土流失，导致农田减产。项目区内没有国家重点保护文化遗址及濒危野生动物，因占地造成的土地减少不会对区域生态系统造成大影响，但主副井、配套的生产系统以及矸石山长期压占使土地功能改变。三河尖煤矿土地损毁方式如例表3-5所列。

例表3-5　三河尖煤矿土地损毁方式一览表

损毁方式	特征	产生原因	损毁环节	范围	危害
塌陷损毁	塌陷积水、坡地	资源采出、地表变形	井下开采	采空区上方	降低或者丧失土地生产力，农田减产，建筑物、道路等受损
压占损毁	集中成片	工程建设	基础建设	工业广场、风井、运煤道路	改变土地用途

二、已损毁各类土地现状

(一) 已塌陷损毁情况

通过土地复垦义务人、土地权利人和国土部门联合实地踏勘，经论证确认已损毁土地2 246.07 hm^2，塌陷最深6.50 m，其中：1 029.37 hm^2 损毁土地主要表现为土地塌陷积水、农作物绝产和植被死亡、道路和农田水利设施失去功能；528.65 hm^2 损毁土地主要表现为土地塌陷季节性积水或农作物减产20%以上、树木根系受地下水淹泡严重、道路和农田水利设施受损而功能严重下降；688.05 hm^2 损毁土地主要表现为地表变形呈现局部高低不平、农作物减产 20%以内、树木生长基本不受影响、道路有一点高低不平、农田水利设施局部受损而基本保持原有功能。详见各损毁类型土地照片（略）和土地利用现状统计表（略，格式如项目区土地利用现状表）。

（二）已压占损毁情况

三河尖煤矿属生产矿山，压占损毁主要是工业广场、风井和运煤道路，面积为 43.28 hm^2。

1. 工业广场

工业广场在矿区东部，主要有主井、副井、变电所、泵房、灯房、监控室、煤仓、储煤区、仓库、餐厅、矸石堆放场等。工业场地内建筑物多为砖砌结构，墙体厚度一般为 0.37 m。工业广场损毁土地面积为 32.01 hm^2，损毁方式为压占，损毁土地类型为采矿用地。

根据功能不同将工业广场划分为 6 个损毁单元（各损毁单元照片省略）：

生产区占地 5.59 hm^2，表土未剥离，压实损毁土体厚度约 30 cm，残留土体厚度大于 100 cm，砾石含量约 5%。场内硬化面积约 4.26 hm^2，场内水泥硬化厚度约 15 cm，硬化体积约 6 390 m^3。场内建筑物为砖砌结构，建筑面积约 16.58 万 m^2，墙体厚度 0.37 m，建筑体积 61 346 m^3。

生活区占地 3.20 hm^2，表土未剥离，压实损毁土体厚度约 30 cm，残留土体厚度大于 100 cm，砾石含量约 5%。场内硬化面积约 1.86 hm^2，场内水泥硬化厚度约 15 cm，硬化体积约 2 790 m^3。场内建筑物为砖砌结构，建筑面积约 14.52 万 m^2，墙体厚度 0.37 m，建筑体积 53 724 m^3。

办公区占地 6.42 hm^2，表土未剥离，压实损毁土体厚度约 30 cm，残留土体厚度大于 100 cm，砾石含量约 5%。场内硬化面积约 4.52 hm^2，场内水泥硬化厚度约 15 cm，硬化体积约 6 780 m^3。场内建筑物为砖砌结构，建筑面积约 21.72 万 m^2，墙体厚度 0.37 m，建筑体积 80 364 m^3。

辅助生产区占地 9.00 hm^2，表土未剥离，压实损毁土体厚度约 30 cm，残留土体厚度大于 100 cm，砾石含量约 5%。场内硬化面积约 5.85 hm^2，场内水泥硬化厚度约 15 cm，硬化体积约 8 775 m^3。场内建筑物为砖砌结构，建筑面积约 3.85 万 m^2，墙体厚度 0.37 m，建筑体积 14 245 m^3。

储煤区占地 4.15 hm^2，表土未剥离，压实损毁土体厚度约 30 cm，残留土体厚度大于 100 cm，砾石含量约 5%。场内全部硬化，场内水泥硬化厚度约 15 cm，硬化体积约 6 225 m^3。场内建筑物为砖砌结构，建筑面积约 0.35 万 m^2，墙体厚度 0.37 m，建筑体积 1 295 m^3。

矸石堆放场占地 3.65 hm^2，表土未剥离，压实损毁土体厚度约 30 cm，残留土体厚度大于 100 cm，砾石含量约 15%。场内硬化面积约 1.21 hm^2，场内水泥硬化厚度约 15 cm，硬化体积约 1 815 m^3；堆放矸石约 35 万 m^3。

2. 风井

南风井占地 1.33 hm^2，表土未剥离，压实损毁土体厚度约 30 cm，残留土体厚度大于 100 cm，砾石含量约 5%。场内硬化面积约 0.62 hm^2，场内水泥硬化厚度约 15 cm，硬化体积约 930 m^3。场内建筑物为砖砌结构，建筑面积约 0.36 万 m^2，墙体厚度 0.37 m，建筑体积 1 332 m^3。

北风井占地 4.90 hm^2，表土未剥离，压实损毁土体厚度约 30 cm，残留土体厚度大于 100 cm，砾石含量约 5%。场内硬化面积约 2.68 hm^2，场内水泥硬化厚度约 15 cm，硬化体积约 4 020 m^3。场内建筑物为砖砌结构，建筑面积约 1.29 万 m^2，墙体厚度 0.37 m，建筑体积 4 773 m^3。

3. 运煤道路

运煤道路连接工业广场与县级公路，路面为水泥硬化路，道路长约 2 496 m，宽约 15 m，已损毁土地面积为 5.04 hm^2，损毁方式为压占，损毁土地类型为农村道路。

（三）已损毁土地复垦情况

已损毁土地复垦面积约 294.27 hm^2，其中已复垦耕地 155.77 hm^2，已复垦鱼塘 44.08 hm^2，但已复垦工程未经县级国土资源部门验收，故将其纳入本方案复垦责任范围，主要工程为对复垦效果和质量进行监测和管护。

三、拟损毁土地预测与评估

（一）拟损毁土地预测

1. 预测模型

地表移动变形预计采用概率积分法，直接使用矿区沉陷预测系统计算。

2. 预测参数选取

煤层顶板为砂岩、粉砂岩，为中硬岩性，地表移动实测参数多在 0.70 左右，与“三下”规程中的中硬岩性的下沉系数经验值在 0.55～0.85 之间相仿，结合区域特定的地质采矿条件，概率积分法的预测参数见例表 3-6。

例表 3-6　概率积分法预测参数表

序号	预测参数	符号	预测参数取值
1	下沉系数	q	0.70
2	水平移动系数	b	0.31
3	主要影响角正切	$\tan\beta$	2.0
4	拐点偏移距	S	$0.10H$（H 为采深）
5	开采影响传播系数	K	0.60

3. 预测结果

（1）开采地表移动变形值

采用多煤层多工作面的概率积分法预测程序和等值线绘制程序进行计算和处理，分别预测了各时段内地表最大下沉值、最大倾斜值、最大水平变形值，如例表 3-7 所列，并绘制了预测的各个时段内地表下沉、倾斜变形和水平拉伸变形等值线图（略）。

例表 3-7 地表下沉及水平变形预测最大值

时段	下沉 W/mm	倾斜 i/(mm/m)	水平拉伸变形 ε/(mm/m)
第一时段	1 650	4.5	3.5
第二时段	2 750	8.0	4.0
第三时段	3 050	8.0	4.0

(2) 拟损毁土地面积

第一时段(2017—2021 年):拟损毁土地面积为 928.85 hm^2,包括耕地 604.31 hm^2,林(园)地 18.68 hm^2,草地 1.89 hm^2,交通运输用地 34.62 hm^2,水域及水利设施用地 131.49 hm^2,其他土地 2.76 hm^2,城镇村及工矿用地 135.10 hm^2。

第二时段(2022—2026 年):本时段开采后,地表累计损毁土地面积为 1 401.32 hm^2,包括耕地 882.26 hm^2,林(园)地 34.17 hm^2,草地 2.64 hm^2,交通运输用地 49.93 hm^2,水域及水利设施用地 221.94 hm^2,其他土地 6.05 hm^2,城镇村及工矿用地 204.33 hm^2。

第三时段(2027—2030 年):本时段开采后,地表累计损毁土地面积为 1 866.02 hm^2,包括耕地 1 221.77 hm^2,林(园)地 37.76 hm^2,草地 4.03 hm^2,交通运输用地 64.37 hm^2,水域及水利设施用地 260.90 hm^2,其他土地 11.62 hm^2,城镇村及工矿用地 265.57 hm^2。

(二) 损毁土地评估分析

1. 压占土地损毁等级划分

如例表 3-8 所列,土地压占损毁程度预测等级确定为 3 级标准:一级(轻度损毁)、二级(中度损毁)、三级(重度损毁)。

例表 3-8 压占土地损毁程度分级标准

损毁方式	分析因素	分析等级		
		一级(轻度损毁)	二级(中度损毁)	三级(重度损毁)
压占	表土剥离情况	未剥离	部分剥离	全部剥离
	砾石侵入量	<10%	10%~30%	>30%
	压实情况	未压实	部分压实	全部压实
	损毁土层厚度	<10 cm	10~30 cm	>30 cm
	土方肥力下降	<10%	10%~60%	>60%

2. 塌陷土地损毁等级划分

煤层开采造成了地表沉陷,对影响区域的土地造成损毁。影响采煤沉陷范围内土地损毁程度的主要因素有下沉、水平变形、倾斜、沉陷后潜水位埋深等。根据《土地复垦条例》和《土地复垦方案编制规程》,结合矿区所在地情况,土地塌陷损毁程度预测等级确定为 3 级:一级(轻度损毁)、二级(中度损毁)、三级(重度损毁),如例表 3-9 所列。

例表 3-9 塌陷土地损毁程度分级标准

损毁等级	水平变形/(mm/m)	附加倾斜/(mm/m)	下沉/m	沉陷后潜水位埋深/m	生产力降低/%
一级(轻度损毁)	≤4.0	≤6.0	≤1.5	≥1.5	≤20.0
二级(中度损毁)	4.0～8.0	6.0～12.0	1.5～3.5	0.5～1.5	20.0～50.0
三级(重度损毁)	>8.0	>12.0	>3.5	<0.5	>50.0

3. 损毁土地评估结果

对照压占和塌陷土地损毁程度分级标准，压占土地全部为重度损毁；塌陷土地有轻度、中度和重度 3 级。土地损毁面积为 1 866.02 hm^2，包括耕地 1 221.77 hm^2，林(园)地 37.76 hm^2，草地 4.03 hm^2，交通运输用地 64.37 hm^2，水域及水利设施用地 260.90 hm^2，其他土地 11.62 hm^2，城镇村及工矿用地 265.57 hm^2；轻度损毁 1 115.28 hm^2(耕地 675.04 hm^2)，中度损毁 682.48 hm^2(耕地 495.68 hm^2)，重度损毁 68.26 hm^2(耕地 51.04 hm^2)。

5. 土地复垦的可行性分析

土地复垦适宜性评价工作是根据损毁土地分析和预测结果，划分评价单元、选择评价方法、得出评价结果。明确评价依据及过程，列表说明各评价单元复垦后利用方向、面积、限制性因素；依据土地利用总体规划、产业规划等，按照因地制宜原则，在充分尊重土地权益人意愿的前提下，根据原土地利用类型、土地损毁情况、公众参与意见等，在经济可行、技术合理的条件下，确定拟复垦土地的最优利用方向(明确至二级地类)，划分土地复垦单元。

水土资源平衡分析应考虑复垦土地的表土情况、复垦方向、复垦标准和复垦措施。需外购土源时，说明外购土源的数量、来源、位置、可采量，并提供证明材料。无土源情况下，可综合采取物理、化学与生物改良措施。复垦工程涉及灌溉工程时，应明确用水水源地、水量供需及水质情况，分析水资源供需平衡状况。

案例示范

示例九：土地复垦适宜性评价

一、评价原则

对生产建设项目损毁土地的复垦方向，最高标准是不留生产建设痕迹，也就是完全复垦为原地形地貌、土地利用类型和水平。具体复垦规划与实践中，土地复垦方向尽可能与原或周边土地利用方式(或土地利用总体规划)保持一致。但对无法完全恢复的损毁土地，应进行土地复垦适宜性评价。

(一) 符合土地利用总体规划，与其他规划相协调原则

在确定待复垦土地适宜性时，不仅要考虑被评价土地的自然条件和损毁状况，还要考虑区域土地利用总体规划，着眼地区社会经济和项目生产建设的发展，避免盲目投资、过度浪费土地资源。

(二) 因地制宜、农用地优先原则

矿井开采将进一步恶化土地利用条件，土地复垦应因地制宜，宜农则农、宜林则林、宜渔则渔。损毁土地中大部分属农业用地，同时，项目区内土地利用条件相对优越，复垦方向应以农业用地为主，尽量复垦为耕地。

（三）综合效益最大原则

在确定损毁土地复垦利用方向时，首先考虑其可垦性和综合效益，根据损毁土地状况是否适宜复垦为某种用途，选择最佳的利用方向，在充分考虑煤矿承受能力的基础上，以最小复垦投入从待复垦土地中获取最佳经济效益、生态效益和社会效益。

（四）主导限制因素与综合平衡原则

影响待复垦土地利用方向的因素很多，包括土壤、气候、原有土地类型、损毁程度、交通和社会需求等，但各种因素对土地利用方向的影响程度不同。在确定待复垦土地的利用方向时，除综合分析对比各种影响因素外，还应选择其中的主导因素作为评价的主要依据，按照主导因素确定其适宜的利用方向。项目区待复垦土地的主导限制因素为矿产开采带来的损毁，如低洼积水、坡度、土壤质地、排灌条件等。

（五）动态与土地可持续利用原则

待复垦土地的损毁是一个动态过程，复垦土地的适宜性也随损毁等级与损毁过程而变化，具有动态性。在进行复垦土地的适宜性评价时，应考虑矿井工农业发展的前景、科技进步及生产和生活水平带来的社会需求变化，确定复垦土地的开发利用方向。从土地利用历史过程看，土地复垦必须着眼于可持续发展原则，应保证所选土地利用方向具有持续生产能力，防止掠夺式利用农业资源或二次污染等问题。

（六）经济可行与技术合理原则

评价的目的是提出合理的复垦措施与工程设计，以技术方法简易、便于操作、容易实施为原则，使复垦方案切实可行。通过方案实施可有效地消除或减轻矿山生产引发的土地损毁问题，恢复和改善生态环境。

（七）社会因素和经济因素相结合原则

在确定待复垦土地适宜性时，被评价土地的自然条件和损毁状况是基础，国家政策、地方法规等是指导，要考虑地区经济发展，更要考虑土地资源的合理利用和生态保护，将社会因素和经济因素相结合，确定合适的复垦方向，才能创造最大的综合效益。

（八）定性分析与定量分析相结合原则

对评价单元通过定性及定量分析确定复垦方向。能够确定最终复垦方向的可以明确，如建设用地、道路、养殖水面等；不能确定最终复垦方向的要进一步进行分析评价，主要为农用地宜耕、宜林、宜草的最终确定，并对适宜类进行二级评价，最后确定复垦方向。

二、评价依据

土地复垦适宜性评价在详细调研项目区土地损毁前的利用状况、生产力水平和损毁后土地的自然条件基础上，参考土地损毁预测和程度分析的结果，依据国家和地方的规划和行业标准，采取切实可行的办法，改善被损毁土地的生态环境，确定复垦利用方向。其主要依据包括：

(1)《土地复垦质量控制标准》(TD/T 1036)；

(2)《耕地后备资源调查与评价技术规程》(TD/T 1007)；

(3)《农用地定级规程》(GB/T 28405)；

(4) 项目所在省土地整治工程建设标准；

(5)《土地整治项目设计报告编制规程》(TD/T 1038)；

(6)《土地整治项目验收规程》(TD/T 1013);

(7)《土地整治工程质量检验与评定规程》(TD/T 1041);

(8) 土地利用总体规划、土地整治规划、村镇规划等;

(9) 土地损毁预测结果、土地利用自然条件等。

三、评价范围和复垦方向的初步确定

(一) 评价范围

根据方案服务期内土地损毁分析及预测结果,评估范围面积 1 237.93 hm^2,其中农村道路(运煤道路除外)、沟渠、水工建筑用地不做定量分析。

(二) 复垦方向的初步确定

根据土地利用总体规划,并与生态环境保护规划相衔接,从该项目区实际出发,通过对项目区自然社会因素、政策因素和公众意愿的分析,初步确定土地复垦方向。

1. 因素分析

(1) 自然经济条件

项目所在区域为北温带半湿润季风区,属大陆与海洋间过渡性气候,四季分明,夏季炎热,冬季寒冷,降水多集中在6—8月。土壤是在泗河山前冲、洪积松散母质基础上发育而成的,土壤类型简单,以潮土为主,且有机质含量较高,土质肥沃。开采煤炭资源造成地表变形,损毁了原有的排灌条件,导致土地减产,需采取一定的工程措施恢复土地的正常使用功能。

(2) 社会经济条件

煤炭开采促进了区域经济发展,但地表塌陷损毁了耕地,使已紧张的人地矛盾更加突出。为贯彻"十分珍惜、合理利用土地和切实保护耕地"基本国策,实现耕地总量动态平衡的目标,保护好当地农民赖以生存的自然资源,恢复和改善项目环境,促使当地经济的可持续发展,当地政府和国土资源部门提出:应用当今煤炭开采沉陷治理和生态农业复垦最新技术,进行煤矿塌陷地的治理、复垦,恢复被采煤塌陷损毁的土地。

(3) 公众参与

在方案编制过程中,邀请当地国土资源部门和部分村民代表参加了复垦方案编制座谈会,做了公众参与问卷调查,作为确定复垦方向的参考。

国土资源部门一致强调,确定的土地复垦用途一定要符合土地利用总体规划,并坚持农用地优先的原则。

各位村民代表作为土地的使用人,一致认为在尽可能恢复本区原有地貌的同时,重点加强采煤塌陷地的治理,争取恢复土地原有的耕种职能,原本是耕地的尽量复垦成耕地,原本是果园的尽量复垦成果园。

本方案采纳了部分公众的意见,认为其比较符合实际。复垦利用应综合考虑,做到因地制宜、合理利用、农用地优先。

2. 土地复垦初步方向

在详细调查项目区土地资源特性基础上,结合公众意见和当地的土地利用总体规划,按照土地损毁程度和对土地利用的限制条件,以农用地优先为原则确定了初步复垦方向。

(1) 轻度塌陷损毁区

塌陷损毁程度较小，塌陷下沉 0.01～1.5 m，经土地平整、维修排灌设施，复垦方向基本保持原地类不变。

初步复垦方向考虑水浇地、果园、农村道路、沟渠保持原地类不变。其他林地经过林木补种后复垦为有林地。沼泽地作为土方来源，开挖取土后，复垦为坑塘水面。

(2) 中度塌陷损毁区

塌陷下沉 1.5～3.5 m，经挖填平衡或充填后，维修或重修排灌设施，复垦方向基本保持原地类不变。

初步复垦方向考虑水浇地、果园、农村道路、沟渠保持原地类不变。其他林地经过林木补种后复垦为林地。沼泽地作为土方来源，开挖后作为充填土方，复垦为坑塘水面。

(3) 重度塌陷损毁区

塌陷下沉大于 3.5 m，经土方充填或土地开挖后，重修排灌设施，确定初步复垦方向。

塌陷 3.5～5.5 m 的区域利用煤矸石或开挖土方充填，复垦为耕地，复垦后土地类型为水浇地。

塌陷大于 5.5 m 的耕地、果园、林地作为土方来源地，开挖后，复垦为坑塘水面。

沼泽地作为土方来源地，开挖后，复垦为坑塘水面。

(4) 工业广场

虽然矸石堆放、办公场所建设占用时间长，土体损毁较严重，但其原始土体厚度较大。矿山闭坑后，经过对建筑砌体拆除外运、砾石清理、土地深翻、土地平整、土壤培肥等措施，具备复垦成水浇地的基本条件，所以初步确定复垦方向为耕地(水浇地)。

(5) 风井

虽然风井及配套设施的占用时间长，土体损毁较严重，但是其原始土体厚度较大。矿山闭坑后，经过对建筑砌体拆除外运、砾石清理、土地深翻、土地平整、土壤培肥等措施，具备复垦成水浇地的基本条件，所以初步确定复垦方向为耕地(水浇地)。

(6) 运煤道路

运输道路现状保存完好，除用于煤矿运煤外，也是周边农民出行的交通要道，预保留该道路，按照原设计标准维护，在道路两侧可绿化的地段植树种草，作为连接村庄居民出行的农村道路。

四、评价单元划分

以土地损毁类型、损毁程度、损毁时序等因素进行土地复垦适宜性评价单元划分。项目区原土地利用类型涉及耕地、园地、林地、工矿仓储用地、交通运输用地、水域及水利设施用地、其他用地 7 种一级地类和水浇地、旱地、果园、乔木林地、其他林地、采矿用地、农村道路、坑塘水面、沟渠、沼泽地、水工建筑用地、设施农用地 12 种二级地类。损毁类型为塌陷与压占。塌陷损毁程度分为轻度损毁、中度损毁、重度损毁(分为塌陷 3.5～5.5 m 和大于 5.5 m 两类评价)。压占损毁为重度损毁。

农村道路(运煤道路除外)、沟渠、水工建筑用地通过维修保留使用，不做定量分析。所以，土地适宜性定量评价的面积为 1 213.99 hm^2。

为便于评价和实施复垦工程，土地适宜性评价单元以损毁单元为基础，在损毁单元内再按损毁程度、损毁地类划分评价单元，如例表 3-10 所列。

例表 3-10　适宜性评价单元划分

序号	损毁单元	评价单元	损毁类型	损毁程度	损毁地类	面积/hm^2	合计/hm^2
1	工业广场	工业广场	压占	重度	采矿用地	32.01	32.01
2	南风井	南风井			采矿用地	1.33	1.33
3	北风井	北风井			采矿用地	4.90	4.90
4	运煤道路	运煤道路			农村道路	5.04	5.04
5	损毁单元 1	评价单元 1	塌陷	轻度	水浇地	274.69	368.36
6					水浇地	44.74	
7					其他林地	2.29	
8					其他林地	31.30	
9					农村道路	4.50	
10					坑塘水面	3.68	
11					沟渠	0.54	
12					水工建筑用地	1.01	
13					采矿用地	5.36	
14					采矿用地	0.25	
15	损毁单元 2	评价单元 2	塌陷	轻度	水浇地	168.83	179.62
16					水浇地	4.43	
17					果园	0.29	
18					乔木林地	0.66	
19					其他林地	2.42	
20					农村道路	2.62	
21					坑塘水面	0.37	
22	损毁单元 3	评价单元 3	塌陷	轻度	水浇地	27.88	41.54
23					果园	0.53	
24					乔木林地	12.37	
25					设施农用地	0.76	
26	损毁单元 4	评价单元 4	塌陷	轻度	水浇地	201.90	251.94
27					水浇地	31.38	
28					旱地	1.13	
29					果园	1.03	
30					乔木林地	0.53	
31					乔木林地	0.19	
32					其他林地	5.71	
33					其他林地	0.22	
34					农村道路	3.36	
35					农村道路	1.26	
36					坑塘水面	2.43	
37					沟渠	0.16	
38					设施农用地	2.36	
39					设施农用地	0.28	

例表 3-10(续)

序号	损毁单元	评价单元	损毁类型	损毁程度	损毁地类	面积/hm²	合计/hm²
40	损毁单元 5	评价单元 5-1	塌陷	轻度	水浇地	93.87	122.20
41					果园	0.23	
42					乔木林地	0.06	
43					其他林地	2.49	
44					采矿用地	0.27	
45					农村道路	2.44	
46					坑塘水面	17.74	
47					沟渠	0.40	
48					沼泽地	2.99	
49					水工建筑用地	0.58	
50					设施农用地	1.13	
51		评价单元 5-2	塌陷	中度	水浇地	31.90	35.77
52					其他林地	0.83	
53					农村道路	0.02	
54					坑塘水面	0.65	
55					沟渠	0.96	
56					沼泽地	0.92	
57					水工建筑用地	0.10	
58					设施农用地	0.39	
59		评价单元 5-3	塌陷	重度	水浇地	46.34	78.58
60					果园	0.32	
61					其他林地	1.02	
62					农村道路	0.30	
63					坑塘水面	9.32	
64					沟渠	0.90	
65					沼泽地	20.38	
66		评价单元 5-4	塌陷	重度	水浇地	17.53	33.51
67					果园	0.32	
68					其他林地	0.03	
69					农村道路	0.36	
70					坑塘水面	10.29	
71					沼泽地	4.98	

例表 3-10(续)

序号	损毁单元	评价单元	损毁类型	损毁程度	损毁地类	面积/hm²	合计/hm²
72	损毁单元 6	评价单元 6-1	塌陷	轻度	水浇地	11.15	21.89
73					果园	5.51	
74					其他林地	0.80	
75					坑塘水面	3.96	
76					水工建筑用地	0.47	
77		评价单元 6-2	塌陷	中度	水浇地	1.31	4.17
78					果园	1.65	
79					其他林地	0.16	
80					农村道路	0.01	
81					坑塘水面	0.93	
82					水工建筑用地	0.11	
83		评价单元 6-3	塌陷	重度	水浇地	9.44	16.61
84					果园	4.02	
85					其他林地	0.57	
86					农村道路	0.19	
87					坑塘水面	1.34	
88					沼泽地	0.62	
89					水工建筑用地	0.43	
90		评价单元 6-4	塌陷	重度	水浇地	21.66	40.46
91					果园	1.54	
92					其他林地	3.54	
93					农村道路	0.49	
94					坑塘水面	5.87	
95					沼泽地	4.63	
96					水工建筑用地	2.73	
合计						1 237.93	1 237.93

五、评价体系

采用土地适宜类和土地质量等两级分类体系。适宜类分为适宜和不适宜；在适宜类内，按照耕地、园地、林地的适宜程度、生产潜力大小、限制性因素及其强度大小划分为三等。

（一）宜耕土地

(1) 一等地：对农业利用无限制或少限制，地形平坦，质地好，肥力高，排灌条件有保证，适于机耕，损毁轻微，易于恢复为耕地，在正常耕作管理措施下可获得较高产量，正常利用不致发生土地退化。

(2) 二等地：对农业利用有一定的限制，质地中等，中度损毁，排灌条件不稳定，需要经过一定整治才可恢复为耕地，如利用不当，可能导致土地退化。

(3) 三等地：对农业利用有较多限制，质地差，排灌条件有困难，损毁较为严重，需要大力整治方可恢复为耕地。

(二) 宜园土地

(1) 一等地：最适于园地发展，无明显限制因素，损毁轻微，地形平坦，质地好，肥力较高，排灌条件有保证，在正常管理措施下可获得较高产量，正常利用不致发生退化。

(2) 二等地：较适于园地发展，对园地利用有一定的限制，中度损毁，质地中等，排灌条件不稳定，需要经过一定整治才可恢复为园地，质量和产量中等。

(3) 三等地：对园地利用有较多限制，地形起伏，土壤质地差，排灌有困难，损毁较为严重，种植果树技术要求高，质量和产量低。

(三) 宜林土地

(1) 一等地：最适于林木生产，无明显限制因素，损毁轻微，排水条件良好、无渍涝，采用一般技术造林、植树或更新，可获得较高的产量和质量。

(2) 二等地：较适于林木生产，地形、土壤和水分等因素有一定限制，排水条件中度、偶渍，中度损毁，造林、植树时技术要求较高，质量和产量中等。

(3) 三等地：林木生长困难，地形、土壤和水分等限制因素较多，排水条件不良，损毁严重，造林、植树时技术要求较高，质量和产量低。

六、评价方法

土地适宜性评价方法颇多，矿区损毁土地适宜性评价属于预测性适宜性评价，常用的方法有极限条件法、类比分析法、指数和法与极限条件法结合等。本项目采用极限条件法，即以分级最低评价因子的分级作为该评价单元的等级。

七、评价指标及标准

(一) 评价指标选择

评价指标体系的选择遵循差异性原则、综合性原则、主导性原则、定量和定性相结合原则和可操作性原则。

考虑到实际情况，宜耕、宜园、宜林适宜性评价指标选取如下。

1. 塌陷损毁评价指标

损毁土地情况(尤其是塌陷深度)是土地复垦的重要限制性因素，而土地塌陷导致水利设施的损毁，排灌条件也是影响土地利用的限制因素。土层厚度、地面坡度、土壤质地是土地利用的基础条件。经综合考虑分析，塌陷损毁评价指标确定为田面坡度/土地平整度、土壤质地、土层厚度、排灌条件、是否积水。

2. 压占损毁评价指标

压占损毁均为重度损毁，选择指标包括土壤质地、土层厚度、排灌条件、是否积水、砾石含量。

(二) 评价等级标准

依据《土地复垦质量控制标准》《耕地后备资源调查与评价技术规程》《耕地地力调查与质量评价技术规程》《农用地定级规程》等，结合项目土地资源调查资料，确定复垦土地适宜性评价的等级评定标准，如例表 3-11～例表 3-13 所列。

例表 3-11　塌陷损毁土地复垦适宜性评价等级评定标准

适宜性评价限制因素分级			适宜性		
序号	参评因子	分级指标	耕地评价	园地评价	林地评价
1	田面坡度/土地平整度/(°)	<3	1等	1等	1等
		3～10	2等	1等	1等
		10～15	3等	2等	2等
		15～25	3等	3等	3等
		>25	N	3等	3等
2	土壤质地	壤土、黏壤土	1等	1等	1等
		黏土	2等	1等	1等
		砂土	N	3等	3等
3	土层厚度/cm	≥100	1等	1等	1等
		80～100	2等	2等	1等
		60～80	3等	2等	1等
		30～60	N	2等	2等
		<30	N	N	3等
4	排灌条件	有保证	1等	1等	1等
		不稳定	2等	2等	1等
		困难	3等	3等	2等
		不具备	N	N	N
5	是否积水	不积水	1等	1等	1等
		季节性积水	3等	2等	2等
		常年积水	N	N	N

注:N为不适宜。

例表 3-12　复垦坑塘水面方向的标准

序号	评价因子	标准条件
1	深度/m	≥2.5
2	水面面积/hm^2	≥0.3
3	水质	符合《农田灌溉水质标准》(GB 5084)
4	水源补给条件	充足

例表 3-13　压占损毁土地复垦适宜性评价等级评定标准

适宜性评价限制因素分级			适宜性		
序号	参评因子	分级指标	耕地评价	园地评价	林地评价
1	土壤质地	壤土、黏壤土	1等	1等	1等
		黏土	2等	1等	1等
		砂土	N	3等	3等

例表 3-13(续)

适宜性评价限制因素分级			适宜性		
序号	参评因子	分级指标	耕地评价	园地评价	林地评价
2	土层厚度/cm	≥100	1 等	1 等	1 等
		80～100	2 等	2 等	1 等
		60～80	3 等	2 等	1 等
		30～60	N	2 等	2 等
		<30	N	N	3 等
3	排灌条件	有保证	1 等	1 等	1 等
		不稳定	2 等	2 等	1 等
		困难	3 等	3 等	2 等
		不具备	N	N	N
4	是否积水	不积水	1 等	1 等	1 等
		季节性积水	3 等	2 等	2 等
		常年积水	N	N	N
5	砾石含量/%	无砾石	1 等	1 等	1 等
		<2	2 等	1 等	1 等
		2～10	3 等	2 等	1 等
		10～30	N	3 等	2 等

注:N 为不适宜。

八、评价结果

在项目区土地质量调查基础上,将参评单元的土地质量与复垦土地主要限制因素的等级标准对比,以限制最大、适宜性等级最低的土地质量参评项目决定该单元的土地适宜性等级。

(一) 塌陷损毁适宜性等级评定

1. 轻度塌陷区(0.01～1.5 m)

耕地:下沉≤1.5 m 轻度塌陷范围内的耕地经土地平整后,地面坡度小于 3°,无积水区,有效土层厚度大于 100 cm,排灌条件良好,不影响现有耕种状态,适宜农作物的耕种。

园地:下沉≤1.5 m 轻度塌陷范围内的园地,地面坡度小于 3°,无积水区,有效土层厚度大于 100 cm,排灌条件良好,不影响现有园地状态,适宜园地种植。

林地:下沉≤1.5 m 轻度塌陷范围内的林地,地面坡度小于 3°,无积水区,有效土层厚度大于 100 cm,不影响现有林木状态,适宜树木生长。

设施农用地:下沉≤1.5 m 轻度塌陷范围内的设施农用地(除移交之外),复垦为水浇地。

坑塘水面:下沉≤1.5 m 轻度塌陷范围内的坑塘水面,维护后满足养殖要求,继续使用。

沼泽地:下沉≤1.5 m 轻度塌陷范围内的沼泽地,对塌陷后积水较浅的沼泽地作为土源地，作为复垦项目充填土方的来源。

2. 中度塌陷区（1.5～3.5 m）

耕地：下沉 1.5～3.5 m 塌陷范围内的耕地，经表土剥离、充填平整后，地面坡度小于 3°，土层厚度大于 100 cm，无积水区，维修或重修排灌设施，能够保证排水和灌溉条件，适宜农作物的耕种。

园地：下沉 1.5～3.5 m 塌陷范围内的园地，经充填平整后，地面坡度小于 3°，土层厚度大于 100 cm，无积水区，适宜果园种植。

林地：下沉 1.5～3.5 m 塌陷范围内的林地，经充填平整后，地面坡度小于 3°，土层厚度大于 100 cm，无积水区，适宜树木生长。

设施农用地：下沉 1.5～3.5 m 范围内的设施农用地（除移交之外），复垦为水浇地。

沼泽地：下沉 1.5～3.5 m 塌陷范围内的沼泽地，对塌陷后积水较浅的沼泽地作为土源地，作为复垦项目充填土方的来源，复垦方向为坑塘水面。

3. 重度塌陷区（＞3.5 m）

耕地：下沉 3.5～5.5 m 塌陷范围内的耕地，季节性积水，利用煤矸石或开挖土方充填、表土覆盖平整后，地面坡度小于 3°，土层厚度大于 100 cm，重修排灌设施，适宜农作物的耕种。

园地：下沉 3.5～5.5 m 塌陷范围内的园地，季节性积水，充填复垦土方需求量大，利用煤矸石或开挖土方充填、表土覆盖平整后，地面坡度小于 3°，土层厚度大于 100 cm，重修排灌设施，适宜果园种植。

下沉大于 5.5 m 的耕地、园地以及其他林地、沼泽地作为土方来源，开挖后作为充填土方来源。

塌陷损毁土地复垦适宜性评价等级结果如例表 3-14 所列。

例表 3-14　塌陷损毁土地复垦适宜性评价等级结果表

序号	评价单元	塌陷深度/m	损毁地类	评价因子					适宜性评价结果						评价单元面积/hm²
				地面坡度/(°)	土壤质地	土层厚度/mm	排灌条件	是否积水	宜耕		宜园		宜林		
									等级	主要限制因素	等级	主要限制因素	等级	主要限制因素	
1	评价单元1	＜1.5	水浇地	＜3	黏壤土	＞80	有保证	否	1等	无	1等	无	1等	无	274.69
2			水浇地	＜3	黏壤土	＞80	有保证	否	1等	无	1等	无	1等	无	44.74
3			其他林地	＜3	黏壤土	＞80	不稳定	否	2等	排灌条件	2等	排灌条件	1等	无	2.29
4			其他林地	＜3	黏壤土	＞80	不稳定	否	2等	排灌条件	2等	排灌条件	1等	无	31.30
5			农村道路	农村道路维护继续使用											4.50
6			坑塘水面	—	—	—	—	是	N	积水	N	积水	N	积水	3.68
7			沟渠	沟渠维护继续使用											0.54
8			水工建筑用地	水工建筑（大堤）维护继续使用											1.01
9			采矿用地	＜3	黏壤土	＞80	有保证	否	1等	无	1等	无	1等	无	5.36
10			采矿用地	＜3	黏壤土	＞80	有保证	否	1等	无	1等	无	1等	无	0.25

例表 3-14(续)

序号	评价单元	塌陷深度/m	损毁地类	评价因子					适宜性评价结果						评价单元面积/hm²
				地面坡度/(°)	土壤质地	土层厚度/mm	排灌条件	是否积水	宜耕		宜园		宜林		
									等级	主要限制因素	等级	主要限制因素	等级	主要限制因素	
11	评价单元 2	<1.5	水浇地	<3	黏壤土	>80	有保证	否	1 等	无	1 等	无	1 等	无	168.83
12			水浇地	<3	黏壤土	>80	有保证	否	1 等	无	1 等	无	1 等	无	4.43
13			果园	<3	黏壤土	>80	不稳定	否	2 等	排灌条件	2 等	排灌条件	1 等	无	0.29
14			乔木林地	<3	黏壤土	>80	不稳定	否	2 等	排灌条件	2 等	排灌条件	1 等	无	0.66
15			其他林地	<3	黏壤土	>80	不稳定	否	2 等	排灌条件	2 等	排灌条件	1 等	无	2.42
16			农村道路	农村道路维护继续使用											2.62
17			坑塘水面	—	—	—	—	是	N	积水	N	积水	N	积水	0.37
18	评价单元 3	<1.5	水浇地	<3	黏壤土	>80	有保证	否	1 等	无	1 等	无	1 等	无	27.88
19			果园	<3	黏壤土	>80	不稳定	否	2 等	排灌条件	2 等	排灌条件	1 等	无	0.53
20			乔木林地	<3	黏壤土	>80	不稳定	否	2 等	排灌条件	2 等	排灌条件	1 等	无	12.37
21			设施农用地												0.76
22	评价单元 4	<1.5	水浇地	<3	黏壤土	>80	有保证	否	1 等	无	1 等	无	1 等	无	201.90
23			水浇地	<3	黏壤土	>80	有保证	否	1 等	无	1 等	无	1 等	无	31.38
24			旱地	<3	黏壤土	>80	有保证	否	1 等	无	1 等	无	1 等	无	1.13
25			果园	<3	黏壤土	>80	不稳定	否	2 等	排灌条件	2 等	排灌条件	1 等	无	1.03
26			乔木林地	<3	黏壤土	>80	不稳定	否	2 等	排灌条件	2 等	排灌条件	1 等	无	0.53
27			乔木林地	<3	黏壤土	>80	不稳定	否	2 等	排灌条件	2 等	排灌条件	1 等	无	0.19
28			其他林地	<3	黏壤土	>80	不稳定	否	2 等	排灌条件	2 等	排灌条件	1 等	无	5.71
29			其他林地	<3	黏壤土	>80	不稳定	否	2 等	排灌条件	2 等	排灌条件	1 等	无	0.22
30			农村道路	农村道路维护继续使用											3.36
31			农村道路	农村道路维护继续使用											1.26
32			坑塘水面	—	—	—	—	是	N	积水	N	积水	N	积水	2.43
33			沟渠	沟渠维护继续使用											0.16
34			设施农用地	<3	黏壤土	>80	有保证	否	1 等	无	1 等	无	1 等	无	2.36
35			设施农用地	<3	黏壤土	>80	有保证	否	1 等	无	1 等	无	1 等	无	0.28
36	评价单元 5-1	<1.5	水浇地	<3	黏壤土	>80	有保证	否	1 等	无	1 等	无	1 等	无	93.87
37			果园	<3	黏壤土	>80	不稳定	否	2 等	排灌条件	2 等	排灌条件	1 等	无	0.23
38			乔木林地	<3	黏壤土	>80	不稳定	否	2 等	排灌条件	2 等	排灌条件	1 等	无	0.06
39			其他林地	<3	黏壤土	>80	不稳定	否	2 等	排灌条件	2 等	排灌条件	1 等	无	2.49
40			采矿用地	<3	黏壤土	>80	有保证	否	1 等	无	1 等	无	1 等	无	0.27
41			农村道路	农村道路维护继续使用											2.44
42			坑塘水面	—	—	—	—	是	N	积水	N	积水	N	积水	17.74
43			沟渠	沟渠维护继续使用											0.40
44			沼泽地	—	—	—	—	是	N	积水	N	积水	N	积水	2.99
45			水工建筑用地	水工建筑(大堤)维护继续使用											0.58
46			设施农用地	<3	黏壤土	>80	有保证	否	1 等	无	1 等	无	1 等	无	1.13

例表 3-14(续)

序号	评价单元	塌陷深度/m	损毁地类	评价因子：地面坡度/(°)	评价因子：土壤质地	评价因子：土层厚度/mm	评价因子：排灌条件	评价因子：是否积水	适宜性评价结果：宜耕 等级	宜耕 主要限制因素	宜园 等级	宜园 主要限制因素	宜林 等级	宜林 主要限制因素	评价单元面积/hm²
47	评价单元 5-2	1.5～3.5	水浇地	＜3	黏壤土	＞80	有保证	否	2 等	塌陷	1 等	无	1 等	无	31.90
48			其他林地	＜3	黏壤土	＞80	不稳定	否	2 等	排灌条件	2 等	排灌条件	1 等	无	0.83
49			农村道路												0.02
50			坑塘水面	—	—	—	—	是	N	积水	N	积水	N	积水	0.65
51			沟渠												0.96
52			沼泽地	—	—	—	—	是	N	积水	N	积水	N	积水	0.92
53			水工建筑用地	水工建筑(大堤)维护继续使用											0.10
54			设施农用地	＜3	黏壤土	＞80	有保证	否	1 等	无	1 等	无	1 等	无	0.39
55	评价单元 5-3	3.5～5.5	水浇地	3～10	黏壤土	＞80	有保证	偶渍	2 等	偶渍	2 等	偶渍	2 等	偶渍	46.34
56			果园	3～10	黏壤土	＞80	不稳定	偶渍	2 等	偶渍	2 等	偶渍	2 等	偶渍	0.32
57			其他林地	3～10	黏壤土	＞80	不稳定	偶渍	2 等	偶渍	2 等	偶渍	2 等	偶渍	1.02
58			农村道路	农村道路维护继续使用											0.30
59			坑塘水面	—	—	—	—	是	N	积水	N	积水	N	积水	9.32
60			沟渠	沟渠维护继续使用											0.90
61			沼泽地	—	—	—	—	是	N	积水	N	积水	N	积水	20.38
62	评价单元 5-4	＞5.5	水浇地	—	—	—	—	是	N	积水	N	积水	N	积水	17.53
63			果园	—	—	—	—	是	N	积水	N	积水	N	积水	0.32
64			其他林地	—	—	—	—	是	N	积水	N	积水	N	积水	0.03
65			农村道路	—	—	—	—	是	N	积水	N	积水	N	积水	0.36
66			坑塘水面	—	—	—	—	是	N	积水	N	积水	N	积水	10.29
67			沼泽地	—	—	—	—	是	N	积水	N	积水	N	积水	4.98
68	评价单元 6-1	＜1.5	水浇地	＜3	黏壤土	＞80	有保证	否	1 等	无	1 等	无	1 等	无	11.15
69			果园	＜3	黏壤土	＞80	不稳定	否	2 等	排灌条件	2 等	排灌条件	1 等	无	5.51
70			其他林地	＜3	黏壤土	＞80	不稳定	否	2 等	排灌条件	2 等	排灌条件	1 等	无	0.80
71			坑塘水面	—	—	—	—	是	N	积水	N	积水	N	积水	3.96
72			水工建筑用地	水工建筑(大堤)维护继续使用											0.47
73	评价单元 6-2	1.5～3.5	水浇地	＜3	黏壤土	＞80	有保证	否	2 等	塌陷	1 等	无	1 等	无	1.31
74			果园	＜3	黏壤土	＞80	不稳定	否	2 等	排灌条件	2 等	排灌条件	1 等	无	1.65
75			其他林地	＜3	黏壤土	＞80	不稳定	否	2 等	排灌条件	2 等	排灌条件	1 等	无	0.16
76			农村道路	农村道路维护继续使用											0.01
77			坑塘水面	—	—	—	—	是	N	积水	N	积水	N	积水	0.93
78			水工建筑用地	水工建筑(大堤)维护继续使用											0.11

例表 3-14(续)

序号	评价单元	塌陷深度/m	损毁地类	评价因子					适宜性评价结果						评价单元面积/hm²
				地面坡度/(°)	土壤质地	土层厚度/mm	排灌条件	是否积水	宜耕		宜园		宜林		
									等级	主要限制因素	等级	主要限制因素	等级	主要限制因素	
79	评价单元6-3	3.5～5.5	水浇地	3～10	黏壤土	＞80	有保证	偶渍	2等	偶渍	2等	偶渍	2等	偶渍	9.44
80			果园	3～10	黏壤土	＞80	不稳定	偶渍	2等	偶渍	2等	偶渍	2等	偶渍	4.02
81			其他林地	3～10	黏壤土	＞80	不稳定	偶渍	2等	偶渍	2等	偶渍	2等	偶渍	0.57
82			农村道路	农村道路维护继续使用											0.19
83			坑塘水面	—	—	—	—	是	N	积水	N	积水	N	积水	1.34
84			沼泽地	—	—	—	—	是	N	积水	N	积水	N	积水	0.62
85			水工建筑用地	水工建筑(大堤)维护继续使用											0.43
86	评价单元6-4	＞5.5	水浇地	—	—	—	—	是	N	积水	N	积水	N	积水	21.66
87			果园	—	—	—	—	是	N	积水	N	积水	N	积水	1.54
88			其他林地	—	—	—	—	是	N	积水	N	积水	N	积水	3.54
89			农村道路	—	—	—	—	是	N	积水	N	积水	N	积水	0.49
90			坑塘水面	—	—	—	—	是	N	积水	N	积水	N	积水	5.87
91			沼泽地	—	—	—	—	是	N	积水	N	积水	N	积水	4.63
92			水工建筑用地	水工建筑(大堤)维护继续使用											2.73

（二）压占损毁适宜性等级评定

工业广场：对工业广场的矸石、砌体拆除外运充填塌陷区，土地深翻与平整后，地面坡度小于3°，土层厚度大于100 cm，土壤质地主要为壤土，无砾石。

风井：矿井关闭后，风井拆除外运，地面坡度小于3°，土层厚度大于100 cm，土壤质地主要为壤土，无砾石。

运输道路：维护修复后作为连接村庄居民出行交通道路，地类仍为农村道路。

压占损毁土地复垦适宜性评价等级结果如例表3-15所列。

例表 3-15 压占损毁土地复垦适宜性评价等级结果表

序号	评价区	损毁程度	损毁地类	评价因子					适宜性评价结果						评价单元面积/hm²
				土壤质地	土层厚度/cm	排灌条件	是否积水	砾石含量/%	宜耕		宜园		宜林		
									等级	主要限制因素	等级	主要限制因素	等级	主要限制因素	
1	工业广场	重度	采矿用地	黏壤土	＞100	良好	否	无	1等		1等		1等		32.01
2	南风井	重度	采矿用地	黏壤土	＞100	良好	否	无	1等		1等		1等		1.33
3	北风井	重度	采矿用地	黏壤土	＞100	良好	否	无	1等		1等		1等		4.90
4	运煤道路	重度	农村道路	—	—	—	—	—	—		—		—		5.04

注：运煤道路维修后留作农村道路使用。

九、最终复垦方向的确定和复垦单元的划分

以评价结果为依据，根据可行性、最佳效益及因地制宜原则，结合社会因素情况（当地人口多、人均土地资源少），还结合了市土地利用总体规划，根据"宜耕则耕、宜园则园、宜林则林、耕地优先"原则进行复垦。

轻度塌陷损毁区：因塌陷损毁程度较小，塌陷下沉0.01～1.5 m的区域经土地平整、维修排灌设施，复垦方向基本保持原地类不变。因此，复垦方向考虑水浇地、果园、坑塘水面保持原地类；设施农用地复垦为水浇地；其他林地复垦为林地；沼泽地作为土源地，开挖取土后为坑塘水面。

中度塌陷损毁区：塌陷1.5～3.5 m的区域，经土地充填或挖填平衡，然后维修或重建排灌设施，复垦方向基本保持原地类不变。因此，复垦方向考虑水浇地、果园、坑塘水面保持原地类；设施农用地复垦为水浇地；其他林地复垦为林地；沼泽地作为土源地，开挖取土后为坑塘水面。

重度塌陷损毁区：塌陷3.5～5.5 m的区域，会产生季节性积水，当前虽然不可以直接作为耕地使用，但利用矸石充填或土方充填后可以复垦为水浇地、园地或林地。结合保护耕地需求，结合适宜性评价结果，将水浇地、园地分别充填复垦为水浇地、园地。

塌陷大于5.5 m的耕地、园地、林地以及沼泽地作为土源地，开挖取土后为坑塘水面。

工业广场：工业广场矸石山外运充填塌陷区后，经过建筑垃圾外运、深翻平整和土壤培肥，复垦为水浇地。

风井：待矿山关闭后，对风井地表建筑物进行清理，深翻土地后进行土地平整，复垦为水浇地。

运煤道路：在矿井关闭后，对运煤道路进行维护修复作为连接村庄的交通道路使用，地类为农村道路。

损毁土地复垦单元划分与复垦方向如例表3-16所列。

例表3-16 损毁土地复垦单元划分与复垦方向

序号	评价单元	损毁类型	损毁程度	损毁地类	适宜性评价结果						评价单元面积/hm^2	复垦方向	复垦单元
					宜耕		宜园		宜林				
					等级	主要限制因素	等级	主要限制因素	等级	主要限制因素			
1	工业广场	压占	重度	采矿用地	1等	无	1等	无	1等	无	32.01	水浇地	工业广场
2	南风井			采矿用地	1等	无	1等	无	1等	无	1.33	水浇地	南风井
3	北风井			采矿用地	1等	无	1等	无	1等	无	4.90	水浇地	北风井
4	运煤道路			农村道路	1等	无	1等	无	1等	无	5.04	农村道路	运煤道路

例表 3-16(续)

序号	评价单元	损毁类型	损毁程度	损毁地类	适宜性评价结果						评价单元面积/hm^2	复垦方向	复垦单元
					宜耕		宜园		宜林				
					等级	主要限制因素	等级	主要限制因素	等级	主要限制因素			
5	评价单元1	塌陷	轻度	水浇地	1等	无	1等	无	1等	无	274.69	水浇地	复垦单元1
6				水浇地	1等	无	1等	无	1等	无	44.74	水浇地	
7				其他林地	2等	排灌条件	2等	排灌条件	1等	无	2.29	其他林地	
8				其他林地	2等	排灌条件	2等	排灌条件	1等	无	31.30	其他林地	
9				农村道路	农村道路						4.50	农村道路	
10				坑塘水面	N	积水	N	积水	N	积水	3.68	坑塘水面	
11				沟渠	沟渠						0.54	沟渠	
12				水工建筑用地	水工建筑用地						1.01	水工建筑用地	
13				采矿用地	1等	无	1等	无	移交	无	5.36	采矿用地	
14				采矿用地	1等	无	1等	无	1等	无	0.25	水浇地	
15	评价单元2	塌陷	轻度	水浇地	1等	无	1等	无	1等	无	168.83	水浇地	复垦单元2
16				水浇地	1等	无	1等	无	1等	无	4.43	水浇地	
17				果园	2等	排灌条件	2等	排灌条件	1等	无	0.29	果园	
18				乔木林地	2等	排灌条件	2等	排灌条件	1等	无	0.66	乔木林地	
19				其他林地	2等	排灌条件	2等	排灌条件	1等	无	2.42	其他林地	
20				农村道路	农村道路						2.62	农村道路	
21				坑塘水面	N	积水	N	积水	N	积水	0.37	坑塘水面	
22	评价单元3	塌陷	轻度	水浇地	1等	无	1等	无	1等	无	27.88	水浇地	复垦单元3
23				果园	2等	排灌条件	2等	排灌条件	1等	无	0.53	果园	
24				乔木林地	2等	排灌条件	2等	排灌条件	1等	无	12.37	乔木林地	
25				设施农用地							0.76	设施农用地	
26	评价单元4	塌陷	轻度	水浇地	1等	无	1等	无	1等	无	201.90	水浇地	复垦单元4
27				水浇地	1等	无	1等	无	1等	无	31.38	水浇地	
28				旱地	1等	无	1等	无	1等	无	1.13	旱地	

例表 3-16(续)

序号	评价单元	损毁类型	损毁程度	损毁地类	适宜性评价结果						评价单元面积/hm^2	复垦方向	复垦单元
					宜耕		宜园		宜林				
					等级	主要限制因素	等级	主要限制因素	等级	主要限制因素			
29	评价单元 4	塌陷	轻度	果园	2 等	排灌条件	2 等	排灌条件	1 等	无	1.03	果园	复垦单元 4
30				乔木林地	2 等	排灌条件	2 等	排灌条件	1 等	无	0.53	乔木林地	
31				乔木林地	2 等	排灌条件	2 等	排灌条件	1 等	无	0.19	乔木林地	
32				其他林地	2 等	排灌条件	2 等	排灌条件	1 等	无	5.71	其他林地	
33				其他林地	2 等	排灌条件	2 等	排灌条件	1 等	无	0.22	其他林地	
34				农村道路	农村道路						3.36	农村道路	
35				农村道路	农村道路						1.26	农村道路	
36				坑塘水面	N	积水	N	积水	N	积水	2.43	坑塘水面	
37				沟渠	沟渠						0.16	沟渠	
38				设施农用地	1 等	无	1 等	无	1 等	无	2.36	水浇地	
39				设施农用地	1 等	无	1 等	无	1 等	无	0.28	水浇地	
40	评价单元 5-1	塌陷	轻度	水浇地	1 等	无	1 等	无	1 等	无	93.87	水浇地	复垦单元 5
41				果园	2 等	排灌条件	2 等	排灌条件	1 等	无	0.23	果园	
42				乔木林地	2 等	排灌条件	2 等	排灌条件	1 等	无	0.06	乔木林地	
43				其他林地	2 等	排灌条件	2 等	排灌条件	1 等	无	2.49	其他林地	
44				采矿用地	1 等	无	1 等	无	1 等	无	0.27	水浇地	
45				农村道路	农村道路						2.44	农村道路	
46				坑塘水面	N	积水	N	积水	N	积水	17.74	坑塘水面	
47				沟渠	沟渠						0.40	沟渠	
48				沼泽地	N	积水	N	积水	N	积水	2.99	沼泽地	
49				水工建筑用地	水工建筑用地						0.58	水工建筑用地	
50				设施农用地	1 等	无	1 等	无	1 等	无	1.13	水浇地	
51	评价单元 5-2	塌陷	中度	水浇地	2 等	塌陷	1 等	无	1 等	无	31.90	水浇地	
52				其他林地	2 等	排灌条件	2 等	排灌条件	1 等	无	0.83	其他林地	

例表 3-16(续)

序号	评价单元	损毁类型	损毁程度	损毁地类	适宜性评价结果						评价单元面积/hm^2	复垦方向	复垦单元
					宜耕		宜园		宜林				
					等级	主要限制因素	等级	主要限制因素	等级	主要限制因素			
53	评价单元 5-2	塌陷	中度	农村道路							0.02	农村道路	复垦单元 5
54				坑塘水面	N	积水	N	积水	N	积水	0.65	坑塘水面	
55				沟渠							0.96	沟渠	
56				沼泽地	N	积水	N	积水	N	积水	0.92	坑塘水面	
57				水工建筑用地	水工建筑用地						0.10	水工建筑用地	
58				设施农用地	1 等	无	1 等	无	1 等	无	0.39	水浇地	
59	评价单元 5-3	塌陷	重度	水浇地	2 等	偶渍	2 等	偶渍	2 等	偶渍	46.34	水浇地	
60				果园	2 等	偶渍	2 等	偶渍	2 等	偶渍	0.32	果园	
61				其他林地	2 等	偶渍	2 等	偶渍	2 等	偶渍	1.02	其他林地	
62				农村道路	农村道路						0.30	农村道路	
63				坑塘水面	N	积水	N	积水	N	积水	9.32	坑塘水面	
64				沟渠	沟渠						0.90	坑塘水面	
65				沼泽地	N	积水	N	积水	N	积水	20.38	坑塘水面	
66	评价单元 5-4	塌陷	重度	水浇地	N	积水	N	积水	N	积水	17.53	坑塘水面	
67				果园	N	积水	N	积水	N	积水	0.32	坑塘水面	
68				其他林地	N	积水	N	积水	N	积水	0.03	坑塘水面	
69				农村道路	N	积水	N	积水	N	积水	0.36	坑塘水面	
70				坑塘水面	N	积水	N	积水	N	积水	10.29	坑塘水面	
71				沼泽地	N	积水	N	积水	N	积水	4.98	坑塘水面	
72	评价单元 6-1	塌陷	轻度	水浇地	1 等	无	1 等	无	1 等	无	11.15	水浇地	复垦单元 6
73				果园	2 等	排灌条件	2 等	排灌条件	1 等	无	5.51	果园	
74				其他林地	2 等	排灌条件	2 等	排灌条件	1 等	无	0.80	其他林地	
75				坑塘水面	N	积水	N	积水	N	积水	3.96	坑塘水面	
76				水工建筑用地	水工建筑用地						0.47	水工建筑用地	
77	评价单元 6-2	塌陷	中度	水浇地	2 等	塌陷	1 等	无	1 等	无	1.31	水浇地	
78				果园	2 等	排灌条件	2 等	排灌条件	1 等	无	1.65	果园	
79				其他林地	2 等	排灌条件	2 等	排灌条件	1 等	无	0.16	其他林地	
80				农村道路	农村道路						0.01	农村道路	
81				坑塘水面	N	积水	N	积水	N	积水	0.93	坑塘水面	
82				水工建筑用地	水工建筑用地						0.11	水工建筑用地	

例表 3-16(续)

序号	评价单元	损毁类型	损毁程度	损毁地类	适宜性评价结果						评价单元面积/hm^2	复垦方向	复垦单元
					宜耕		宜园		宜林				
					等级	主要限制因素	等级	主要限制因素	等级	主要限制因素			
83	评价单元 6-3	塌陷	重度	水浇地	2 等	偶渍	2 等	偶渍	2 等	偶渍	9.44	水浇地	复垦单元 6
84				果园	2 等	偶渍	2 等	偶渍	2 等	偶渍	4.02	果园	
85				其他林地	2 等	偶渍	2 等	偶渍	2 等	偶渍	0.57	其他林地	
86				农村道路	农村道路						0.19	农村道路	
87				坑塘水面	N	积水	N	积水	N	积水	1.34	坑塘水面	
88				沼泽地	N	积水	N	积水	N	积水	0.62	坑塘水面	
89				水工建筑用地	水工建筑用地						0.43	水工建筑用地	
90	评价单元 6-4	塌陷	重度	水浇地	N	积水	N	积水	N	积水	21.66	坑塘水面	
91				果园	N	积水	N	积水	N	积水	1.54	坑塘水面	
92				其他林地	N	积水	N	积水	N	积水	3.54	坑塘水面	
93				农村道路	N	积水	N	积水	N	积水	0.49	坑塘水面	
94				坑塘水面	N	积水	N	积水	N	积水	5.87	坑塘水面	
95				沼泽地	N	积水	N	积水	N	积水	4.63	坑塘水面	
96				水工建筑用地	水工建筑用地						2.73	水工建筑用地	

6. 土地复垦工程

依据土地复垦适宜性评价结果，确定土地复垦的目标任务，包括拟复垦土地的地类、面积和复垦率，编制复垦前后土地利用结构调整表，具体格式见示例十中附表 3-17。

依据土地复垦技术标准，结合复垦区域实际情况，针对不同复垦利用方向提出不同土地复垦单元的土地复垦质量要求。土地复垦质量标准不宜低于原(或周边)土地利用类型的土壤质量与生产力水平。复垦耕地应符合当地省级土地整治工程建设标准的要求；复垦为其他方向的应符合相关标准要求。

根据项目开采工艺，采用预防控制措施和复垦措施。说明生产建设过程中减少土地损毁拟采取的预防与控制措施。复垦措施包括工程技术措施、生物和化学措施。按照项目所在地区自然环境条件和复垦方向要求，说明不同土地复垦单元拟采用的工程技术措施，包括充填工程、土壤剥覆工程、平整工程、坡面工程、清理工程、排灌工程、疏排水工程、集雨工程、道路工程等。说明不同土地复垦单元拟采用的恢复植被、改良土壤等生物或化学措施。生物措施中应明确植物种植的立地条件，以及所选取植物的生态学特性。

为监测土地复垦效果和提高工程设施利用质量，对不同复垦单元制定合理的监测措施；提出复垦土地以及主要复垦工程的针对性管护措施。

案例示范

示例十:土地复垦工程设计

一、目标任务

按照《土地复垦质量控制标准》(TD/T 1036—2013)和土地整治工程建设标准,复垦土地面积为 1 237.93 hm^2,土地复垦率为 100.00%。复垦前后土地利用结构调整如例表 3-17 所列。

例表 3-17 复垦前后土地利用结构调整表

一级地类		二级地类		面积/hm^2		变幅/%
				复垦前	复垦后	
01	耕地	0102	水浇地	987.05	1 000.48	1.08
		0103	旱地	1.13	1.13	0.00
02	园地	0201	果园	15.44	9.24	−0.50
03	林地	0301	乔木林地	13.81	13.81	0.00
		0307	其他林地	51.38	47.81	−0.29
06	工矿仓储用地	0602	采矿用地	44.12	0.00	−3.56
10	交通运输用地	1007	农村道路	20.59	20.59	0.00
11	水域及水利设施用地	1104	坑塘水面	56.58	135.72	6.39
		1107	沟渠	2.96	2.96	0.00
		1108	沼泽地	34.52	0.00	−2.79
		1109	水工建筑用地	5.43	5.43	0.00
12	其他土地	1202	设施农用地	4.92	0.76	−0.34
合计/hm^2				1 237.93	1 237.93	0.00

注:变幅(%)=(复垦后面积−复垦前面积)/总面积×100%。

二、工程设计

(一) 工程设计原则

1. 工程复垦与生物复垦相结合

矿区土地复垦分为工程复垦与生物复垦两阶段,两者在时间和空间上存在紧密联系:工程复垦是生物复垦的基础,将两者有机地结合起来安排时序关系;同时生物复垦要符合当地自然规律,与气象、土壤条件相适应,促进复垦土地的良性循环。

2. 保证耕地数量、提高耕地质量

为保证采矿不影响当地农民的农业收入及粮食产量,应保证耕地数量不减少,提高耕地质量,改善耕地生产能力。严格贯彻复垦质量要求,重点控制复垦土地的坡度、平整度、有机质含量、土壤结构、土层厚度等指标,同时完善耕地的配套设施。

3. 园地、林地复垦与经济、生态效益相结合

园地发展,尤其是果园种植,给当地村民带来了丰厚的经济效益。复垦时能利用有效的措施保证园地平整度、有机质含量等,对保证园地的发展有重要作用,有利于提高村民收入。

林业发展可提供木材、药材等产品，可获得可观的经济效益，更重要的是还有涵养水源、保持水土、防风固沙、净化空气、美化环境等生态效益，林地复垦对改善矿区生态环境有重要意义。

塌陷土地复垦的重点是耕地。根据当地土地利用总体规划要求，结合土地损毁预测、土地损毁程序分析结果，分区域、分时段、分措施综合整治，以提高治理方案的针对性，保证措施的真正落实。

煤炭资源开采后，地表下沉，耕地受倾斜变形影响会产生一定的坡度从而影响农作物的灌溉，因此，土地复垦以人工配套机械为主，耕地和果园以工程复垦为主，林地以生态恢复为主。

（二）塌陷损毁区工程设计

1. 总体布局设计

轻度损毁主要采取土地平整、农田水利设施维修措施，恢复为原地类用途。中度损毁主要采取土地平整和局部充填措施，根据适宜性评价结果复垦为耕地或原地类。重度损毁分为季节性积水区和常年积水区，季节性积水区采取矸石充填和开挖常年积水区的土方充填，优先复垦为耕地；常年积水区作为充填土源地使用，复垦为坑塘水面。

2. 表土剥离设计

塌陷区表层土熟化程度高，富含腐殖质和有机物，适宜耕种。治理前剥离充填区表土，剥离厚度 30 cm，采用条带式剥离覆盖工艺，将剥离表土堆存于相邻条带表面，待覆盖后再将受压覆的条带剥离，以此类推。堆放高度不超过 10 m，坡角小于 30°。

3. 耕地工程设计

（1）土方工程设计

煤炭开采后，农田受影响程度与潜水位埋深关系密切。预测下沉最大深度为 7.0 m，常年地下水位埋深为 6 m，季节性潜水位埋深为 4 m，重度塌陷区形成地表季节性积水和常年积水。

塌陷深度≤1.5 m 的轻度塌陷损毁对现有耕种影响较轻，可经过简单平整，继续保证正常农田生产。

塌陷深度为 1.5～3.5 m 时，地表凹凸变化较大，对农田正常耕作影响较重。采用削高垫低和挖深垫浅后平整。充填平整前，先将 30 cm 表土剥离，充填后再将剥离表土覆盖，恢复原有使用功能。

塌陷深度为 3.5～5.5 m 时，地表凹凸变化较大，产生季节性积水，对农田正常耕作影响严重。采用矸石和开挖土方充填后平整。充填平整前，先将季节性积水和不积水区的 30 cm 表土剥离，充填后再将剥离表土覆盖，恢复土地使用功能。

塌陷深度大于 5.5 m 时，地表常年积水，农田不能耕作，作为取土区使用，复垦为坑塘水面。

（2）土地平整设计

在轻度和中度损毁区，保持平整单元内挖填平衡，不同田块之间允许有不超过 30 cm 的高差，田块田面高差控制在±5 cm 内，整体田面坡度不大于 3°。

（3）田间道路设计

塌陷区耕地经过多年耕种，具有较完善的田间道路系统。部分道路因塌陷损毁，影响了使用功能,需加固维修。

根据现场勘察情况,按照原有田间道路标准设计,田间道路面宽 4.0 m,两侧路肩各 0.5 m,路基结构为 18 cm C25 混凝土和 20 cm 灰土压实,如例图 3-3 所示。生产路路面宽 3.0 m,两侧路肩各 0.5 m,使用原有路基,素土路面厚 30 cm,如例图 3-4 所示。

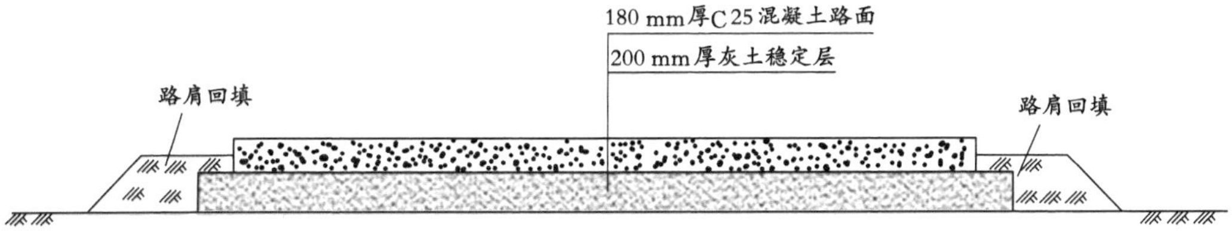

例图 3-3 典型田间道断面示意图

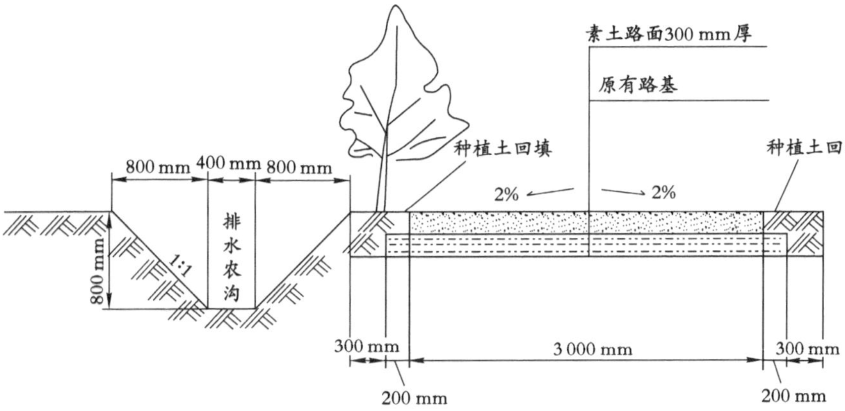

例图 3-4 典型生产路断面示意图

(4) 农田水利工程设计

塌陷区原有灌溉方式为机井抽取浅层地下水灌溉,矿井开采对其影响表现为水平移动造成横向应力的挫拉。矿井开采水平较深,地表水平变形表现在整体移动,横向变形较小,对机井影响较小。本方案对轻度和中度损毁区机井进行修复,对重度损毁区机井重新建设。

塌陷区耕地以水浇地为主,现有排水设施为泥质排水沟,沿田间道路布设。

为满足田间排水,对轻度损毁耕地平整后,维修排水沟;中度损毁耕地平整或充填平整后,维修排水沟或在原址上重建排水沟;对重度损毁区复垦为耕地的区域,在充填平整后,结合周边排水系统和原有排水沟位置,尽量在原址上重建排水沟。

根据土地整治工程建设标准和现有排水沟的标准,选择明沟排水,明沟上口宽 1.20 m,底宽 0.20 m,沟深 0.50 m,坡比为 1∶1。

4. 林地复垦工程设计

轻度损毁不影响林木生长,只对个别倾倒或死亡树木扶正或补种;中度损毁不会严重影响树木生长,对局部坡度较大区域平整降坡后,补种树木;塌陷深度 3.5～5.5 m 的重度损毁,充填平整后栽种树木;塌陷深度大于 5.5 m 的重度损毁,作为取土区使用,复垦为坑塘水面。树木栽种采用坑栽，坑长 0.6 m、宽 0.6 m、深 0.6 m。

5. 园地复垦工程设计

轻度损毁不影响果树生长，只对个别倾倒或死亡的果树扶正或补种；中度损毁不会严重影响果树生长，对局部坡度较大区域平整降坡后，补种果树；塌陷深度 3.5～5.5 m 的重度损毁，充填平整后栽种果树；塌陷深度大于 5.5 m 的重度损毁，作为取土区使用，复垦为坑塘水面。果树栽种采用坑栽，坑长 0.6 m、宽 0.6 m、深 0.6 m。

6. 设施农用地复垦工程设计

设施农用地为轻度和中度损毁，不影响设施农用地的功能，继续作为设施农用地使用。

7. 坑塘水面复垦工程设计

坑塘水面作为取土区使用，在取土过程中采取措施防止水土流失。

8. 沼泽地复垦工程设计

沼泽地作为取土区使用，在取土过程中采取措施防止加剧水土流失。

（三）压占损毁区工程设计

1. 工业广场复垦工程设计

矿井关闭后，对主井、副井按规定采取混凝土浇注封堵。

建筑物拆除外运充填塌陷地和矸石外运充填塌陷地，在清理场内砾石、深翻土地后平整土地，复垦为水浇地。

由于压占时间长、养分流失严重，为提高土壤肥力，使用绿肥法进行土壤培肥，采用生物化学工程提高土壤中有机质含量。

同时，参照耕地复垦工程设计配备田间道路和农田水利设施。

2. 南、北风井复垦工程设计

矿井关闭后，对主井、副井按规定采取混凝土浇注封堵。

建筑物拆除外运充填塌陷地，在清理场内砾石、深翻土地后平整土地，复垦为水浇地。

由于压占时间长、养分流失严重，为提高土壤肥力，使用绿肥法进行土壤培肥，采用生物化学工程提高土壤中有机质含量。

同时，参照耕地复垦工程设计配备田间道路和农田水利设施。

3. 运煤道路复垦工程设计

运煤道路按照原设计标准维护，在道路两侧绿化植树，株间距 3.0 m。

三、技术措施

（一）技术措施选择原则

1. 工程复垦与生态复垦相结合

尽管项目复垦分为工程复垦和生态复垦两个阶段，但两者并不是孤立割裂的，无论从时间上还是空间上都存在着紧密的联系，目的都是恢复被损毁土地的利用价值，因此，将两者有机地结合，工程复垦阶段要为生物复垦打好基础。

2. 农用地复垦与耕地建设相结合

要保障采后当地农民的粮食产量，必须做好复垦耕地建设，尽量增加耕地数量，改善耕地质量，提高耕地生产能力。在工程复垦时，严格贯彻复垦质量要求，重点控制复垦土地的平整度、土壤结构、土层厚度等。

（二）工程技术措施

煤炭开采导致不同程度的土地损毁，方案对不同损毁类型和不同损毁程度的土地采取不同的工程措施进行复垦。

1. 土壤重构工程措施

(1) 土地平整措施

根据地形特点、土地利用、耕地灌溉以及防治水土流失等要求，选择机械化或人工平整方式，达到提高土地利用质量与建设高产、稳产农田的基本目标。

(2) 表土剥覆措施

土地复垦时，保护和利用好表层的熟化土壤。首先，把充填区域的表层熟化土壤尽可能地剥离，在合适的地方储存，加以养护和妥善管理以保持其肥力；其次，土地复垦后，将其覆盖于复垦土地表面，充分、有效、科学地利用表土。

在土方充填前将表土剥离，剥离厚度 30 cm。表土堆放高度以 3～4 m 为宜，四周用编织袋挡土墙围挡，设置标志牌，雨季、大风季节用土工布遮挡。四周设置临时排水沟，底宽 0.3 m、深 0.3 m、边坡比 1∶1，纵坡为自然坡，将水导入周围排水沟或沟道。

(3) 土方充填措施

重度损毁塌陷区形成季节性积水或常年积水区。为保护耕地资源和保证耕地总量动态平衡，塌陷深度 3.5～5.5 m 重度损毁区的耕地充填复垦为水浇地。

在充填复垦前，先剥离 30 cm 表土，临时就近堆放；其次，运输煤矸石和拆除的建筑物用于底层充填；再次，挖运耕地周边沼泽地、坑塘水面等土方覆盖；最后，覆盖 30 cm 的剥离表土。

(4) 生物化学工程措施

土壤改良的主要对象是工业广场、南风井和北风井压占损毁土地。结合项目土壤特点，综合土壤理化特性、土壤肥力，以及土壤对植物的限制性因素，利用生物措施对土壤进行改良。

提高土壤有机质含量。一般亩施优质腐熟的农肥量保持在 520 kg 以上，并通过小麦、玉米等秸秆堆沤发酵，增加土壤有机质和微量元素，培养肥力。

改良土壤理化性状。对容量偏高、空隙性差、土体结构不良、土壤呈微碱性的土地深翻，改良土壤环境，提升蚯蚓、蜗牛以及甲壳虫等改良土壤的物种数量。

2. 配套工程措施

(1) 机井工程措施

区域地下水资源丰富，现有机井数量较多，轻度损毁区机井使用功能未受影响；中度损毁区机井损毁较轻，需要修复；重度损毁区机井损毁严重，机井功能丧失，需要重建。

(2) 排水工程措施

复垦耕地以水浇地为主，为满足田间排水需要，在原有排水沟基础上对排水沟按设计标准维修或重建。

(3) 道路工程措施

以原有道路为基础，根据现状条件维修或重建田间道路。生产路与田间道的布置基本垂直，一般沿沟走向或垂直于田块方向。

3. 植被重建工程措施

为防风固沙、保护沟堤、降低风害对农业生产的影响，改善农田生态系统，调节田间气候，结合原有田间道路配置情况，规划农田防护林工程。道路两侧防护林为单行栽植，均栽植乔木，穴状植苗栽植。树种选用当地适生、抗污染、耐烟尘、耐瘠薄的乡土树种，如速生杨等，栽种时间选择在春季。

四、主要工程量

土地复垦工程测算需要施工的塌陷区和压占区工程量，符合移交条件的塌陷区不规划工程，但对其加强监测，期限为 2019—2021 年。

（一）塌陷损毁区复垦工程量测算

1. 复垦单元 1 复垦工程量测算

复垦单元 1 面积为 368.36 hm^2，其中：沛县 333.10 hm^2，规划 2019 年实施复垦；鱼台县 35.26 hm^2，规划 2020 年实施复垦。

（1）沛县

塌陷损毁区 333.10 hm^2，其中 292.07 hm^2 符合移交条件，不设计工程，加以监测，工程量在土地复垦监测与管护中测算。

需要设计复垦工程的损毁土地为 41.03 hm^2。轻度损毁耕地 41.01 hm^2，深翻土地 41.01 hm^2，平整土地 41.01 hm^2；轻度损毁其他林地 0.02 hm^2，补种速生杨 5 株；维修生产路路面 3 660 m^2、农沟 1 050 m、机井 3 口（长度 30 m），补种防风林 160 株。

（2）鱼台县

塌陷损毁区 35.26 hm^2，塌陷地全部需要设计工程。轻度损毁耕地 3.73 hm^2，深翻土地 3.73 hm^2、平整土地 3.73 hm^2；轻度损毁其他林地 31.28 hm^2，补种速生杨 7 820 株；轻度损毁采矿用地 0.25 hm^2，深翻土地 0.25 hm^2，平整土地 0.25 hm^2；维修生产路路面 1 515 m^2、田间道路面 3 120 m^2、农沟 115 m、机井 1 口（长度 10 m），补种防风林 170 株。

复垦单元 1 工程量统计如例表 3-18 所列。

例表 3-18　复垦单元 1 工程量统计表

工程类型	沛县	鱼台县	工程量小计
深翻土地/hm^2	41.01	3.98	44.99
平整土地/hm^2	41.01	3.98	44.99
补种速生杨/株	5	7 820	7 825
生产路维修/m^2	3 660	1 515	5 175
田间道维修/m^2	0	3 120	3 120
补种防风林/株	160	170	330
农沟维修/m	1 050	115	1 165
机井维修/口	3	1	4

2. 复垦单元 2 复垦工程量测算

复垦单元 2 面积为 179.62 hm^2，位于沛县，规划 2019 年实施复垦。

复垦单元 2 中 175.19 hm^2 符合移交条件，不设计工程，加以监测，工程量在土地复垦监测与管护中测算。

需要设计复垦工程的损毁土地为 4.43 hm^2，全部为轻度损毁水浇地，深翻土地

4.43 hm^2、平整土地 4.43 hm^2；维修生产路路面 1 665 m^2、农沟 105 m，补种防风林 60 株。

复垦单元 2 工程量统计如例表 3-19 所列。

例表 3-19　复垦单元 2 工程量统计表

工程类型	工程量
深翻土地/hm^2	4.43
平整土地/hm^2	4.43
生产路维修/m^2	1 665
补种防风林/株	60
农沟维修/m	105

3. 复垦单元 3 复垦工程量测算

复垦单元 3 面积为 41.54 hm^2，全部符合移交条件，不设计工程，加以监测，工程量在土地复垦监测与管护中测算。

4. 复垦单元 4 复垦工程量测算

复垦单元 4 为 251.94 hm^2，位于沛县，规划 2019 年实施复垦。

符合移交条件的 220.15 hm^2 土地，不设计工程，加以监测，工程量在土地复垦监测与管护中测算。

需要设计复垦工程的损毁土地为 31.79 hm^2。轻度损毁水浇地 31.38 hm^2，深翻土地 31.38 hm^2、平整土地 31.38 hm^2；轻度损毁林地 0.41 hm^2，补种速生杨 12 株；维修生产路路面 2 820 m^2、田间道路面 2 820 m^2、农沟 715 m、机井 2 口（长度 20 m），补种防风林 180 株。

复垦单元 4 工程量统计如例表 3-20 所列。

例表 3-20　复垦单元 4 工程量统计表

工程类型	工程量
深翻土地/hm^2	31.38
平整土地/hm^2	31.38
补种速生杨/株	12
生产路维修/m^2	2 820
田间道维修/m^2	2 820
补种防风林/株	180
农沟维修/m	715
机井维修/口	2

5. 复垦单元 5 复垦工程量测算

复垦单元 5 面积为 270.06 hm^2，其中：沛县 35.88 hm^2，规划 2020 年实施复垦；鱼台县 234.18 hm^2，规划 2021 年实施复垦。

（1）沛县

轻度损毁水浇地 30.90 hm^2，中度损毁水浇地 4.86 hm^2 和农村道路0.01 hm^2，重度损毁

(塌陷 3.5～5.5 m)水浇地 0.11 hm^2。

轻度损毁 30.90 hm^2 水浇地复垦工程量:深翻土地 30.90 hm^2、平整土地 30.90 hm^2。

中度损毁 4.86 hm^2 水浇地(田块 1)复垦工程量:剥离表土 14 580 m^3,平均充填厚度 0.56 m、充填土方 27 216 m^3(来自复垦单元 5 开挖土方),平整土地 4.86 hm^2,覆盖表土 14 580 m^3。

重度损毁(塌陷 3.5～5.5 m)0.11 hm^2 水浇地(田块 2)复垦工程量:剥离表土 330 m^3,平均充填厚度 1.60 m、充填土方 1 760 m^3(来自复垦单元 5 开挖土方),平整土地 0.11 hm^2,覆盖表土 330 m^3。

维修生产路路面 1 275 m^2、机井 3 口(井深 30 m),补种防风林 80 株。

复垦单元 5 沛县充填工程量如例表 3-21 所列。

例表 3-21　复垦单元 5 沛县充填工程量统计表

复垦单元	田块划分	面积/hm^2	平均充填深度/m	土方充填工程量/m^3
复垦单元 5	田块 1	4.86	0.56	27 216
	田块 2	0.11	1.60	1 760
合计		4.97	—	28 976

(2) 鱼台县

轻度损毁 91.30 hm^2,中度损毁 30.90 hm^2,重度损毁(塌陷 3.5～5.5 m) 78.47 hm^2 和重度损毁(塌陷大于 5.5 m) 33.51 hm^2。

① 轻度损毁土地复垦工程量

轻度损毁 62.97 hm^2 水浇地复垦工程量:深翻土地 62.97 hm^2、平整土地 62.97 hm^2。

轻度损毁 0.27 hm^2 采矿用地复垦工程量:深翻土地 0.27 hm^2、平整土地 0.27 hm^2。

轻度损毁 0.06 hm^2 乔木林地复垦工程量:补种速生杨 150 株。

轻度损毁 2.49 hm^2 其他林地复垦工程量:补种速生杨 490 株。

轻度损毁 0.23 hm^2 果园复垦工程量:补种桃树 8 株。

轻度损毁 1.13 hm^2 设施农用地复垦工程量:深翻土地 1.13 hm^2、平整土地 1.13 hm^2。

轻度损毁 2.99 hm^2 沼泽地作为土方取土区,复垦为坑塘水面。

轻度损毁 0.58 hm^2 水工建筑物不影响使用,不新增工程。

轻度损毁 2.44 hm^2 农村道路和 0.40 hm^2 沟渠的复垦工程在其他工程中计算。

轻度损毁 17.74 hm^2 坑塘水面仍然为坑塘水面,不新增工程。

② 中度损毁土地复垦工程量

中度损毁 27.04 hm^2 水浇地复垦工程量:剥离表土 81 120 m^3;结合道路、沟渠以及工程建设标准,在空间上分为 12 个田块,充填土方 139 739 m^3(来自复垦单元 5 开挖土方);平整土地 27.04 hm^2;覆盖表土 81 120 m^3。具体如例表 3-22 所列。

中度损毁 0.83 hm^2 其他林地复垦工程量:充填深度 0.39 m,充填工程量 3 200 m^3(来自复垦单元 5 开挖土方),补种速生杨 625 株。

中度损毁 0.39 hm^2 设施农用地复垦工程量:充填深度 0.48 m,充填工程量 1 890 m^3(来自复垦单元 5 开挖土方),平整土地 0.39 hm^2。

中度损毁 0.92 hm^2 沼泽地作为土方取土区，复垦为坑塘水面。

中度损毁 0.01 hm^2 农村道路、0.96 hm^2 沟渠、0.10 hm^2 水工建筑物已维修，可以使用，不计算工程量。

中度损毁 0.65 hm^2 坑塘水面仍为坑塘水面，不新增工程量。

例表 3-22　复垦单元 5 鱼台县中度损毁水浇地充填工程量统计表

复垦单元	田块划分	面积/hm^2	平均充填深度/m	充填工程量/m^3
复垦单元 5	田块 3	2.18	0.46	10 028
	田块 4	2.52	0.52	13 104
	田块 5	2.18	0.58	12 644
	田块 6	3.16	0.50	15 800
	田块 7	2.54	0.53	13 462
	田块 8	2.68	0.54	14 472
	田块 9	2.16	0.51	11 016
	田块 10	1.64	0.56	9 184
	田块 11	1.56	0.48	7 488
	田块 12	3.63	0.49	17 787
	田块 13	1.23	0.54	6 642
	田块 14	1.56	0.52	8 112
合计		27.04	—	139 739

③ 重度损毁(塌陷 3.5～5.5 m)土地复垦工程量

重度损毁 46.23 hm^2 水浇地复垦工程量：剥离表土 138 690 m^3；结合道路、沟渠以及工程建设标准，在空间上分为 9 个田块，充填土方 762 533 m^3(来自矸石等 508 268 m^3、复垦单元 5 开挖土方 254 265 m^3)；平整土地 46.23 hm^2；覆盖表土 138 690 m^3。具体如例表 3-23 所列。

例表 3-23　复垦单元 5 鱼台县重度损毁(塌陷 3.5～5.5 m)水浇地充填工程量统计表

复垦单元	田块划分	面积/hm^2	平均充填深度/m	矸石等充填工程量/m^3	土方充填工程量/m^3
复垦单元 5	田块 15	4.36	1.76	52 756	23 980
	田块 16	5.04	1.70	57 960	27 720
	田块 17	6.41	1.68	72 433	35 255
	田块 18	6.55	1.76	79 255	36 025
	田块 19	5.07	1.53	49 686	27 885
	田块 20	5.54	1.66	61 494	30 470
	田块 21	6.55	1.70	75 325	36 025
	田块 22	3.28	1.68	37 064	18 040
	田块 23	3.43	1.20	22 295	18 865
合计		46.23	—	508 268	254 265

重度损毁 0.32 hm^2 果园复垦工程量：充填深度 1.48 m，充填工程量 4 736 m^3(来自复垦单元 5 开挖土方)，栽种桃树 800 株。

重度损毁 1.02 hm^2 其他林地复垦工程量：充填深度 1.55 m，充填工程量 15 810 m^3(来自复垦单元 5 开挖土方），栽种速生杨 2 550 株。

重度损毁 9.32 hm^2 坑塘水面和 20.38 hm^2 沼泽地作为土方取土区，复垦为坑塘水面。

重度损毁 0.30 hm^2 农村道路和 0.90 hm^2 沟渠已维修使用，不新增工程量。

④ 重度损毁（塌陷大于 5.5 m）土地复垦工程量

重度损毁 33.51 hm^2 土地作为土方取土区，复垦为坑塘水面，土方充填夯实修建塘堤。

⑤ 其他工程

维修田间道路面 26 320 m^2，维修生产路路面 13 680 m^2，补种防风林 2 560 株，维修农沟 1 810 m、新建农沟 2 570 m，维修机井 12 口（120 m）、新建机井 10 口。

综上所述，复垦单元 5 工程量如例表 3-24 所列。

例表 3-24　复垦单元 5 工程量统计表

工程类型	沛县	鱼台县	工程量小计
深翻土地/hm^2	30.90	64.37	95.27
平整土地/hm^2	35.87	138.03	173.90
补种速生杨/株		3 815	3 815
补种桃树/株		808	808
表土剥离/m^3	14 910	219 810	234 720
表土覆盖/m^3	14 910	219 810	234 720
矸石等充填/m^3		508 268	508 268
土方充填/m^3	28 976	399 094	428 070
塘堤压实/m^3		291 360	291 360
生产路维修/m^2	1 275	13 680	14 955
田间道维修/m^2	0	26 320	26 320
补种防风林/株	80	2 560	2 640
农沟维修/m		1 810	1 810
新建农沟/m		2 570	2 570
机井维修/口	3	12	15
新建机井/口		10	10

6. 复垦单元 6 复垦工程量测算

复垦单元 6 面积为 83.13 hm^2，位于沛县，其中轻度损毁 21.89 hm^2、中度损毁 4.17 hm^2、重度损毁（塌陷 3.5～5.5 m）16.61 hm^2 和重度损毁（塌陷大于 5.5 m）40.46 hm^2，规划 2022 年实施复垦。

（1）轻度损毁土地复垦工程量

轻度损毁 11.15 hm^2 水浇地复垦工程量：深翻土地 11.15 hm^2、平整土地 11.15 hm^2。

轻度损毁 5.51 hm^2 果园复垦工程量：补种桃树 1 350 株。

轻度损毁 0.80 hm^2 其他林地复垦工程量：补种速生杨 160 株。

轻度损毁 0.47 hm^2 水工建筑物已维修使用，不新增工程量。

轻度损毁 3.96 hm^2 坑塘水面仍为坑塘水面。

（2）中度损毁土地复垦工程量

中度损毁 1.31 hm^2 水浇地复垦工程量：剥离表土 3 930 m^3；充填深度 0.64 m，充填工程量 8 384 m^3(来自复垦单元 6 开挖土方);平整土地 1.31 hm^2;覆盖表土 3 930 m^3。

中度损毁 1.65 hm^2 果园复垦工程量:充填深度 0.42 m,充填工程量 6 930 m^3(来自复垦单元 6 开挖土方),补种桃树 1 240 株。

中度损毁 0.16 hm^2 其他林地复垦工程量:充填深度 0.45 m,充填工程量 720 m^3(来自复垦单元 6 开挖土方),补种速生杨 120 株。

中度损毁 0.93 hm^2 坑塘水面复垦工程量:维修塘堤,工程量为 3 720 m^3。

中度损毁 0.01 hm^2 农村道路和 0.11 hm^2 水工建筑物已维修,不新增工程量。

(3) 重度损毁(塌陷 3.5～5.5 m)土地复垦工程量

重度损毁 9.44 hm^2 水浇地复垦工程量:剥离表土 28 320 m^3;结合道路、沟渠以及工程建设标准,在空间上分为 4 个田块,充填土方 172 296 m^3(来源于矸石等 115 656 m^3、复垦单元 6 开挖土方 56 640 m^3);平整土地 9.44 hm^2;覆盖表土 28 320 m^3。具体如例表 3-25 所列。

例表 3-25　复垦单元 6 重度损毁(塌陷 3.5～5.5 m)水浇地充填工程量统计表

复垦单元	田块划分	面积/hm^2	平均充填深度/m	矸石等充填工程量/m^3	土方充填工程量/m^3
复垦单元 6	田块 24	2.31	1.86	29 106	13 860
	田块 25	2.56	1.76	29 696	15 360
	田块 26	2.37	1.82	28 914	14 220
	田块 27	2.20	1.87	27 940	13 200
合计		9.44	—	115 656	56 640

重度损毁 4.02 hm^2 果园复垦工程量:充填深度 1.52 m,充填工程量 61 104 m^3(来自复垦单元 6 开挖土方),栽种桃树 6 700 株。

重度损毁 0.57 hm^2 其他林地复垦工程量:充填深度 1.50 m,充填工程量 8 550 m^3(来自复垦单元 6 开挖土方),栽种速生杨 950 株。

重度损毁 1.34 hm^2 坑塘水面和 0.62 hm^2 沼泽地作为土方取土区,复垦为坑塘水面。

重度损毁 0.19 hm^2 农村道路和 0.43 hm^2 水工建筑物已维修,不新增工程量。

(4) 重度损毁(塌陷大于 5.5 m)土地复垦工程量

重度损毁 37.73 hm^2 土地作为土方取土区,复垦为坑塘水面。

重度损毁 2.73 hm^2 水工建筑物已维修,不新增工程量。

(5) 其他工程

新建田间道 520 m、维修田间道路面 840 m^2,新建生产路 675 m、维修生产路路面 1 500 m^2,补种防风林 650 株,维修农沟 600 m、新建农沟 520 m,维修机井 5 口(50 m)、新建机井 6 口。

综上所述,复垦单元 6 工程量如例表 3-26 所列。

例表 3-26　复垦单元 6 工程量统计表

工程类型	工程量	工程类型	工程量
深翻土地/hm^2	11.15	新建生产路/m	675
平整土地/hm^2	21.90	生产路维修/m^2	1 500

例表 3-26(续)

工程类型	工程量	工程类型	工程量
补种速生杨/株	1 230	新建田间道/m	520
补种桃树/株	9 290	田间道维修/m²	840
表土剥离/m³	32 250	补种防风林/株	650
表土覆盖/m³	32 250	农沟维修/m	600
矸石等充填/m³	115 656	新建农沟/m	520
土方充填/m³	142 328	机井维修/口	5
塘堤压实/m³	241 860	新建机井/口	6

塌陷损毁复垦工程量如例表 3-27 所列。

例表 3-27 塌陷损毁复垦工程量统计表

工程类型	复垦单元 1	复垦单元 2	复垦单元 3	复垦单元 4	复垦单元 5	复垦单元 6	工程量合计
深翻土地/hm²	44.99	4.43		31.38	95.27	11.15	187.22
平整土地/hm²	44.99	4.43		31.38	173.90	21.90	276.60
补种速生杨/株	7 825			12	3 815	1 230	12 882
补种桃树/株					808	9 290	10 098
表土剥离/m³					234 720	32 250	266 970
表土覆盖/m³					234 720	32 250	266 970
矸石等充填/m³					508 268	115 656	623 924
土方充填/m³					428 070	142 328	570 398
新建生产路/m						675	675
生产路维修/m²	5 175	1 665		2 820	14 955	1 500	26 115
新建田间道/m						520	520
田间道维修/m²	3 120	0		2 820	26 320	840	33 100
补种防风林/株	330	60		180	2 640	650	3 860
农沟维修/m	1 165	105		715	1 810	600	4 395
新建农沟/m					2 570	520	3 090
机井维修/口	4			2	15	5	26
新建机井/口					10	6	16

(二) 压占损毁区复垦工程量测算

1. 工业广场复垦工程量测算

主井和副井封井工程纳入矿山地质灾害治理工程。

建筑物拆除量为工业广场所有建筑物和硬化地面拆除量总和，工程量为 270 248 m^3，其外运 4～5 km 用于充填塌陷区。

矸石堆放场约有矸石 35 万 m^3，其中 2.60 万 m^3 用于井筒充填，32.40 万 m^3 外运 4～5 km 用于充填塌陷区。

砾石清理深度约为 10 cm，根据工业广场砾石含量百分比，清理砾石量为 15 550 m^3。

深翻土地面积为 32.01 hm^2，平整土地 32.01 hm^2。根据规划设计方案，从规划图中量测配套田间道路和农田水利设施工程，新建田间道 910 m、生产路 1 240 m、农沟 970 m 和机井 6 口。

2. 南风井复垦工程量测算

南风井封井工程纳入矿山地质灾害治理工程。

建筑物拆除量为南风井所有建筑物和硬化地面拆除量总和，工程量为 2 252 m^3，其外运 4～5 km 用于充填塌陷区。

砾石清理深度约为 10 cm，根据风井砾石含量百分比，清理砾石量为 631 m^3，其外运 4～5 km 用于充填塌陷区。

深翻土地面积为 1.33 hm^2，平整土地 1.33 hm^2。根据规划设计方案，从规划图中量测配套田间道路和农田水利设施工程，新建生产路 300 m 和农沟 300 m。

3. 北风井复垦工程量测算

北风井封井工程纳入矿山地质灾害治理工程。

建筑物拆除量为南风井所有建筑物和硬化地面拆除量总和，工程量为 8 793 m^3，其外运 4～5 km 用于充填塌陷区。

砾石清理深度约为 10 cm，根据风井砾石含量百分比，清理砾石量为 2 450 m^3，其外运 4～5 km 用于充填塌陷区。

深翻土地面积为 4.90 hm^2，平整土地 4.90 hm^2。根据规划设计方案，从规划图中量测配套田间道路和农田水利设施工程，新建生产路 600 m、农沟 600 m 和机井 1 口。

4. 运煤道路复垦工程量测算

运煤道路长 2 470 m、宽 6.0 m，路面为水泥硬化路面。按照原道路标准维护，维修路面 14 820 m^2；在道路两侧补种树木，补种率 30%，株距 3.0 m，补种速生杨 494 株。

压占损毁区复垦具体工程量如例表 3-28 所列。

例表 3-28 压占损毁区复垦工程量汇总表

工程类型	工业广场	南风井	北风井	运煤道路	工程量合计
建筑物拆除/m^3	270 248	2 252	8 793		281 293
建筑垃圾清理/m^3	270 248	2 252	8 793		281 293
矸石清理/m^3	324 000				324 000
砾石清理/m^3	15 550	631	2 450		18 631
深翻土地/hm^2	32.01	1.33	4.90		38.24
平整土地/hm^2	32.01	1.33	4.90		38.24
新建田间道/m	910				910
田间道维修/m^2				14 820	14 820
新建生产路/m	1 240	300	600		2 140
新建农沟/m	970	300	600		1 870
新建机井/口	6		1		7
补种防风林/株				494	494

由于建筑垃圾清理、矸石清理和砾石清理主要用于塌陷充填复垦，与充填复垦工程中充

填物运输重复，在预算中仅在充填工程中计算。

（三）复垦工程量汇总

土地复垦工程量汇总如例表 3-29 所列。

例表 3-29　三河尖煤矿土地复垦工程量汇总表

序号	一级项目	二级项目	三级项目	单位	数量
一	土壤重构工程				
1		充填工程			
(1)			矸石充填	m^3	623 924
(2)			土方充填	m^3	570 398
2		表土剥覆工程			
(1)			表土剥离	m^3	266 970
(2)			表土回覆	m^3	266 970
3		平整工程			
(1)			土地平整	hm^2	314.84
(2)			土地翻耕	hm^2	225.46
(3)			塘堤压实	m^3	533 220
4		清理工程			
(1)			建筑垃圾拆除	m^3	281 293
(2)			建筑垃圾清理	m^3	281 293
(3)			矸石清理	m^3	324 000
(4)			砾石清理	m^3	18 631
二	植被重建工程				
1		林草恢复工程			
(1)			栽种速生杨	株	12 882
(2)			栽种桃树	株	10 098
2		农田防护林工程			
(1)			栽种速生杨	株	4 354
三	配套工程				
1		排灌工程			
(1)			排水沟清淤（农沟）	m	4 395
(2)			新建排水沟（农沟）	m	4 960
2		机井工程			
(1)			维修机井	口	26
(2)			新建机井	口	23
3		道路工程			
(1)			新建田间道	m	1 430
(2)			维修田间道	m^2	47 920
(3)			新建生产路	m	2 815
(4)			维修生产路	m^2	26 115

示例十一:监测与管护工程设计

一、目标任务

及时掌握和了解复垦工程效果,监测复垦后耕地、林地的土壤质量,植被和配套设施情况。对复垦后的耕地、园地和林地进行管护,保障复垦工程质量。

二、措施和内容

(一) 监测措施与内容

1. 土地损毁情况监测

通过对拟损毁土地变形进行观测,监测地表均匀变形与不均匀变形,得出地表在开采期间某时刻的变形值,从而计算绝对位移值、沉降值,平均位移值、沉降值,相对倾斜、平均位移、沉降速度等。

通过地表变形监测,分析验证煤柱留设是否合理,为掘进巷道的设计、施工、管理提供资料。在发生不正常现象时,及时分析原因,采取措施,防止事故发生。

由于监测区农田居多,用传统水准仪作业方式,在农忙时节难度较大且不能满足观测频率的要求,因此,使用双频接收机进行静态观测,从拟损毁区域煤炭开采前直至达到稳沉监测结束。

地面变形监测与地质环境监测内容重叠,不再重复设计。

2. 土地复垦效果监测

土地复垦效果监测是对土地复垦前后土地利用状况的动态变化定期或不定期地进行监测管理,目的在于获取准确的土地复垦后利用变化情况,检验土地复垦成果以及是否做到"边损毁、边复垦",是否达到土地复垦方案提出的目标和国家规定的标准,判断项目复垦工程技术合理性,及时对土地复垦工程进行修改或完善。

(1) 土壤质量监测

复垦为农用地的土地特性监测内容为地面坡度、有效土层厚度、pH 值、重金属含量、有机质、全氮、有效磷、速效钾、土壤盐分含量;其监测方法以复垦土地质量控制相关标准为准。管护期内每年监测 2 次。由矿方出资委托有资质的专业机构监测,采样监督人员为当地村民。复垦单元的耕地、林地分别按复垦后面积布设土壤理化指标采样点,每 20 hm^2 布设1 个采样点,样品采用等量混合法采集,各监测点每年监测 2 次。土壤质量监测方案如例表 3-30 所列。

例表 3-30　土壤质量监测方案

监测内容	监测频率/(次/年)	监测周期/年	监测点布设
地面坡度	2	3	每 20 hm^2 布设 1 个采样点
有效土层厚度	2	3	
pH	2	3	
重金属含量	2	3	
有机质	2	3	
全氮	2	3	
有效磷	2	3	
速效钾	2	3	
土壤盐分含量	2	3	

(2) 复垦植被监测

林地的植被监测内容为植物生长势、种植密度、成活率、郁闭度、产量(生长量)。监测方法为样方随机调查法。管护期内每年监测 2 次。由矿方出资雇佣专职人员(或当地村民)监测。林地按复垦后面积布设监测点,平均每 10 hm^2 布设 1 个监测点,各监测点每年检测 2 次。林地复垦植被恢复监测方案如例表 3-31 所列。

例表 3-31 林地复垦植被恢复监测方案

监测内容	监测频率/(次/年)	监测周期/年	监测点布设
植被生长势	2	3	每 10 hm^2 布设 1 个监测点
种植密度	2	3	
成活率	2	3	
郁闭度	2	3	
产量(生长量)	2	3	

(3) 复垦配套设施监测

土地复垦配套设施包括农田水利工程设施和道路工程设施两方面。农田水利工程设施包括机井、排水设施,道路工程设施包括田间道和生产路。配套设施监测以方案设计标准为准,监测内容是新建配套设施是否齐全、能否保证有效利用,及已损毁设施是否修复、能否满足生产生活需求。管护期内每年监测 2 次。

配套设施监测由当地村民和相关部门的工作人员完成。根据复垦单元面积大小布设监测点,平均每 50 hm^2 布设 1 个监测点,各个监测点每年检测 2 次。

复垦配套设施监测方案如例表 3-32 所列。

例表 3-32 复垦配套设施监测方案

监测内容	监测频率/(次/年)	监测周期/年	监测点布设
道路工程设施	2	3	每 50 hm^2 布设 1 个监测点
农田水利工程设施	2	3	

(二) 管护措施

1. 林地管护措施

林地管护包括水分管理、养分管理、林木修枝、林木密度调控、林木更新、林木病虫害防治、林地胁迫效应调控等。

(1) 水分管理

通过对树行间和行内的锄草松土,防止幼树成长期干旱灾害,促使幼树正常生长和及早郁闭。在有条件的地方适当灌溉,以保证林带苗木的成活率。

(2) 养分管理

防护林幼树在抚育期一般不宜除草松土,应以防旱施肥为主。

(3) 林木修枝

林带刚进入郁闭阶段时，灌木或辅佐树种生长茂密可能压迫主要树种，要采取部分灌木(1/2 左右)平茬或辅佐树种修枝，以解除主要树种的被压状态，促进主要树种生长，并使其在林带中占优势地位。通过修枝保证林木树冠有足够的营养空间，提高林木的干材质量和促进林木生长。

(4) 林木密度调控

林带郁闭后，抚育工作的主要任务是通过人为干涉调节树种间的关系，调节林带的结构，保证主要树种的健康生长。林带树种组成与密度基本处于稳定状态后，每隔一定时间对林带进行调节，及时伐掉枯梢木和病腐木等。

(5) 林木更新

在林带更新时，避免一次将林带伐光，导致农田失去防护，造成农作物减产。需按照一定的顺序，在时间和空间上合理安排，逐步更新，有全部更新、半带更新、带内更新和带外更新 4 种方式。

(6) 林木病虫害防治

对林带中出现的病虫害需要及时管护，对病株及时砍伐防止扩散，对虫害及时地施用药品等控制灾害的发生发展。

2. 耕地管护措施

(1) 增施农家肥，提高农家肥质量

农家肥是土壤有机质的主要补充来源，其数量多少和质量好坏直接影响土壤有机质的含量。大力积造农家肥，提高农家肥质量，严格执行耕地保养规定，完善施肥台账制度，保持土壤有机质在稳定中有所增长。

(2) 加大秸秆、根茬还田工作力度，增加还田面积

秸秆、根茬是土壤有机质补充的另一来源，因此，要扩大还田面积，提高作业质量，力争秸秆、根茬全部粉碎还田。

(3) 改善施肥机制，提高施肥水平

从整体施肥上看，向土壤投入远远低于索取水平，而且比例极不合理，造成土壤养分含量降低，比例失调。因此，在施肥对策上要根据作物需肥规律，依据当地土壤、气候、栽培水平等条件做到科学施肥、合理施肥。耕地管护期 3 年，每人次管护 40 亩。耕地复垦后移交给土地承包经营人，由耕地承包经营人对其管护，从土地复垦工程决算及竣工验收后结余资金中安排用于后期管护的资金。

3. 防护林管护

防护林管护措施同林地，栽植后及时浇水灌溉，定期施肥、修枝，发现死苗及时补植，管护期为 3 年，每年管护 4 次。

三、主要工程量

(一) 监测工程量测算

1. 地面变形监测

工程量与矿山地质环境监测中的地面变形监测相同。

2. 土地复垦效果监测

(1) 土壤质量监测

复垦耕地、园地、林地分别按复垦后面积布设土壤质量监测点，平均每 20 hm^2 布设 1 个采样点。检测次数为：监测频率×监测周期×采样点数，布置监测点 20 个，则监测点数为 120 点次。

(2) 复垦植被监测

复垦园地、林地分别按复垦后面积布设复垦植被监测点，平均每 10 hm^2 布设 1 个采样点。检测次数为：监测频率×监测周期×采样点数，布置监测点 3 个，则监测点数为 18 点次。

(3) 复垦配套设施监测

根据复垦单元面积大小布设监测点，平均每 50 hm^2 布设 1 个监测点，每年检测 2 次。总检测次数为：监测频率×监测周期×采样点数，布设监测点 8 个，则监测点数为 48 点次。

复垦监测工程量如例表 3-33 所列。

例表 3-33　复垦监测工程量

土壤质量监测/次	复垦植被监测/次	配套设施监测/次
120	18	48

(二) 管护工程量测算

防护林管护按每人每天管护 100 株测算，规划每年管护 4 次，管护期为 3 年，则每株树管护量为 0.12 工·日，则树苗管护量为：株数×0.12。

林地、园地管护按每人管护 60 亩测算，每人每月工作日数为：(365－11－104)÷12＝20.83 d，管护期为 3 年，则林地、园地的管护量为：面积÷60×20.83×36。

复垦管护工程量如例表 3-34 所列。

例表 3-34　复垦管护工程量

防护林管护/(工·日)	园地、林地管护/(工·日)
1 567	630

7. 土地复垦工程部署

土地复垦工作计划安排应根据土地损毁预测情况，结合土地复垦方案服务年限，合理划分复垦工作的阶段，原则上以 5 年为阶段安排土地复垦工作，明确每个阶段的复垦目标、任务、位置、单项工程量和费用安排。

生产建设服务年限超过 5 年时，除按照划分的阶段要求编制复垦工作计划安排外，还应分年度详细编制第一阶段内土地复垦年度计划，分年度细化土地复垦任务及费用安排，明确年度土地复垦目标、任务、位置、各种措施的主要结构形式、技术参数和分项工程量、投资预算及组成。

案例示范

示例十二：土地复垦工程阶段部署

一、复垦阶段划分

制订土地复垦计划时，参考各采区煤层的开采深度以及由地表移动延续时间约为1年，确定各采区煤层地表移动延续的时间，然后再根据各采区的煤层开采时间和地表移动延续时间，确定各采区煤层所属沉陷的已利用土地复垦时间，作出各类应复垦土地以土地利用类型为单元的实施进度和安排，以保证尽快恢复被损毁的耕地和林(园)地等。

原则上开始安排复垦的时间暂定为第一个沉陷区沉陷稳定的时间，但本项目存在已损毁土地，因此开始安排复垦的时间从已损毁土地开始，由于地表沉陷稳定的时间滞后于开采结束时间，故复垦工程结束的时间为停采稳沉后约3年。按照“近细远粗”的原则，开始复垦的第一年安排少量的土地进行复垦，也可以作为典型试验，以便在复垦工艺、施工管理、人员及时间调配等方面取得经验后再逐步推广。

地表稳沉的时间滞后于开采结束时间，所以对于三河尖煤矿来说，土地复垦应随着煤层的开采逐步进行。在地表未稳沉时，进行相关的土地复垦工程后还将受到后续的影响损毁，因此进行土地复垦时遵循以下原则：

对于受重复采动影响的土地，土地复垦以维护和维修为主，如及时平整，保证不影响土地的正常功能；处于最终稳沉区域的土地应按照土地复垦方案提出的土地复垦标准进行复垦。

处于采区中央的土地，位于下沉盆地的底部，未来受后续影响的程度较低，土地复垦时的标准可达到或接近设计的标准。

根据土地复垦方案服务年限，原则上以5年为一个阶段划分土地复垦工程计划安排，土地复垦方案服务年限为20年，按照3个开采阶段制定4个时段开展土地复垦方案实施工作计划，并按照煤炭开采、土地损毁和土地复垦时序进行编排，阶段划分具体如下：第一阶段(5年)：2017—2021年；第二阶段(5年)：2022—2026年；第三阶段(5年)：2027—2031年；第四阶段(5年)：2032—2036年。

二、阶段土地复垦位置

根据土地复垦时段划分、土地复垦责任范围、开采时序等，合理制定各个阶段土地复垦方向的复垦位置，各阶段复垦位置图略。

第一阶段(2017—2021年)：复垦位置位于东一采区、东二采区、东三采区、东四采区上方，该区域受已采工作面的影响，对应地表为工业广场东北侧和东侧，镇西村、中心一村、三里村、中心二村及中心三村区域，该时段对已复垦区域进行验收，并对工业广场北侧和东侧重点监测区域进行监测，面积1 115.70 hm^2。

第二阶段(2022—2026年)：复垦位置位于西一采区、西二采区及吴庄南采区上方，为该矿已采和未来开采综合影响区域，对应地表为张耿庄村、三河尖村及邓庄村区域，面积529.94 hm^2。

第三阶段(2027—2031年)：复垦位置位于南二采区和南三采区上方，受该区域地下煤层未来开采影响,对应地表为张王庄村、新建村、焦刘庄村及郝心庄村区域,面积 882.88 hm^2。

第四阶段(2032—2036 年):复垦位置位于该矿西一采区、西二采区及吴庄采区上方,受该区域地下煤层未来开采影响,对应地表为城东村、仁北村、城西村、邵马村及李庄村区域,面积 762.62 hm^2。

三、阶段土地复垦目标和任务

复垦工程面积 3 291.14 hm^2,其中:复垦为耕地面积 1 477.33 hm^2,林地面积 0.50 hm^2,园地面积 55.32 hm^2,交通运输用地面积 111.11 hm^2,水域及水利设施用地面积 1 281.96 hm^2,其他土地面积 20.05 hm^2,城镇村及工矿用地面积 344.87 hm^2。土地复垦率 100%。根据确定的土地复垦总体目标和任务,分解各阶段的土地复垦目标和任务。

四、阶段复垦措施、工程量与各阶段费用安排

复垦主要采取的措施是表土剥离与回覆、土地平整、土壤培肥、植树工程、道路工程、配套工程和监测管护工程等。根据土地复垦质量要求、土地复垦措施布局、各阶段土地复垦位置、目标任务,合理测算各阶段不同土地复垦措施的工程量。

根据各阶段复垦工程投资估算成果以及各阶段复垦措施与工程量,分别计算各阶段土地复垦静态投资和动态投资。

三河尖煤矿土地复垦工作计划安排如例表 3-35 所列。

例表 3-35　三河尖煤矿土地复垦工作计划安排表

阶段	时间	位置	静态投资/万元	动态投资/万元	主要工程措施	单位	主要工程量
一	2017—2021 年	位于东一采区、东二采区、东三采区、东四采区及工业广场北侧条采区上方,该区域受已采工作面的影响,对应地表为工业广场东北侧和东侧,镇西村、中心一村、三里村、中心二村及中心三村区域,该时段对已复垦区域进行验收,并对工业广场北侧和东侧重点监测区域进行监测,面积1 115.70 hm^2	2 134.67	2 443.75	地裂缝充填	100 m^3	0.00
					路基回填	100 m^3	264.77
					表土剥离	100 m^3	1 645.56
					表土回覆	100 m^3	1 645.56
					土地平整	100 m^3	143.17
					土壤培肥	100 kg	732.31
					植树工程	100 株	124.05
					支渠开挖	100 m^3	41.80
					斗渠开挖	100 m^3	24.38
					机井工程	m	150.00
					排水沟挖方量	100 m^3	34.04
					砖砌体工程量	100 m^3	2.12
					现浇混凝土量	100 m^3	0.78
					泥结碎石路面	1 000 m^2	4.97
					混凝土路面	1 000 m^2	35.30
					素土路面	1 000 m^2	6.01
					矸石路基	1 000 m^2	14.57
					挖深垫浅工程	100 m^3	0.00
					场地清理工程	100 m^3	735.64

例表 3-35(续)

阶段	时间	位置	静态投资/万元	动态投资/万元	主要工程措施	单位	主要工程量
二	2022—2026 年	位于西一采区、西二采区及吴庄南采区上方，为该矿已采和未来开采综合影响区域，对应地表为张耿庄村、三河尖村及邓庄村区域，面积 529.94 hm^2	5 063.10	7 538.43	地裂缝充填	100 m^3	0.00
					路基回填	100 m^3	637.75
					表土剥离	100 m^3	5 153.91
					表土回覆	100 m^3	5 153.91
					土地平整	100 m^3	406.61
					土壤培肥	100 kg	2 362.86
					植树工程	100 株	261.19
					支渠开挖	100 m^3	152.17
					斗渠开挖	100 m^3	88.76
					机井工程	m	240.00
					排水沟挖方量	100 m^3	109.83
					砖砌体工程量	100 m^3	6.85
					现浇混凝土量	100 m^3	2.50
					泥结碎石路面	1 000 m^2	14.69
					混凝土路面	1 000 m^2	85.03
					素土路面	1 000 m^2	17.33
					矸石路基	1 000 m^2	42.51
					挖深垫浅工程	100 m^3	0.00
					场地清理工程	100 m^3	656.54
三	2027—2031 年	位于南二采区和南三采区上方，受该区域地下煤层未来开采影响，对应地表为张王庄村、新建村、焦刘庄村及郝心庄村区域，面积882.88 hm^2	7 257.11	14 443.61	地裂缝充填	100 m^3	0.00
					路基回填	100 m^3	948.64
					表土剥离	100 m^3	7 369.31
					表土回覆	100 m^3	7 369.31
					土地平整	100 m^3	596.74
					土壤培肥	100 kg	3 406.16
					植树工程	100 株	403.00
					支渠开挖	100 m^3	214.87
					斗渠开挖	100 m^3	125.34
					机井工程	m	360.00
					排水沟挖方量	100 m^3	158.32
					砖砌体工程量	100 m^3	9.88
					现浇混凝土量	100 m^3	3.61
					泥结碎石路面	1 000 m^2	21.52
					混凝土路面	1 000 m^2	126.49
					素土路面	1 000 m^2	25.51
					矸石路基	1 000 m^2	62.45
					挖深垫浅工程	100 m^3	0.00
					场地清理工程	100 m^3	1 390.99

例表 3-35(续)

阶段	时间	位置	静态投资/万元	动态投资/万元	主要工程措施	单位	主要工程量
四	2032—2036 年	位于该矿西一采区、西二采区及吴庄采区上方，受该区域地下煤层未来开采影响，对应地表为城东村、仁北村、城西村、邵马村及李庄村区域，面积 762.62 hm²	6 373.49	16 828.74	地裂缝充填	100 m³	0.00
					路基回填	100 m³	680.67
					表土剥离	100 m³	7 920.06
					表土回覆	100 m³	7 920.06
					土地平整	100 m³	628.66
					土壤培肥	100 kg	3 657.82
					植树工程	100 株	376.36
					支渠开挖	100 m³	240.73
					斗渠开挖	100 m³	140.43
					机井工程	m	440.00
					排水沟挖方量	100 m³	170.02
					砖砌体工程量	100 m³	10.61
					现浇混凝土量	100 m³	3.88
					泥结碎石路面	1 000 m²	22.34
					混凝土路面	1 000 m²	90.76
					素土路面	1 000 m²	26.21
					矸石路基	1 000 m²	64.47
					挖深垫浅工程	100 m³	0.00
					场地清理工程	100 m³	503.45
合计			20 828.37	41 254.53	—	—	—

示例十三：近期年度工作安排

一、土地复垦位置

方案制定了复垦第一阶段(2017—2021 年)的年度复垦工作计划，年度复垦位置图略。

2017 年复垦位置为已损毁稳沉土地，位于 S56 公路南侧，西仲山村(已搬迁)老村址西侧，矿井东四采区上。

2018 年复垦位置为已损毁稳沉土地，位于徐济公路南侧，铁路专用线东侧，矿井东四采区上。

2019 年复垦位置为已损毁稳沉土地，位于徐济公路南侧，杨屯北支河东侧，铁路专用线东侧，矿井东四采区上。

2020 年复垦位置为已损毁稳沉土地，位于大沙河支河西侧，已修复顺堤河东侧，已修复农村道路两侧，矿井东一采区和东三采区上。

2021 年复垦位置为已损毁稳沉土地，位于南风井东部，已修复顺堤河西侧，矿井东一采区和东二采区上。

二、土地复垦目标与任务

第一阶段复垦土地面积 1 115.70 hm²，其中：复垦为耕地 230.34 hm²，林(园)地

15.57 hm^2，交通运输用地 38.11 hm^2，水域及水利设施用地 694.99 hm^2，其他土地 10.11 hm^2，城镇村及工矿用地 126.58 hm^2。

三、土地复垦主要措施

第一阶段复垦措施主要涉及表土剥离与回覆、土地平整、道路工程、田间道及生产路、植被恢复及监测管护等，同时对重点监测区监测。

（一）2017 年土地复垦措施

土地复垦措施主要是对受损耕地田面进行土地平整、土壤培肥，布置农田防护林，修建田间路和生产路；补植乔木；对受损严重区域通过表土剥离与回覆、客土回填措施恢复为耕地、林地；监测地表变化情况、土地损毁情况、植物生长情况及耕地区域的土壤质量情况；对植物进行管护，并对已复垦区域进行验收。

（二）2018 年土地复垦措施

土地复垦措施主要是对受损耕地田面进行土地平整、土壤培肥，布置农田防护林，修建田间路和生产路；补植乔木；对受损严重区域通过表土剥离与回覆、客土回填和挖深垫浅措施恢复为水田、水浇地和精养鱼塘，对塌陷深度较大区域复垦为粗放养殖区；监测地表变化情况、土地损毁情况、植物生长情况及耕地区域的土壤质量情况；对植物进行管护。

（三）2019 年土地复垦措施

土地复垦措施主要是对受损耕地田面进行土地平整、土壤培肥，布置农田防护林，修建田间路和生产路；补植乔木；对受损严重区域通过表土剥离与回覆、客土回填和挖深垫浅措施恢复为水田、水浇地和精养鱼塘，对塌陷深度较大区域复垦为粗放养殖区；监测地表变化情况、土地损毁情况、植物生长情况及耕地区域的土壤质量情况；对植物进行管护。

（四）2020 年土地复垦措施

土地复垦措施主要是对受损耕地田面进行土地平整、土壤培肥，布置农田防护林，修建田间路和生产路；补植乔木；对受损严重区域通过表土剥离、客土回填和挖深垫浅措施恢复为水田、水浇地和精养鱼塘，对塌陷深度较大区域复垦为粗放养殖区；监测地表变化情况、土地损毁情况、植物生长情况及耕地区域的土壤质量情况；对植物进行管护。

（五）2021 年土地复垦措施

土地复垦措施主要是对受损耕地田面进行土地平整、土壤培肥，布置农田防护林，修建田间路和生产路；补植乔木；对受损严重区域通过表土剥离、客土回填和挖深垫浅措施恢复为耕地和鱼塘；监测地表变化情况、土地损毁情况、植物生长情况及耕地区域的土壤质量情况；对植物进行管护。

8. 投资估算

土地复垦费用估算应综合考虑土地损毁前的土地类型、实际损毁面积、损毁程度、复垦标准、复垦用途和工程措施的工程量等因素。

说明投资估算编制原则、依据和方法，主要包括采用的定额标准、价格水平、人工预算单价、基础单价计算依据和费用计算标准；说明土地复垦费用构成，包括工程施工费、设备购置费、其他费用（前期工作费、工程监理费、竣工验收费、业主管理费）、监测与管护费以及预备费（基本预备费、价差预备费和风险金）；说明土地复垦总投资、单位面积投资等技术经济指标。

根据土地复垦工程量，测算土地复垦静态、动态投资总额和单位面积投资额，制定土地复垦投资估算费用测算表(具体格式参考规范标准)。

知识点三:土地复垦费用构成

通过分析不同复垦对象,结合其破坏特点、复垦方向、复垦措施等,确定土地复垦费用构成,包括工程施工费(含工程措施施工费和生化措施施工费)、设备购置费、其他费用、复垦监测与管护费和预备费5大部分,如图3-3所示。

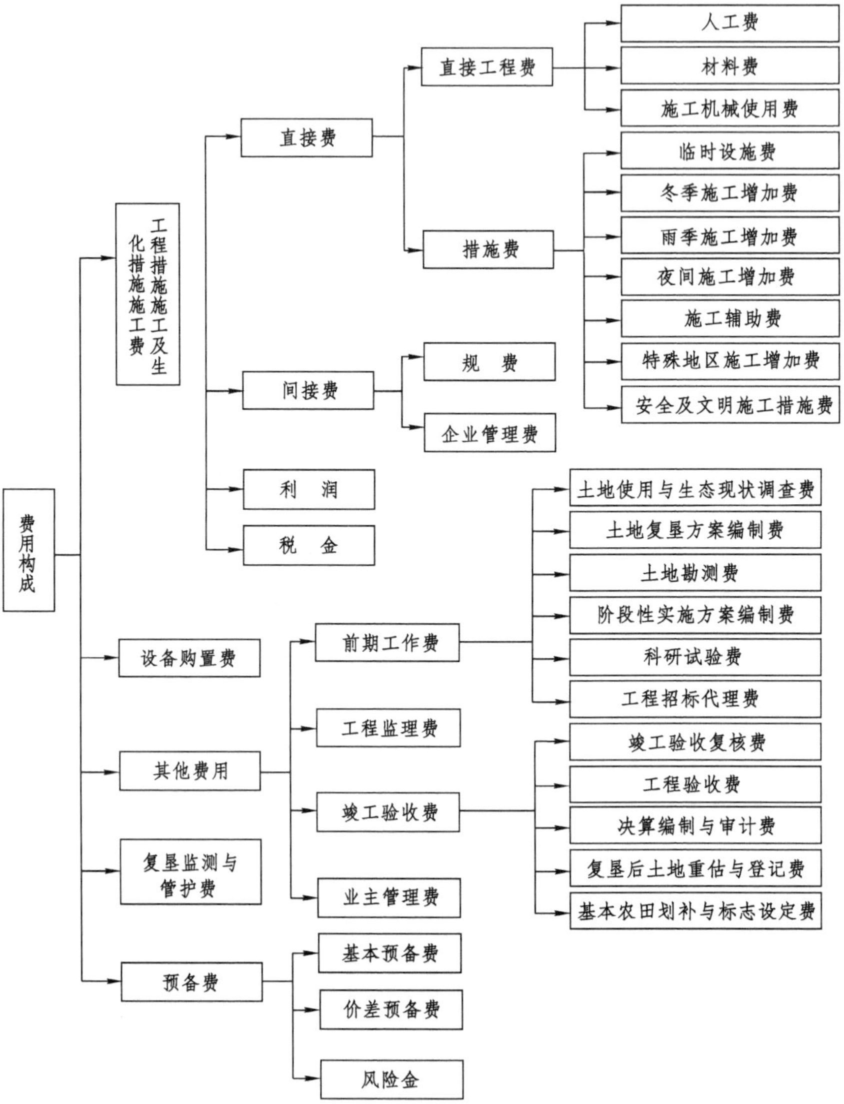

图3-3　土地复垦费用构成图

知识点四:人工单价的确定

依据《土地开发整理项目预算定额标准》,结合当地2019年最低基本工资为1 730元,测算出甲类工为143.96元/(工·日)、乙类工为114.10元/(工·日),如表3-1和表3-2所列。

表 3-1　甲类工工日预算单价计算表(六类及以下地区)

序号	项目	计算式	单价/元
1	基本工资	基本工资标准(元/月)×地区工资系数×12 月/(年应工作天数一年非工作天数)	86.50
2	辅助工资	以下四项之和	8.53
(1)	地区津贴	津贴标准(元/月)×12 月/(年应工作天数一年非工作天数)	0.00
(2)	施工津贴	津贴标准(元/月)×365 d×辅助工资系数/(年应工作天数一年非工作天数)	5.07
(3)	夜餐津贴	(中班+夜班)/2×辅助工资系数	0.80
(4)	节日加班津贴	{基本工资[元/(工·日)]}×(3-1)×法定假天数/年应工作天数×辅助工资系数	2.66
3	工资附加费	以下七项之和	48.93
(1)	职工福利基金	{基本工资[元/(工·日)]}+辅助工资[元/(工·日)]×费率(14%)	13.30
(2)	工会经费	{基本工资[元/(工·日)]}+辅助工资[元/(工·日)]×费率(2%)	1.90
(3)	养老保险费	{基本工资[元/(工·日)]}+辅助工资[元/(工·日)]×费率(20%)	19.00
(4)	医疗保险费	{基本工资[元/(工·日)]}+辅助工资[元/(工·日)]×费率(4%)	3.80
(5)	工伤保险费	{基本工资[元/(工·日)]}+辅助工资[元/(工·日)]×费率(1.5%)	1.43
(6)	职工失业保险基金	{基本工资[元/(工·日)]}+辅助工资[元/(工·日)]×费率(2%)	1.90
(7)	住房公积金	{基本工资[元/(工·日)]}+辅助工资[元/(工·日)]×费率(8%)	7.60
4	人工工日预算单价	1、2、3 之和	143.96

表 3-2　乙类工工日预算单价计算表(六类及以下地区)

序号	项目	计算式	单价/元
1	基本工资	基本工资标准(元/月)×地区工资系数×12 月/(年应工作天数一年非工作天数)	71.28
2	辅助工资	以下四项之和	4.03
(1)	地区津贴	津贴标准(元/月)×12 月/(年应工作天数一年非工作天数)	0.00
(2)	施工津贴	津贴标准(元/月)×365 d×辅助工资系数/(年应工作天数一年非工作天数)	2.89
(3)	夜餐津贴	(中班+夜班)/2×辅助工资系数	0.20
(4)	节日加班津贴	{基本工资[元/(工·日)]}×(3-1)×法定假天数/年应工作天数×辅助工资系数	0.94
3	工资附加费	以下七项之和	38.79
(1)	职工福利基金	{基本工资[元/(工·日)]}+辅助工资[元/(工·日)]×费率(14%)	10.54
(2)	工会经费	{基本工资[元/(工·日)]}+辅助工资[元/(工·日)]×费率(2%)	1.51
(3)	养老保险费	{基本工资[元/(工·日)]}+辅助工资[元/(工·日)]×费率(20%)	15.06
(4)	医疗保险费	{基本工资[元/(工·日)]}+辅助工资[元/(工·日)]×费率(4%)	3.01
(5)	工伤保险费	{基本工资[元/(工·日)]}+辅助工资[元/(工·日)]×费率(1.5%)	1.13
(6)	职工失业保险基金	{基本工资[元/(工·日)]}+辅助工资[元/(工·日)]×费率(2%)	1.51
(7)	住房公积金	{基本工资[元/(工·日)]}+辅助工资[元/(工·日)]×费率(8%)	6.03
4	人工工日预算单价	1、2、3 之和	114.10

9. 保障措施

保障措施主要包括组织保障措施、费用保障措施、监管保障措施、技术保障措施及公众参与措施。

组织保障措施要求明确土地复垦方案实施的组织机构及其职责；明确土地复垦实施方式，包括复垦义务人自行复垦、委托中介机构复垦、缴纳复垦费由自然资源主管部门代复垦等方式。

费用保障措施要求明确建立土地复垦费用专用账户存储、土地复垦费用专项使用的具体财务管理制度；明确土地复垦费用来源，费用安排应遵循提前预存、分阶段足额预存原则，在项目生产建设服务年限结束前1年预存完毕所有费用；明确接受自然资源主管部门对费用使用、管理的监督方式；明确不得截留、挤占、挪用土地复垦费用的保障措施；明确对土地复垦费用使用开展内部审计及接受有关部门对土地复垦费用使用情况审计的措施。

监管保障措施要求明确土地复垦义务人编制并实施土地复垦方案、阶段土地复垦计划和年度土地复垦实施计划，定期向项目所在地县级以上自然资源主管部门报告当年复垦情况，接受县级以上自然资源主管部门对复垦实施情况监督检查，接受社会对土地复垦实施情况监督等的保障措施。明确土地复垦义务人不履行复垦义务，按照法律法规和政策文件的规定，自觉接受自然资源主管部门及有关部门处罚的保障措施。

技术保障措施包括定期培训技术人员、咨询相关专家、开展科学试验、引进先进技术，以及对土地损毁情况进行动态监测和评价等。明确土地复垦义务人实施表土剥离及保护、不将有毒有害物用作回填或者充填材料、不将重金属及其他有毒有害物污染的土地用作种植食用农作物等的保障措施。

公众参与措施要求制订全面、全程的公众参与方案，公众参与形式及内容应公开、科学、合理。明确公众参与人员包括复垦土地使用者、集体所有者、土地复垦义务人、周边地区受影响的社会公众以及土地管理及相关职能部门等的代表人；公众参与环节包括方案编制前期、方案编制过程中以及方案实施期间；公众参与内容主要包括土地复垦利用方向、复垦标准、复垦措施和权属调整；公众参与形式包括座谈、问卷调查、走访、网络、电视、广播、报纸、公告、公示等。明确提供公众参与反馈意见处理结果，对公众意见的采纳与不采纳情况及其理由应做出说明。

10. 效益分析

根据土地复垦利用方向和标准，综合分析复垦土地的经济、社会和生态效益。不同地域、不同生产建设项目的经济、社会和生态效益选取指标有所侧重。

四、实习成果

实习成果包括两个报告，分别为每位学生的实习报告和每个小组的土地复垦方案报告。

（一）实习报告

实习报告主要包括参加实习的工作日记、实习中存在的问题及采取的解决方法、实习心得体会等，要体现写实的内容。

（二）方案报告

方案报告包括方案报告书和附图。

方案报告书包括封面、扉页、目录、报告正文和附件。附图主要包括复垦区土地利用现状图、土地损毁预测图和土地复垦规划图。

土地利用现状图要求：比例尺不小于1∶10 000，注明图内的乡镇名、水系以及坐标系和高程基准；图幅整饰要齐全，布局要协调美观，有图名、图例、线段比例尺、指北针、制图单位、制图人、制图时间等；图例绘制清晰，色调协调，地类界限明显；绘制较为重要的道路、骨干沟渠等线性地物；权属界线应标注清楚；标注土地利用结构表。

土地损毁预测图要求：比例尺不小于1∶10 000，注明图内的乡镇名、水系以及坐标系和高程基准；图幅整饰要齐全，布局要协调美观，有图名、图例、线段比例尺、指北针、制图单位、制图人、制图时间等；井工煤矿土地损毁预测图包括分时段的地表下沉、水平变形、倾斜变形等值线图。

土地复垦规划图要求：比例尺不小于1∶10 000，注明图内的乡镇名、水系以及坐标系和高程基准；图幅整饰要齐全，布局要协调美观，有图名、图例、线段比例尺、指北针、制图单位、制图人、制图时间等；图例绘制清晰，色调协调，地类界限明显；复垦阶段划分标注区分明显；标注复垦前后土地利用结构调整表。

参考文献

[1] 白中科.土地复垦学[M].北京:中国农业大学出版社,2017.
[2] 胡振琪.土地整理概论[M].北京:中国农业大学出版社,2007.
[3] 胡振琪.土地整理课程设计[M].北京:中国农业大学出版社,2012.
[4] 刘双良.土地整理规划[M].天津:天津大学出版社,2011.